Mathias Jung
Mut zum Ich

Auf der Suche
nach dem EigenSinn

Deutscher Taschenbuch Verlag

Von Mathias Jung
ist im Deutschen Taschenbuch Verlag erschienen:
Das sprachlose Paar (34053)
Trennung als Aufbruch (34335)

Ungekürzte Ausgabe
August 2004
4. Auflage April 2007
Deutscher Taschenbuch Verlag GmbH & Co. KG,
München
www.dtv.de
© 1997 emu-Verlags- und Vertriebs-GmbH, Lahnstein
Umschlagkonzept: Balk & Brumshagen
Umschlaggestaltung: Catherine Collin unter Verwendung
von Fotografien von Getty Images
Gesetzt aus der Sabon 10/12.25·
Gesamtherstellung: Druckerei C. H. Beck, Nördlingen
Gedruckt auf säurefreiem, chlorfrei gebleichtem Papier
Printed in Germany · ISBN 978-3-423-34116-5

Inhalt

Der Schatten des Ungelebten 9

Das Leben ist eine Baustelle 17

Das Abenteuer der Individuation 27

Graf Blaubart oder Die Wolfsfrau 67

Eisenhans oder Wie ein Mann ein Mann wird 85

Der neurotische Laternenanzünder 107

Mut zur Angst – Mut zum Leben 125

Das Hohelied der Sexualität 149

Lob der Einsamkeit 167

Mündigkeit: Kant oder Der aufrechte Gang 179

Mehr Zeit für mich 191

Das Ende der Bescheidenheit 209

Literaturhinweise 219

Die meisten Menschen sind Mörder.
Sie töten einen Menschen.
In sich selbst.

> Stanislaw Jerzy Lec:
> Unfrisierte Gedanken

Tanze nun auf tausend Rücken,
Wellenrücken, Wellenstücken –
Heil, wer neue Tänze schafft!
Tanzen wir in tausend Weisen,
Frei – sei unsre Kunst geheißen,
Fröhlich – unsre Wissenschaft! (...)

Wer nicht tanzen kann mit Winden,
Wer sich wickeln muss mit Binden,
Angebunden, Krüppelgreis,
Wer da gleicht den Heuchelhänsen,
Ehrentölpeln, Tugendgänsen,
Fort aus unsrem Paradeis!

> Friedrich Nietzsche:
> An den Mistral
> Lieder des Prinzen Vogelfrei

Der Schatten des Ungelebten

*Als sie mit zwanzig
ein Kind erwartete
wurde ihr Heirat befohlen.*

*Als sie geheiratet hatte
wurde ihr Verzicht auf alle
Studienpläne befohlen.*

*Als sie mit dreißig noch
Unternehmungslust zeigte
wurde ihr Dienst im Hause
befohlen.*

*Als sie mit vierzig
noch einmal zu leben versuchte
wurde ihr Anstand und Tugend
befohlen.*

*Als sie mit fünfzig
verbraucht und enttäuscht war
zog ihr Mann zu einer jüngeren Frau.*

*Liebe Gemeinde
wir befehlen zu viel
wir gehorchen zu viel
wir leben zu wenig.*

Kurt Marti (Schweizer Pfarrer und Lyriker)

Es ist weniger das Leben, das uns bedrückt. Viel öfter ist es das ungelebte Leben, das uns depressiv oder schreiend vor Sehnsucht macht. Wir haben es nicht gewagt. Der Schatten des Ungelebten fällt lastend über uns und erschlägt uns beinahe. Der Schriftsteller und Kirchenkritiker Karlheinz Deschner sagt einmal in seinen ›Bissigen Aphorismen‹: »Weniges ist so schlimm, als am Ende seines Lebens zu erkennen, nicht gelebt zu haben. Dies ist vielleicht schlimmer, als es nie zu erkennen. Am schlimmsten aber, schon früh zu begreifen, dass man lebt, ohne zu leben – und doch so zu leben.«

Auf einem Vortrag, an dessen Ort und Thema ich mich nicht mehr erinnere, zitierte ich vor einigen Jahren den berühmten amerikanischen Text ›Desiderata‹ von Max Ehrman. In dem Text, den wir inzwischen tausenden Teilnehmern unserer Seminare im Dr.-Max-Otto-Bruker-Haus in Lahnstein auf ihren Weg mitgegeben haben, heißt es an einer Stelle: »Du bist nicht weniger ein Kind des Universums, als es die Bäume und die Sterne sind: Du hast ein Recht, hier zu sein.«

Kurz nach diesem Vortrag erreichte mich der Brief einer Zuhörerin. Ich will sie hier, wie alle Menschen, die in diesem Buch auftauchen werden, mit einem geänderten Namen schützen. »Lieber Mathias«, schrieb Christa, »du sprachst in deinem Vortrag von seelischer Obdachlosigkeit. Da fühlte ich mich sehr verstanden. Genau so fühle ich mich – seelisch obdachlos.« Christa fuhr fort: »Dass ich so wichtig sein soll wie ein Baum, damit habe ich Probleme. Jeder Baum ist wertvoll, das ist leicht zu erkennen. Zu denken, dass ich es auch bin – nein, das kann ich nicht, sosehr mich deine Worte auch getroffen und nachdenklich gemacht haben. Es macht mir inzwischen beides gleichermaßen Unbehagen und Angst – Selbstverleugnung und Selbstfindung.« Die letzten Zeilen des Briefes machten mir Sorge: »Ich gehe mir selber auf die Nerven. Deshalb denke ich manchmal, es wäre eine Erlösung, mich selber loszuwerden, anstatt mich zu finden.«

Diesen Passus muss man zweimal lesen: »Deshalb denke ich manchmal, es wäre eine Erlösung, mich selber loszuwerden, anstatt mich zu finden.« Wer von uns hat diesen gallenbitteren Satz in schweren Stunden, Tagen oder Monaten nicht auch schon gedacht! Wie schnell sind wir – zumindest in Gedanken – dabei, uns als lästigen Müll und Sperrgut des Lebens selbst zu entsorgen. Wir haben in unserer inneren Biografie meist wenig Selbstachtung, aber umso mehr Selbstabwertung gelernt. Würden wir unser eigenes Kind so schnell zum Teufel wünschen? Würden wir so schnell resignieren und die Hoffnung in dieses Kind aufgeben? Würden wir so rasch den Gedanken zulassen, es einfach loswerden zu wollen? Wohl kaum. Welche zähe, jahrelange Energie mobilisieren wir, um eine Tochter, einen Sohn auf den richtigen Weg zu bringen. Da ist uns nichts zu viel, da sind wir von wahrer Engelsgeduld.

Aber das Kind in uns, dieses bedürftige Wesen, das verurteilen wir schneidend als »untüchtig«, »wehleidig« und »nicht liebenswert«. Dieses »innere Kind« haben eine verständnislose

Welt und wir selbst oft schon geschädigt, bevor es in die Welt rennen durfte. Wer nicht geachtet wurde, achtet sich nicht selbst. Wer nicht geliebt wurde, liebt sich nicht selbst. Wer nicht wirklich leben durfte, der lebt auch als Erwachsener sein Leben nicht. Er lässt sich leben, lässt sich drängeln und um sein Glück bringen. Wo dieser Konflikt nicht radikal, das heißt an der Wurzel (lateinisch »radix« = die Wurzel) gelöst wurde, dort nützt auch nicht die Flucht in die abstrakten Tröstungen der Esoterik oder der Religion. Wie sagt Karlheinz Deschner so scharfsinnig: »Religionen sind Fertighäuser für arme Seelen.«

Wenn ich mich seelisch obdachlos fühle, ist es dann nicht Zeit, das »Fertighaus« der Konventionen oder des rigiden Über-Ich zu verlassen und endlich das eigene Haus eines selbstbestimmten Lebens zu errichten? Gewöhnlich tun wir just das Gegenteil. Statt Mut zum Ich zu wagen, praktizieren wir eine Philosophie des Attentismus.

Attentismus (von lateinisch »attendere« = abwarten) beinhaltet unsere neurotische Strategie des »ja, aber«. Was hindert uns denn daran, unser Leben zu ändern – wenn wir es wirklich wollen? »Das kann ich meinem Mann nicht antun«, sagt Frau, wenn es um die Reaktivierung ihrer Berufstätigkeit geht. »Das kann ich meiner Frau nicht zumuten«, sagt Mann, wenn er nichts lieber will, als den verhassten Job aufzugeben, eine erfülltere Freiberuflichkeit zu riskieren, damit aber vorübergehend den Lebensstandard reduzieren muss. »Meine Kinder lassen mich nicht«, »man kann schließlich nicht alles haben«, »anderen geht es noch viel schlechter als mir«, »ich komme einfach nicht dazu«, »ich bin viel zu alt und zu dumm dazu« – all dies sind typische Alibi-Sprüche unserer Unentschlossenheit. Natürlich können wir es. Wir müssen es nur existenziell und aus der Tiefe wollen. Wir müssen uns weniger den Vorbehalten unserer Umgebung als unseren eigenen Ängsten stellen. Darum geht es.

Das Neue macht Angst. Der Umbruch ist ungemütlich. Der Neurotiker, so lautet ein altes Therapeutenwort, zieht sein bekanntes Unglück dem unbekannten Glück vor. Fast jeder Aufbruch ist Gewinn und Verlust. Wir verlieren das Vertraute, das selbst in seiner Unzumutbarkeit noch Schützende, wir verlieren ein gewohntes Lebensplateau.

Neue Lebensoptionen konfrontieren uns mit dem Ende unserer bisherigen Lebensverfassung. Da ist Abschied, Trauer und sogar – mitten im Leben – etwas wie Tod. In der Trennung vom tradierten Beruf liegt der Tod der alten Arbeitsgemeinschaft. Im Freigeben der erwachsen gewordenen Kinder liegt ein Stück Sterben meiner bisherigen Mütterlichkeit oder Väterlichkeit. Im Verlassen einer Partnerschaft, die nicht mehr tragfähig ist, liegen Kummer und der Exitus einer ganzen Lebensperiode. Inspiration, Freude und Aufbruch zum Neuen bezahlen wir mit dem Preis des Abschieds und der Endlichkeit.

Abschiedlich zu leben ist, wie die Schweizer Psychoanalytikerin Verena Kast betont, die hohe Kunst des Lebens. Der Mensch ist ein Prozess, ein ununterbrochen im Werden befindliches Wesen. Wer abwartet, der stoppt diesen Prozess. Er stagniert. Er lebt und er lebt doch nicht. Individuation, Ich-Werdung, ist, wie wir später noch sehen werden, nie abreißende Bewegung, ist eine Dialektik, die mir buchstäblich immer wieder den Stuhl unter dem Hintern wegzieht. Nur wer sich ändert, bleibt sich treu, sagt das Sprichwort. In Bert Brechts ›Geschichten vom Herrn Keuner‹ trifft Herr K. eines Tages auf einen alten Bekannten. Lange Jahre haben sie sich nicht gesehen. »Sie haben sich gar nicht verändert«, sagt der Bekannte. »Oh!«, erwidert Herr K. und erbleicht.

»Alles fließt«, erkannte der griechische Philosoph Heraklit. Und: »Es ist unmöglich, zweimal in denselben Fluss zu steigen.« Leben bedeutet ständige Veränderung – auch wenn wir attentiv herumsitzen. Die Frage ist dann nur, was das Leben in diesem Fall mit uns macht. Wer nicht handelt, wird behandelt.

Vom Leben behandeln ließ sich auch Bernd, der eines Tages meine Praxis betrat. Äußerlich war der sensible, jungenhaft wirkende Enddreißiger ein Erfolgstyp, im gehobenen Management einer größeren Firma tätig mit ebenso hoher Kompetenz wie Einkommen. Seine melancholisch verschatteten Augen ließen jedoch Leid ahnen. Tatsächlich klagte Bernd über eine Ehe, die längst keine mehr war. Zweimal hatte seine Frau ihn verlassen, um gegen ihren Willen zu ihm zurückzukehren. Aus ihrer unbegriffenen Not heraus hatten beide ein Kind adoptiert. Aber auch jetzt wurde Erika, um ihr einen Namen zu geben, nicht glücklich. Bernd baute mit großem Aufwand ein Haus im Grünen. Aber nichts lief.

Die Eltern ließen sich durch das Kind fast alle Freizeit rauben. Bernd rackerte sich lahm im Betrieb. Erika hatte die sexuelle Beziehung mit Bernd eingestellt und erklärte in einer gemeinsamen Sitzung offen, dass sie nie mehr mit ihm schlafen würde. Bernd, arbeitssüchtig, tüchtig, litt. Mit immer mehr Dienstleistungen suchte er die Gunst seiner Frau, die doch erklärtermaßen keine Partnerin für ihn mehr sein wollte, zu erkaufen. Bernd machte sich klein, versteckte seine Bedürfnisse, seine Wut war unter einem Berg von Verlustangst begraben. Denn er fürchtete in der Tiefe seiner Seele nichts mehr, als diese Frau zu verlieren und wieder einmal allein gelassen zu werden. Dabei sagte ihm Erika verantwortungsvoll, dass sie ihn nicht mehr liebe, ihn wohl von Anfang an nicht richtig geliebt habe.

Der Leser wird das vielleicht nicht verstehen. Er wird Bernd für einen Weichling halten. Das war er nicht. Er war, genau wie seine Noch-Frau, ein feiner Mensch. Aber die ›Wunde der Ungeliebten‹, um den Titel eines außerordentlich lesenswerten psychologischen Werkes von Peter Schellenbaum zu zitieren, brannte in ihm.

Bernd war der Sohn einer Handwerkerfamilie. Er hatte als Kind kaum Zuwendung bekommen, dafür das Arbeiten rund um die Uhr gelernt. Er galt nur etwas, wenn er Leistung erbrachte. Dass er selbst einmal im Mittelpunkt stehen, dass er Schonung und Liebe beanspruchen dürfte, war ihm als kindliche Erfahrung verwehrt geblieben. Bernd entwickelte wenig Ich, dafür umso mehr Anpassung, Demut, Bescheidenheit und wie all diese schrecklichen Vokabeln der schwarzen Pädagogik lauten. Dieser attraktive Mann war unbewusst von grenzenloser Dankbarkeit erfüllt, dass eine Frau überhaupt ihr Leben mit ihm teilen wollte. Dass er selbst ein Geschenk für seine Partnerin darstellte, vermochte er mit den verletzten Fasern seiner Seele nicht zu spüren. Bernd missbrauchte sich und ließ sich in seiner Ehe – ohne dass Erika dies bewusst inszeniert hätte – missbrauchen.

Erst der nicht mehr auszuhaltende Leidensdruck der beruflichen und privaten Überforderung, der sexuellen Demütigung, seiner schleichenden Depression wie auch die reaktiven psychosomatischen Erkrankungen von Erika begannen seinen Mut zu wecken. Immerhin standen eine Bindung, ein Kind und ein wunderschönes großes Haus zur Disposition. Bernd organisierte sich neue Lebenszusammenhänge. Er steht nunmehr vor der ebenso schweren wie hinreißenden Aufgabe, seine chronifizierte Menschenscheu und Kontaktkargheit im Privaten zu überwinden. Jetzt endlich steht Bernd vor der größten Liebesgeschichte seines Lebens – der Liebe zu sich selbst.

Welchen Mut aber hat es auch Erika gekostet, diesem lieben, ja zu liebenden Mann bei all dem, was er für sie getan hat, zu gestehen, dass sie ihn nicht liebt. Auch sie hat schließlich die unhaltbare Lebenssituation schwer bezahlt. Mit einer Kette nicht abreißender psychogener Erkrankungen. Auch sie zeigte den Mut, der Wohlversorgtheit ihres Ehefrauenstatus den Gang ins Risiko entgegenzusetzen. Denn noch in meiner Praxis kündigte sie Bernd an, auf maximale Versorgungsansprüche im Falle der Scheidung zu verzichten ...

»Dass ich so wichtig sein soll wie ein Baum« – haben das nur Christa, Erika und Bernd zu lernen? Ziehen wir nicht alle mehr oder weniger die Symbiose, die faule Verschmelzung, das klebrige Haften an den schlechten Verhältnissen vor? Verena Kast hat das lebensphilosophische Dilemma einmal so formuliert: »Die Angst vor der ständigen Veränderung, vor dem ständigen Abschiednehmenmüssen, vor dem ständigen Sterbenmüssen lässt uns das Bleibende suchen – das wir dann *allzu* bleibend haben wollen –, sie lässt uns die Symbiose suchen. So kann man bei jeder Form von zu lange anhaltender Symbiose fragen, gegen welche Entwicklung sich ein Mensch sperrt. Es gibt eine Form der Symbiose, die bewirkt, dass der Mensch den Anforderungen des Lebens überhaupt nicht mehr gerecht werden kann, denn Leben verlangt von uns, dass wir immer wieder geboren werden, dass wir Neues wagen, uns immer wieder entscheiden und dabei entdecken, was wirklich zu uns gehört.« (›Wir sind immer unterwegs‹).

Wir sind immer unterwegs – das verträgt sich schlecht mit Kerkerluft und Abwarten. »Das Wort ›Familienbande‹«, spottet der Wiener Aphoristiker Karl Kraus, »hat oft einen Beigeschmack von Wahrheit.« Nichts hemmt uns häufig mehr als die Verhältnisse, die wir selbst geschaffen haben und die wir jetzt nicht mehr zu revidieren wagen. Das kann die Wohnung, der Beruf, die Landschaft, der Freundeskreis, die Hobbys, der Partner sein. »Ehe«, definierte Karlheinz Deschner einmal einen solchen Beziehungsalptraum, »(ist) einander anstarren wie über Kimme und Korn. Zusammenwachsen wie Kettenhund und Kette.«

Wir sprechen so viel von den Menschenrechten. Dem Recht auf Frieden, auf körperliche Integrität, auf Menschenwürde. Aber realisiere ich selbst in meinem Leben das Menschenrecht auf Entwicklung, Lebendigkeit, Entfaltung meiner Persönlichkeit? Bin ich glücklich? Bin ich frech? Bin ich angepasst oder fordernd? Bin ich ein langweiliges Suppenhuhn oder ein Kolumbus, der sich neue Erdteile des eigenen Lebens erobert? Bin ich eine nette Frau oder ein souveräner Mensch? Bin ich der liebe Schwiegersohn oder ein Mann von Statur und Eigengewicht? Bin ich nur Mutti oder eine selbstständige Frau? Bin ich nur ein braves Mitglied meiner religiösen Gemeinde oder auch einmal eine herrliche Schlampe und ein erotischer Draufgänger? Bin ich ein Sesselfurzer, der über »die« Politik queruliert, oder mache ich den Mund in einer Bürgerinitiative auf? Studiere ich nur brav Betriebswirtschaft und habe meine Karriere im Sinn oder kümmern mich Massenarbeitslosigkeit, Aids-Problematik und Dritte Welt? Will ich von allen geliebt werden und passe ich mich wie ein Chamäleon der Umgebung an oder stehe ich zu mir selbst?

Fragen über Fragen. Wir werden, liebe Leserin, lieber Leser, im Folgenden einige Antworten suchen. Wir durchwandern dabei die Gebiete der Psychologie, der Philosophie, der Soziologie, der Lyrik und des Märchens. Es darf auch gelacht werden.

Vielleicht wäre es einer der größten Liebesdienste an uns selbst, wenn wir uns einmal all unsere Überzeugungen daraufhin anschauen würden, ob sie heute überhaupt noch zu uns und unserem Leben passen oder ob sie Relikte aus der Vergangenheit sind, die wir unüberprüft mit uns herumschleppen.

Virginia Satir

Das Leben ist eine Baustelle

*Experten können uns alles in der wahrnehmbaren Welt genau erklären,
und trotzdem verstehen wir unser eigenes Leben immer weniger.
Wir leben in der postmodernen Welt,
in der alles möglich und so gut wie nichts sicher ist.*
Vaclav Havel: Rede in der Independence-Hall, Philadelphia, 4. Juli 1994

Einige soziologische Beobachtungen und philosophische Überlegungen können wir uns zu unserem Thema nicht ersparen. Ich glaube jedoch, sie sind spannend.

Ängstlichkeit oder Mut zum Ich spielen sich nicht im luftleeren Raum ab. Meine Persönlichkeitsbildung wächst auf dem Humus des Sozialen. Ob wir es bejahen oder beklagen, der Verlauf des 20. Jahrhunderts hat einen Modernitätsschub provoziert, der das Ende fast aller Gewissheiten bedeutet und uns Hören und Sehen vergehen lässt. Wer seine Hoffnung noch auf irgendeine soziale oder philosophische oder religiöse Einheit der Menschen setzte, der musste sich vom weltweiten Zusammenbruch ideologisch geschlossener Systeme wie Faschismus, Kommunismus oder Klerikalismus – ohne diese drei Phänomene gleichzuwerten – eines anderen belehren lassen: Die Gegenwart oder das »Projekt Moderne«, wie die Philosophen es nennen, ist pluralistisch, relativistisch und konkurrenzorientiert.

Selbst der Szientismus, die Ideologie der reinen Wissenschaftlichkeit, vermag uns nicht – wie der tschechische Präsident und Dichter Vaclav Havel sagt – die Welt und uns selbst aus einem Punkte zu erklären. Aus dem christlichen, europazentristischen Universum des Mittelalters ist das heutige Multiversum, die Vielheit fragmentarisierter und global konkurrierender Weltauffassungen geworden: Im selben Atemzug mutierte der Mensch zwischen Holocaust und Mondlandung, wie wir leidvoll wissen, zu einem Prometheus verbrecherischer wie genialer Kräfte.

Die Situation ist ambivalent in jeder Beziehung: Der Mensch hat seine haltende Umgebung, das heißt den hergebrachten normativen sittlichen Kosmos, wie Käfigstangen gesprengt. Er hat damit einerseits die Sicherheit und die Orienterungshilfen verloren. Das ist ein Verlust sozusagen wie der Verlust der Kindheit. Da ist eine Geborgenheit, wie trügerisch und unterjochend sie in ihrem Kern auch immer war, ein für alle Mal verloren gegangen. Nicht länger kann sich der Mensch unbefragt auf Konventionen, Sitte, Moral, amtskirchliche Direktiven, gesellschaftliche Vorgaben und staatliche Imperative stützen. Er ist allein auf sich gestellt.

Andererseits liegt hierin auch das grandiose Moment der Befreiung, der Reichtum zahlloser je zu erobernder virtueller Welten in der Biografie des modernen Individuums. »Anything goes«, alles ist erlaubt und prinzipiell akzeptierbar, wie der Philosoph Paul Feyerabend es einmal etwas einseitig formulierte. Mein Leben könnte immer auch ein anderes sein. Ich lebe im existenziellen Konjunktiv. Was immer ich bin, ich bin es eher zufällig. Das Sein ist, wie moderne Denker es definieren, kontingent, letztlich unzusammenhängend.

Friedrich Nietzsche, der größte Psychologe unter den Philosophen, hat diese riskante Freiheit des modernen Menschen nach dem Zusammenbruch des geistig verbindlichen mittelalterlichen Universums in seinem Werk ›Menschliches, Allzumenschliches‹ vor über hundert Jahren mit intellektueller Schärfe analysiert. Nietzsche spricht dort von der »Unsittlichkeit« des modernen Menschen. Er meint in Wahrheit den Verlust der alten, nicht hinterfragten, schematischen Sittlichkeit der Vorfahren, der jeder von uns »Spätgeborenen« (Nietzsche) heute seine eigene »unsittliche« Sittlichkeit gegenübersetzen muss: »Im Verhältnis zu der Lebensweise ganzer Jahrtausende der Menschheit leben wir jetzigen Menschen in einer sehr unsittlichen Zeit: Die Macht der Sitte ist erstaunlich abgeschwächt und das Gefühl der Sittlichkeit so verfeinert und so in die Höhe getragen, dass es ebensogut als verflüchtigt bezeichnet werden kann.«

Sitte ist, sagt Nietzsche, »die herkömmliche Art zu handeln und abzuschätzen«. Und er schlussfolgert: »Je weniger das Leben durch Herkommen bestimmt ist, umso kleiner wird der Kreis der Sittlichkeit. Der freie Mensch ist unsittlich, weil er in allem von sich und nicht von einem Herkommen abhängen will.«

Das Individuum war in der frühen Sittlichkeit sozusagen nicht vorgesehen. Nietzsche: »Ursprünglich gehörten die ganze Erziehung und Pflege der Gesundheit, die Ehe, die Heilkunst, der Feldbau, der Krieg, das Reden und Schweigen, der Verkehr untereinander und mit den Göttern in den Bereich der Sittlichkeit: Sie verlangte, dass man Vorschriften beobachtete, ohne an sich als Individuum zu denken.« Das Regularium dieser Vorschriften ist seit der Aufklärung immer mehr zerbrochen. Mit ihnen verschwindet auch, wie Nietzsche beobachtet, die Gemeinde, die das Individuum unter ihren Sittenkodex presst. Vor unseren erstaunten Augen vollzieht sich die moralische Geburt des Individuums, das jetzt erst zwischen Gut und Böse entscheiden lernen und seine individuelle Moralität suchen und finden muss.

Mit dieser qualvollen Aufgabe, sich eine eigene Sittlichkeit suchen zu müssen, schlagen wir uns heute alle herum, gleichgültig, ob wir als Paar verbunden sind oder als Single leben. Der Mut zum Ich ist die unabweisbare, durch nichts zu ersetzende, Angst machende und zugleich befreiende Losung der Moderne geworden.

Das ist schwer und schön zugleich, das löst und macht Furcht in einem Atemzug. Wo wir schutzlos und nackt in die Aufklärung gehen, da verlieren wir gleichsam unseren Kinderglauben an das Christkind und den Osterhasen. Das tut weh. Es macht uns aber zugleich zum »homo faber«, zum Architekten des eigenen Lebensentwurfs. Es ist die Basis für Scheitern und Erfolg, für Unruhe und Überraschung, für Leid und Glück, kurz, für den dramatischen Lebensduktus unserer Zeit.

Die hoch entwickelte säkulare, das heißt nicht mehr religiös geprägte, Industriegesellschaft setzt jeden von uns unter einen immensen Individualisierungsdruck. Was heißt das? Die Soziologen Ulrich Beck und Elisabeth Beck-Gernsheim haben in dem von ihnen herausgegebenen Werk ›Riskante Freiheiten‹ diese »Verdammung« zur Individualisierung beeindruckend untersucht. Nur Weniges ist, so die beiden Soziologen, in der eigenen Biografie durch ein vorgegebenes Rahmenwerk bestimmt. An die Stelle von Gott, Natur, System, Familie, Religion, Stand usw. tritt mit der Durchsetzung der Moderne das auf sich selbst gestellte Individuum.

Jeder muss die entscheidenden Lebensfragen für sich selbst lösen: den Beruf, den Wohnort, den Beziehungsmodus vom Single bis zur Wochenendbeziehung, seine Spiritualität, seine politische Position, sein »postmodernes Outfit«, Lebens- und Wohnungsstil, Verhütung, Kinderzahl, Umschulung, den Zeitpunkt des Berufsendes, Geselligkeit, Hobbys, Sport, Parteimitgliedschaften, ehrenamtliches Engagement, die allabendliche Wahl zwischen mehreren Dutzend TV-Kabelprogrammen. Jeder muss Entscheidungen treffen über die Bestattungsart, den Schultyp für seine Kinder, den Urlaub am Tegernsee oder auf Teneriffa, den Autotyp als Statussymbol, die Zweitwohnung, das Haustier, die Sucht, die Fitness, die Spendentätigkeit, die Selbsterfahrungsgruppe, Reiki, Pendeln, Feng Shui, Horoskope, die Wünschelrutengängerei nach Wasseradern, Shiatsu oder Akupressur, Steak oder Vollwertkost, Bungee-Springen oder Hängegleiterfliegen, Haus bauen oder sein Geld ins Ausland verschieben, gusseiserne Treue oder Außenbeziehung. Jeder und jede muss klären, ob er oder sie Gläubiger oder Atheist, Konservativer oder Grüner, Macho oder Softie, Hausfrau oder Berufstätige sein will ...

Was früher das Privileg weniger Menschen war, ist heute der Regelfall für alle: ein eigenes Leben führen. Ulrich Beck: »Der Mensch wird (im radikalisierten Sinne Sartres) zur Wahl seiner Möglichkeiten, zum homo optionis. Leben, Tod, Geschlecht, Körperlichkeit, Identität, Religion, Ehe, Elternschaft, soziale Bindungen – alles wird sozusagen bis ins Kleingedruckte hinein entscheidbar, muss, einmal zu Optionen zerschellt, entschieden werden.«

Da ist nichts mehr mit natürlichem Herkommen. Wir leben in einer Welt der Artefakte, der selbstgeschaffenen Künstlichkeiten. Der Alltag ist entroutiniert. Wir vagabundieren mit einer Art »Landstreichermoral« durch die wechselnden Zeitläufte. Lebenslange Entwürfe sind längst brüchig geworden. Gottfried Benn hat diese künstliche, aber auch emanzipierte Zivilisationslage einmal düster beschrieben: »Denn meiner Meinung nach fängt die Geschichte des Menschen heute erst an, seine Gefährdung, seine Tragödie. Bisher standen noch die Altäre der Heiligen und die Flügel der Erzengel hinter ihm, aus Kelchen und Taufbecken rann es über seine Schwächen und Wunden. Jetzt beginnt die Serie der großen, unlösbaren Verhängnisse seiner selbst.« (›Essays und Reden‹).

Man muss es nicht gleich so apokalyptisch dräuend sehen, aber es bleibt doch eine Vielheit Angst machender Unwägbarkeiten in jeder unserer Biografien. Der Soziologe Beck meint dazu: »Man nehme, was man will: Gott, Natur, Wahrheit, Wissenschaft, Technologie, Moral, Liebe, Ehe – die Moderne verwandelt alles in ›riskante Freiheiten‹. Alle Metaphysik, alle Transzendenz, alle Notwendigkeit und Sicherheit wird durch Artistik ersetzt. Wir werden – im Allgemeinsten und Privatesten – zu Artisten in der Zirkuskuppel: ratlos. Und viele stürzen ab.«

Das schließt unser Verwobensein in eine verwaltete Gesellschaft vom TÜV bis zur Steuererklärung nicht aus. Doch die Normalbiografie wird zur »Wahlbiografie«, zur »Bastelexistenz«. Das Skript der Lebensregie heißt Individualisierung und Vereinzelung. Ich werde freigesetzt aus der klassischen Gruppenform, aus Familien- und Klassennormativen. Ich bin selbst zuständig für mich, mein Leben, meine Existenz. Die Abweichlerin, der Unkonventionelle werden sozusagen zur Norm des Alltäglichen. Das Leben ist, um mit einem rasanten Berliner Filmtitel zu sprechen, eine Baustelle – in Permanenz.

Gegen diese Pluralisierung und Vorläufigkeit der Lebensformen hat die konservative oder fundamentalistische Gegenreformation, die Beschwörung des Edlen, Guten und Schönen, wenig Chancen. Wir leben in einer Epoche der »Enttraditionalisierung«. Die Traditionen an sich tragen nicht mehr. Sie müssen gesichtet, kritisch überprüft werden. Der Fundamentalist ist ein Don Quijote, der gegen Windmühlen kämpft. Er verteidigt die Tradition um ihrer selbst willen und auf traditionelle Weise. Er kommt mir vor wie jener katholische Religionslehrer auf dem Gymnasium, der mir, erfolglos, die Lektüre von Nietzsches ›Zarathustra‹ zu verbieten suchte. Das Werk stehe, meinte er feierlich, auf dem ›Index librorum prohibitorum‹, dem Verbotskatalog der katholischen Kirche. Dieser sei doch schon vier Jahrhunderte alt und damit über jeden Zweifel erhaben...

Selbst der Dalai Lama plädiert inzwischen für die Ausgestaltung einer »säkularen Ethik«. Eine solche Ethik, erklärte er im Mai 1997 auf einem interreligiösen Treffen im französischen La Rochette, sei notwendig, da heute die Mehrheit der etwa sechs Milliarden Menschen auf der Erde nicht mehr als gläubig im Sinne einer Religion bezeichnet werden könne.

Fest steht, der Alltag der hoch entwickelten Industriestaaten wird zunehmend individualisiert, feminisiert, ökologisiert. Gesellschaftlich bedeutet dies, dass wir in ein Laboratorium der sozialen, politischen und lebensphilosophischen Experimente eintreten. Ulrich Beck zieht das Fazit: »Nachtraditionale Gesellschaften können nur im Experiment ihrer Selbstdeutung, Selbstbeobachtung, Selbstöffnung, Selbstfindung, ja Selbsterfindung integrierbar werden. Ihre Zukunft, Zukunftsfähigkeit, Zukunftsgestaltung ist der Maßstab ihrer Integration. Ob dies gelingt, bleibt allerdings fraglich.«

Auf die private Existenz übersetzt, bedeutet individualisiertes Leben, die Verunsicherung auszuhalten. Wir sind zur Freiheit verurteilt im Lichte ganz banaler und massenhafter Alltagserfahrungen. Wo wir ständig vor Wahl- und Entscheidungssituationen stehen, wo uns andere Menschen mit ihren Lebensentwürfen konfrontieren, wo Sinngebung zu einer privaten Angelegenheit jedes Einzelnen geworden ist, wo Kirchen, Gurus und esoterische Sinnlieferanten zu Gesellschaften mit beschränkter Haftung degenerieren, wo die zersprungene Einheit der Welt harte Tatsache ist und wo schließlich aus dem früher standardisierten Lebenslauf eine Patchworkexistenz wird, da ist Mut zum Ich wie nie zuvor gefragt.

Zwischen Glanz und Elend, zwischen Freiheit und Verunsicherung muss und darf der Mensch der Gegenwart wie ein Pfadfinder im tiefen Wald seinen eigenen Weg suchen. Er kann, wie es die Soziologen Beck und Beck-Gernsheim so treffend formulieren, »Mitgliedschaften an verschiedensten Gruppen und Gemeinschaften erwerben und wieder aufgeben. Er kann, zumindest prinzipiell, seine Arbeit, seinen Beruf, seine Vereins-, Partei- und Religionszugehörigkeiten wechseln. Er kann umziehen, sich scheiden lassen und in immer neuen Familienkonstellationen leben. Er kann seine Habe vermehren, verkaufen und verschleudern. Er kann sich subkulturelle Stile aneignen in Habitus, Kleidung, Sprache, Sexualverhalten – oder worin auch sonst immer. Er kann sein Selbstverständnis ändern, und er kann sich neue Images zulegen ... Er ähnelt eher einem Vagabunden auf der Suche nach geistiger und gefühlsmäßiger Heimat. Sein Tages- und Lebenslauf ist gleichsam eine unstete und manchmal auch unsichere Wanderung, die er durch eine Vielzahl von Sinnprovinzen unternimmt. Er ist darauf angewiesen, die Drehbücher seiner individuellen Leben selber zu schreiben, die Landkarten für seine Orientierung in der Gesellschaft selber zu zeichnen, über seine Biografie, seine Persönlichkeit, sein Selbstverständnis selber Regie zu führen.«

Es entsteht, wie Ulrich Beck ausführt, eine »Kultur des Zweifelns«. Sie öffnet Raum für andere Erfahrungen für mich und mein eigenes Leben. Kein Ich ohne Wir. »Wissen lernen heißt zweifeln lernen«, schrieb schon Friedrich II. an Voltaire. Könnte so nicht das entstehen, was Beck einen »solidarischen Individualismus« nennt: Gemeinschaft als Suchgemeinschaft. Offenheit für die eigene und die andere Sache. Konfliktfähigkeit. Balance zwischen Gewissheit und Zweifel. Gnade des Selbstzweifels. Jenseits blinder Gefolgschaft eine »Ethik individueller und kollektiver Verantwortung«, beruhend auf Freiwilligkeit statt Kadavergehorsam.

Nichts ist da zu spüren vom »Verfall der Sitten«. Jugendliche, so erläutert der Soziologe Beck, »hassen Vereine. Sie sind aber für alles Mögliche zu engagieren: für Umweltfragen sowieso, aber auch gegen Obdachlosigkeit, für Betreuung von Drogenabhängigen, Aids-Kranken usw. Stünde heute Greenpeace zur Wahl, wohl über neunzig Prozent der Jugendlichen würde diese ›Partei‹ wählen.«

An seiner eigenen Existenz bauen, planen, tüfteln, improvisieren und »basteln« – das mag unheroisch von »trial and error« (Versuch und Irrtum) geprägt sein. Das mag unpathetisch und unheroisch daherkommen, aber seelenlos ist es allemal nicht. Denn wie können wir das Phänomen der Seele definieren? Gail Sheely gibt in ihrem Buch ›Die neuen Lebensphasen‹ die ebenso realistische wie schöne Definition: »Die Seele ist die Summe Ihres Wesens, all dessen, was Sie auf der Welt getan haben, was Besonderes an Ihnen ist. Wenn Sie sterben, ist Ihre Seele das, was Sie bis zum letzten Atemzug gewesen sind. Sie ist das, was Sie der Welt hinterlassen – der Einfluss, den Sie auch weiterhin auf Ihre Kinder, Freunde, Kollegen, Gemeinde ausüben, und der kann ungeheuer groß sein.«

Noch einmal: Die Einsicht, dass alle unsere Erkenntnisse im Prinzip fehlbar und revidierbar sind, hat sich längst als eigentümlichstes Merkmal der Wissenschaft selbst erwiesen. Ausgerechnet die Wissenschaft, die uns seit Galilei, Descartes und Nachfolgern versprach, Gewissheiten zu produzieren, unterminiert heute unsere Sicherheiten auf das Nachhaltigste. Das bedeutet jedoch nicht, dass es kein Verbindendes und Gemeinsames zwischen uns Menschen gäbe. Gerade die ökologisch bedrohte Situation unseres schönen blauen Planeten, Kriege, Hunger, Obdachlosigkeit, Folter, Massenarbeitslosigkeit stellen uns vor gemeinsame, neue globale Aufgaben. Wir wissen: Es gibt keine einfache, »fundamentale« Antwort auf die komplizierten Fragen der modernen Welt. Was wir sicher wissen, ist jedoch: Wir brauchen sowohl individuellen Mut als auch so etwas wie Zivilcourage, globale Moral und »Fernstenliebe« (Nietzsche).

Das Leben ist eine Baustelle. Wir sind die Architekten. Der Plan entsteht beim Bauen. Wir ändern ihn fortwährend. Ist das nicht der Sinn des Lebens? Hermann Hesse meint nüchtern: »Wir verlangen, das Leben müsse einen Sinn haben, aber es hat nur ganz genau so viel Sinn, als wir selber ihm zu geben imstande sind.«

Blasen wir selbst in unser Segel!

Stanislaw Jerzy Lec: Unfrisierte Gedanken

Das Abenteuer der Individuation

Ich lebe mein Leben in wachsenden Ringen,
die sich über die Dinge ziehn.
Ich werde den letzten vielleicht nicht vollbringen,
aber versuchen will ich ihn.

Rainer Maria Rilke

Ich bin ein eher ängstlicher Mensch. Ich befürchte, wenn es nach mir gegangen wäre, säße ich noch immer als grauhaariger Redakteur in einer kleinen linken Wochenzeitung, bei der ich Anfang der Siebzigerjahre meinen Berufsweg begonnen habe. Bei aller flotten Redensweise habe ich doch letztlich Angst vor Veränderungen. Sie sind mir in meiner Lebensgeschichte oft eher widerfahren, als dass ich sie selbst gewollt und gestaltet hätte. Im Grunde meines Herzens bin ich konservativ.

Auch der Minderwertigkeitskomplex hat zuverlässig wie ein Schatten mein Leben begleitet: der Komplex, nicht so kompetent und erfolgreich zu sein wie meine älteren Ärztebrüder. Der Komplex, kein gut aussehender und sportlicher Mann zu sein. Der Komplex, handwerklich mit zwei linken Händen durchs Leben zu laufen. Der Komplex, kein Professor an einer Hochschule geworden zu sein, wie es meiner tüchtigen Akademikermutter gefallen hätte. Viele Jahre strampelte ich bis an die Grenzen meiner Kräfte durch das Leben, brachte viel Leistung, baute zwei Häuser – und fühlte mich doch minderwertig. Andere Männer waren einfach besser als ich.

Wie ein Baum einfach sein zu dürfen und unbefragte Existenzberechtigung zu besitzen, das konnte ich mir nicht zugestehen. Ich hatte wenig Mut zum Ich. Krisen und Umbrüche meiner Biografie empfand ich als peinvolle Pannen, die es galt, diskret zu verstecken. Als die Zeitung, bei der ich mein Berufsleben begonnen hatte, eingestellt wurde, hielt ich das für eine persönliche Katastrophe. In Wahrheit erwies sich die »Katastrophe« rasch als eine spannende Befreiung hin zu einem neuen Beruf und neuen Qualifikationen im Verlags- und Literaturwesen. »Ein Mensch blickt in die Zeit zurück«, heißt es bei Eugen Roth, »er sieht, sein Unglück war sein Glück.«

Der Entschluss, später dann als Publizist den Weg in die Freiberuflichkeit zu wagen, verschaffte mir die ersten zwei Jahre schlaflose Nächte – dabei war die Freiberuflichkeit ein Entschluss, den ich bis heute beibehalten und keine Sekunde bereut habe. Als ich, schon ein älterer Jahrgang, die fünfjährige psychotherapeutische Ausbildung in Gestalttherapie/Integrativer Therapie begann, fürchtete ich den Spott der jungen Ausbildungskolleginnen. Tatsächlich aber waren die Sprechstunden und Selbsterfahrungsgruppen, die ich nach der Ausbildung anbot, rasch auf Monate hin ausgebucht und sind es bis heute geblieben.

Was ich damit sagen will: Ich habe viele Jahre nicht begriffen, dass die Individuation einen nie aufhörenden Prozess des Lebens darstellt, dass Krisen unvermeidlich sind und als Regulationsmechanismen des Neuen fungieren. Vor allem aber verstand ich nicht, dass Angst- und Minderwertigkeitsgefühle zum normalen menschlichen Erleben zählen, aber auch überwunden werden können. Ich hatte als typischer Mann wie Millionen meiner Geschlechtsgenossen nicht gelernt, über mich selbst zu sprechen, die Schrecken meines kleinen Herzens zu zeigen und ihnen einen Namen zu geben.

Therapie, psychoanalytische Ausbildung, die Leitung des Düsseldorfer Männerbüros und die alltägliche Erfahrung der Nöte jedes Menschen in meiner Lahnsteiner Praxis haben mich weicher, verständnisvoller und barmherziger gegenüber den Defiziten anderer Menschen, aber auch gegenüber meinen eigenen gemacht. Daraus resultiert auch meine Faszination gegenüber dem Abenteuer der Individuation. Es macht die Essenz jedes wahrhaft gelebten Lebens aus. Es bringt Kummer, aber auch die Sprengkraft der Entwicklung und des Glücks. Dieses Abenteuer der Psychogenese konfrontiert uns mit der strukturellen Offenheit unseres Lebens. Ein mittelalterlicher Anonymus formulierte diese Offenheit so:

> Ich lebe, weiß nit wie lang,
> sterbe und weiß nit wann,
> ich fahr davon, weiß nit wohin,
> mich wundert, dass ich so fröhlich bin.

Der Philosophenkönig Friedrich II. beschrieb die gleiche Paradoxie mit den Worten: »Wo kam ich her? Wo bin ich? Wohin gehe ich? Ich weiß es nicht.«

Mut zum Ich bedeutet Wachstum. Wachstum aber bedeutet Veränderung. Das sagt sich so selbstverständlich. In Wahrheit ist Wachstum das Dynamit unseres Lebens. Es donnert, reißt Löcher in die Textur des Gewohnten, es macht Angst, moussiert oft aber auch wie Champagner. Jeder von uns macht diese Erfahrung letztlich allein und ist darauf nicht vorbereitet. Es gibt keinen Trockenkursus für das Leben. Der Denker La Rochefoucauld erkannte: »In jedes Lebensalter treten wir als Neulinge und ermangeln darin der Erfahrung.«

Ob diese Entwicklung eine Bewegung vom Niederen zum Höheren, vom Mangelhaften zum Besseren ist, darüber lässt sich mit Recht streiten. Goethe bemerkte 1831 zu Eckermann: »Der Mensch wird in seinen verschiedenen Lebensstufen wohl ein anderer, aber ich kann nicht sagen, dass er ein besserer werde, und er kann in gewissen Dingen so gut in seinem zwanzigsten Jahre Recht haben als in seinem sechzigsten. Man sieht freilich die Welt anders in der Ebene, anders auf den Höhen des Vorgebirges und anders auf den Gletschern des Urgebirges. Man sieht auf dem einen Standpunkt ein Stück Welt mehr als auf dem anderen. Aber das ist auch alles, und man kann nicht sagen, dass man auf dem einen mehr Recht hätte als auf dem anderen.«

Was macht nun das Wesen der Individuation, der Lebenszyklen und unterschiedlichen Lebensphasen aus? Welche Herausforderungen und Wachstumsschritte müssen wir als Kind, Jugendlicher, Erwachsener und alter Mensch lösen? Spekulationen, Mystik und die Schwafeleien »transpersonaler Psychologie« helfen uns ebenso wenig weiter wie die Biografiearbeit der orthodoxen Anthroposophie mit ihren starren »Sieben-Jahres-Rhythmen«, ihren »Mondknoten« und »Christusjahren«. Auch den Allgemeinplätzen der Horoskopie, wie sie überall in den Zeitschriften zu finden sind, mag ich persönlich nicht vertrauen. Kann man denn das Leben wirklich nach Newtons Sternenbahnmechanismen oder nach »merkurialen Kräften«, »Venuskräften«, »Jupiterkräften« und nach »Saturnkräften« (Rudolf Steiner) katalogisieren, rubrizieren und in ein Schema pressen? Ich halte es mehr mit der demütigen Position des alten Goethe, der befand: »Unser Leben ist, wie das Ganze, in dem wir enthalten sind, auf eine unbegreifliche Weise aus Freiheit und Notwendigkeit zusammengesetzt.«

Wir mäandern also wie ein krummes Bächlein durch das Leben, wir besitzen kein festes, sondern ein fließendes Selbst. Was aber ist, von der Fülle der biografischen Zufälle einmal abgesehen, das Notwendige der Lebenszyklen, das Gesetzmäßige der Krisen und des Wachsens der Identität? Sigmund Freud hat uns als Erster auf die tiefenpsychologischen Entwicklungsphasen des Kindes aufmerksam gemacht. Seine Tochter Anna Freud wie auch Jean Piaget und René Spitz haben die Forschung der ersten Prägungen vertieft.

Die Entwicklungspsychologie des Erwachsenenalters rückte erst spät in den Mittelpunkt des wissenschaftlichen Interesses. Ein Philipp Lersch (›Aufbau der Persönlichkeit‹ 1951), eine Charlotte Bühler (›Der menschliche Lebenslauf als psychologisches Problem‹) und der als Jude aus Deutschland emigrierte

Erik Erikson (›Kindheit und Gesellschaft‹ 1950, ›Identität und Lebenszyklus‹ 1959, ›Der vollständige Lebenszyklus‹ 1982) erforschten dann die großen Leitthemen im erwachsenen Entwicklungsprozess. Heute sind es Wissenschaftler wie Robert Kegan (›Die Entwicklungsstufen des Selbst‹ 1986) oder Gail Sheely (›Die neuen Lebensphasen‹ 1995), die das komplizierte Geflecht der Ich-Werdung, diese chronische Unternehmung zwischen Angst und Mut, aktuell reflektieren.

Auch die Integrative Gestalttherapie, die auf den Deutschamerikaner Fritz Perls zurückgeht, ist ihrem ganzen Wesen nach eine humanistische Lehre des menschlichen Entwicklungsprozesses. In jedem Augenblick meines Lebens will – das besagt das Grundaxiom dieser psychotherapeutischen Schule – etwas Gestalt werden. Das mag ganz trivial sein: Ich habe Hunger und betrete einen Raum, in dem eine Party gefeiert wird. In diesem Augenblick interessieren mich weder die Gäste noch die Ästhetik der Wohnung. Ich bin allein auf die Stillung meines Hungers fixiert, auf das kalte Buffet. Wenn ich diese Gestalt meines Hungers erfüllt habe, indem ich mich sättige, tritt eine neue, unvollendete Gestalt vor mein Auge: Ich bin zum Beispiel als Frau allein, will mir endlich einen Freund »anlachen«. Also interessieren mich die anwesenden Frauen herzlich wenig, die verheirateten Männer auch nicht, sondern ich wende mein ausschließliches Interesse, meinen weiblichen Jagdinstinkt dem freien männlichen Wild zu. Ist diese Gestalt abgeschlossen und habe ich so einen männlichen Platzhirsch aufgestöbert, so tritt als neu zu erfüllende und schließende Gestalt eine andere Situation auf die Lebensbühne.

Wenn ich achtsam gegen mich selbst bin, spüre ich diese verborgene Gestaltwerdung, gehe die Veränderung an und entwickle mich dabei. Wenn ich unachtsam bin, mein schwelendes Lebensunbehagen vielleicht mit einer Sucht verdränge, mit Alkohol, Rauchen und wahllosem Sex, dann bleibt die Gestalt meines Lebens schmerzlich offen. Ich stagniere, ich reife nicht, ich weiche meiner notwendigen Individuation auf einer anderen Stufe aus.

Das Geheimnis des wahrhaftig gelebten Lebens wäre es demnach, sich immer wieder auf die anstehenden neuen Konfigurationen der eigenen Lebensbühne einzulassen, in veränderte Rollen zu schlüpfen, die alte Haut abzulegen und in die Haut bisher ungelebter Persönlichkeitsanteile zu schlüpfen. Robert Kegan akzentuiert das Schmerzhafte dieses Gestaltprozesses: »Das Wachstum verlangt seinen Preis. Zum Wachstum gehört das Aufgeben einer bisher vertrauten Form unseres Daseins in der Welt.«

Zur Darstellung des Abenteuers der Ich-Werdung möchte ich im Folgenden die Phasen des Individuationsprozesses nach Erik Erikson nachzeichnen. Dabei versteht es sich von selbst, dass auch Eriksons berühmt gewordenes Modell nur einen Annäherungsversuch an die pralle Lebenswirklichkeit darstellt und dass es, wie seine Kritiker feststellen, Mängel hat, weil es stark an dem protestantisch-puritanischen Idealtypus des weißen, gebildeten Mittelschichtamerikaners orientiert ist. Natürlich kann man letztlich keinen Lebenslauf kalibrieren, auf ein Standardmodell reduzieren. Trotzdem sind Eriksons Aussagen über Identität und Lebenszyklus eine Art grundsätzlicher Kompass zur Ortung meines eigenen Selbst: In welcher Lebensphase stecke ich? Welche klassischen Konflikte in meiner Kindheit und Jugend wiederhole ich auf einer höheren Ebene meiner Persönlichkeitsbildung? Wo liegen meine Gefährdungen? Wo sind meine Ressourcen?

Erik Erikson unterteilt den Lebensstrom in acht Phasen. Das mag nicht immer ganz überzeugen. Ich würde mir etwa für die verschiedenen Stufen des Alters mehr Differenzierungsphasen wünschen. In der Kindheit und frühen Jugend sieht der große amerikanische Psychologe vier Polaritäten, spannungsvolle Gegensätzlichkeiten und Antinomien (Gegengesetzlichkeiten) am Werk.

Kindheit und frühere Jugend

Vertrauen gegen Urmisstrauen

Vertrauen gegen Urmisstrauen – wer kennt heute nicht diese berühmt gewordenen Begriffe der Kinderpsychologie! Erik Erikson hat sie geprägt. Eine gesunde Persönlichkeit hat in ihrer Kindheit durch zugewandte, sorgende Eltern das Gefühl eines Urvertrauens gewinnen dürfen. Das ist eine grundsätzlich bejahende Einstellung zu sich selbst und zur Welt. Es ist sozusagen die erste Leistung, die das Leben dem kleinen, meist liegenden Lebewesen abverlangt: nach der Austreibung aus dem intrauterinen Paradies Vertrauen zur fremden Welt zu finden. Dies geschieht durch Halten und Streicheln, durch die nährende Mutterbrust, den liebevollen Klang der Stimme, Wärme, Zuverlässigkeit, das Lächeln im Gesicht der Eltern. Erikson akzentuiert, dem damaligen Geist folgend, mit starker Ausschließlichkeit die Liebesleistung der Mutter. Wir betonen heute die vertrauensbildende Symbiose des Kindes mit Mutter und Vater.

Erikson: »Das Vertrauensgefühl des Kindes zur Mutter wird durch eine Versorgung geweckt, die mit der sensitiven Befriedigung der individuellen Bedürfnisse des Kindes zugleich auch ein starkes Gefühl seiner eigenen Vertrauenswürdigkeit innerhalb des zuverlässigen Rahmens des herrschenden Lebensstils erzeugt. Hier bildet sich die Grundlage des Identitätsgefühls, das später zu dem komplexen Gefühl wird, ›in Ordnung zu sein‹, man selbst zu sein und einmal das zu werden, was die Umwelt von einem erwartet.« Der deutsche Dichter Jean Paul hat diese Basis eines gelungenen Urvertrauens als Treibstoff für den Erwachsenen so definiert: »Mit einer Kindheit voll Liebe aber kann man ein halbes Leben hindurch für die kalte Welt haushalten.«

Was aber passiert, wenn dieses Urvertrauen nicht da ist,

wenn Urmisstrauen die Persönlichkeit des Säuglings bereits bestimmt? Wir wissen es alle. Kinder, die man nicht liebt, werden Erwachsene, die nicht lieben. Wer dieses Urvertrauen nicht erleben durfte, der geht häufig in der Statistenrolle des Ungeliebten durch die Welt. Er vermag weder Liebe zu geben noch Liebe auf sich zu ziehen. Er steckt voller Selbstabwertungen, gehäufter Minderwertigkeitskomplexe und beäugt die Welt misstrauisch wie durch die Schießscharten eines Panzers. Denn seine oder ihre Seele verpanzert sich, um zu überleben. Der Psychiater Fritz Riemann hat in seiner Charakterlehre ›Grundformen der Angst‹ die Typologie des schizoiden, depressiven, zwanghaften und hysterisch agierenden Menschen vor dem Hintergrund prekärer Liebeszuwendung in der Kindheit eindrucksvoll analysiert.

Wie stark die Notwendigkeit von Urvertrauen beim frühkindlichen Start in das Leben ist, belegt noch die Religionsbildung des erwachsenen Menschen, der sich einen starken, schützenden Vater und eine liebevolle Muttergottes in den Himmelsgefilden schafft. Erikson: »Allen Religionen gemeinsam ist die zeitweilige kindhafte Unterwerfung unter einen – oder mehrere – Versorger, die sowohl irdisches Glück wie geistige Intaktheit spenden; gemeinsam ist ihnen irgendeine Darstellung der Kleinheit des Menschen durch demütige Gesten, das Eingeständnis von Missetaten, bösen Gedanken und Absichten ...« So spiegelt die Vertreibung aus dem Paradies im Alten Testament psychoanalytisch packend den schweren Verlust des symbiotischen Kindheitsparadieses, der Geborgenheit im Mutterleib, wider.

Wenn man ein Motto für diese erste Individuationsphase finden sollte, so würde es die Form dieses Urvertrauens so beschreiben: »Ich bin, was man mir gibt.« Das kann ein Proviant für das genze Leben sein. Im negativen und neurotischen Falle hieße das schreckliche Fazit: »Ich bin, was man mir nicht gegeben hat ...« Wie war das bei mir?

Autonomie kontra Scham und Zweifel

Autonomie kontra Scham und Zweifel – das ist der spannungsvolle Gegensatz der zweiten Kindheitsphase, die wir mit dem Krabbelalter und der Trotzphase identifizieren. »Ich bin, was ich will«, lautet der Schlachtruf des Kindes, das erstmals in seinem Leben in eine heftige Konfliktzone gelangt. Freud nannte diese Phase die Zeit der »Analität«.

Das Kind lernt höchst komplizierte Prozesse wie Festhalten und Loslassen zu koordinieren. Während es der elterlichen Reinlichkeitsdressur ausgesetzt wird (»Geh aufs Töpfchen«), genießt es andererseits die Wollust und die Macht, selbstständig über die Entleerung von Darm und Blase zu verfügen. Die Struktur dieses neurotischen Konflikts taucht, unter veränderten Umständen, auch im Erwachsenenalter wieder auf. Erik Erikson beschreibt dieses Drama der Autonomie sehr plastisch. Gelingt sie oder gelingt sie nicht?

Das ist die Existenzfrage für das Kleinkind und seine spätere Entwicklung. Erikson: »Das gegenseitige Verhältnis von Erwachsenen und Kind tritt jetzt in seine schwerste Probe. Wenn eine zu frühe oder zu strenge Sauberkeitserziehung das Kind daran hindert, seine Schließmuskeln und sonstige Funktionen nach eigenem Willen allmählich beherrschen zu lernen, gerät es in einen Zustand doppelter Rebellion und doppelter Niederlage. Machtlos in seinem eigenen Körper... und machtlos nach außen ist es wieder gezwungen, entweder durch Regression oder durch einen Scheinfortschritt sein Gleichgewicht zu suchen. Mit anderen Worten: Das Kind kehrt zur früheren, oralen Phase zurück, zum Beispiel indem es am Daumen lutscht und weinerlich und hilflos wird; oder es wird feindselig und trotzig und benutzt oft seine Ausscheidungen (und später hässliche Worte) als Ersatzmunition.«

Wie dieses Drama zwischen Eltern und Kind gespielt wird, entscheidet oft lebenslang das Charakterverhältnis eines Men-

schen zwischen Liebe und Hass, Zugewandtheit und Trotz, Freiheit und Selbstunterdrückung. Erikson: »Aus einer Empfindung der Selbstbeherrschung ohne Verlust des Selbstgefühls entsteht ein dauerndes Gefühl von Autonomie und Stolz; aus dem Verlust der Selbstkontrolle und dem übermäßigen Eingreifen der Eltern entsteht ein dauerndes Gefühl von Zweifel und Scham.«
Im Negativfall haben wir dann den anankastischen Charakter (von altgriechisch »ananke« = der Zwang). Der Zwanghafte ist körperentfremdet, autoritär fixiert und fixierend, frühreif in seinem Gewissen und rigiden Über-Ich; er/sie unterdrückt alle Spontaneität und Anarchie. Die Eltern haben verhängnisvoll gewonnen. Erikson: »Solche Pyrrhus-Siege sind die kindlichen Muster für Zwangsneurosen. Die Folgen für den Erwachsenen können an dem klassischen Zwangscharakter studiert werden.«
Der Mut zum Ich wurde mir, wenn ich ein »analer Charakter« bin – was nicht abschätzig gemeint ist –, gründlich, nämlich in den tiefen Schichten meiner Seele, ausgetrieben. Mein Credo lautet dann: »Ich bin, was andere von mir wollen/gewollt haben.« Der Mut zum Ich ist also nicht einfach eine voluntaristische Frage, ein reiner Willensakt, sondern zunächst einmal eine frühkindliche Matrix, ein tief eingeprägtes Erziehungsmuster, positiv oder negativ.
Eben deshalb geht jede gründliche Therapie an die Bühnenstätte dieser frühkindlichen Dramen zurück. In den autobiografischen Schriften großer Geister, wie der aus Fact und Fiction gemischten ›Dichtung und Wahrheit‹ Goethes, stößt man auf so einen toleranten, gewährenden kindlichen Lebenszusammenhang, der dann den Fond für eine selbstsichere, wagemutige und in sich zentrierte Erwachsenenpersönlichkeit abgab. In diesem Sinn forderte Friedrich Nietzsche: »Der Zweck der Kindererzeugung ist es, freiere Menschen als wir in die Welt zu setzen.« Die Frage lautet also für mich: Bin ich als Kind in Freiheit gehalten worden oder war ich ein obskures Objekt »analer Pädagogik«?

Initiative gegen Schuldgefühle

Initiative gegen Schuldgefühle – das ist die Phase, in der das Kind mit vier oder fünf Jahren seine Krabbel- und Trotzphase hinter sich gelassen, seine Autonomieprobleme gelöst oder nur teilweise realisiert hat. Jetzt steht es vor der nächsten Krise, die zugleich eine lustvolle Herausforderung ist. Es hat gelernt, sich auch einmal von den Eltern zu entfernen, den Kitzel der Freiheit auszukosten, sich in seinem Körper zu behausen, es ist längst im Kindergarten. Immer mehr löst sich die Nabelschnur zu den Eltern auf. Das Kind hat gelernt, dass es ein Ich ist. Jetzt will es herausfinden, was für eine Art von Mensch es werden will: Ärztin oder Lokomotivführer, glanzvoll wie Mama, stark wie Papa.

Das Kind lernt, sich kraftvoller zu bewegen, sein Sprachvermögen zu vervollkommnen und seine Vorstellungswelt zu erweitern. Es spielt Batman, Rambo oder Madonna, es erobert die Welt, auch sexuell. Denn im Zeichen seiner früheren geschlechtlichen Neugier und ödipalen Spannung will es nicht nur in den genussvollen Doktorspielen den »kleinen Unterschied« herausfinden, sondern ist als kleines Mädchen gusseisern entschlossen, den Vater, als kleiner Junge die Mutter zu heiraten. Da treten Eifersucht, Rivalität und Größenfantasien auf, da befindet sich das Kind wegen seiner körperlichen und geistigen Initiativen in einem Wechselspiel von Wonne und Schuldgefühl.

»Ich bin, was ich mir vorstellen kann«, lautet sein unbewusstes Glaubensbekenntnis. Das Kind sieht sich als Mittelpunkt der Welt. Auch hier hängt die Prägung davon ab, ob das Kind auf der Expedition dieser Lebensphase liebende Ermunterung und verlässliche Grenzziehung erfährt oder demotiviert und psychisch abgerüstet wird. Meinen aufrechten Gang stützt es, wenn ich als Kind den Weg meiner Initiativen nicht gegen die Schuldgefühle negativer Eltern- oder Geschwisterbotschaften durchsetzen musste. In der Literatur sind es so großartige Kindergestalten wie Tom Sawyer von Mark Twain und Pippi Langstrumpf von Astrid Lindgren, die köstlichen Mut aufgrund dieser gelungenen Individuationsphase leben.

Siegen dagegen in dieser Lebensphase die Schuldgefühle, dämpfen die Eltern die Größenfantasien des Kindes, dann ereignet sich eine unsichtbare Katastrophe. Der Sänger Reinhard Mey hat dieses Diminuieren, die neurotische Verkleinerung der kindlichen Persönlichkeit, in einem Lied beklemmend formuliert:

> Kinder werden als Riesen geboren.
> Doch mit jedem Tag, der dann erwacht,
> Geht ein Stück von ihrer Kraft verloren,
> Tun wir etwas, das sie kleiner macht.
> Kinder versetzen so lange Berge,
> Bis der Teufelskreis beginnt,
> Bis sie wie erwachsne Zwerge
> Endlich so klein wie wir Großen sind!

Bin ich zum Zwerg verkrüppelt worden? Oder durfte ich ein gutmütiger Riese werden?

Leistung gegen Minderwertigkeitsgefühl

»Ich bin, was ich lerne« – das könnte das Motto dieser vierten Phase sein. Das Kind verlässt immer mehr den engen Raum der Familie. Es ist in das Schulleben eingetreten. Es lernt, sich Anerkennung zu verschaffen, indem es etwas leistet. Zwischen der frühen Kindheit und der Reife liegt für uns alle ein Interregnum, die Zwischenherrschaft der Schule. Sie ist ein Kosmos für sich, bestimmt durch Noten, Wertung, das Kollektiv des Klassenverbandes, durch Erfolge und Enttäuschungen. Mit der

Schule gelangt eine Ahnung der Erwachsenenwelt in die kindliche Seele: Ich werde bewertet. Nur mit kindlichem Charme komme ich nicht mehr durch die Welt.

Zum ersten Mal bekommt mich die Leistungswelt der erwachsenen Menschen in den Griff. Wünsche werden von den Eltern an mich herangetragen, später einmal das Abitur zu machen, zu studieren oder das Geschäft der Eltern zu übernehmen. Wie nie zuvor stehe ich zwischen Lob und Tadel, Anerkennung und massiven Appellen an meinen Ehrgeiz. Ich vergleiche mich mit Klassenkameraden und ich werde verglichen. Innerhalb kurzer Zeiträume lerne ich außerordentlich viel: Schreiben, Lesen, die Grundzüge der Mathematik, Rechtschreibung, Aufsatz, den Formenkreis der Physik und Chemie, bald schon das schwierige Medium einer anderen Sprache und damit einer anderen Weltsicht.

Ich falle aus der Naivität meines kindlichen Bewusstseins. Vor allem aber trete ich, wie Erik Erikson beobachtet, in einen aktiven, formgebenden und schöpferischen Stoffwechsel mit der Welt. Das Kind »entwickelt Werksinn ... Es kann nun eifrig und absorbiert in einer Produktionssituation aufgehen ... Die Ich-Grenzen dehnen sich auch auf die Werkzeuge und Handfertigkeiten aus: Das Werkprinzip lehrt es die Lust an der Werkvollendung durch anhaltende Aufmerksamkeit und ausdauernden Fleiß.«

Dies ist eine Revolution, die mein Leben völlig umstülpt. Wie erfolgreich ich mir das Werkprinzip für das ganze Leben aneigne, wird meist in diesen Jahren grundsätzlich entschieden. Kann ich völlig in einer Werksituation aufgehen? Finde ich Anerkennung damit? Was ist meine spezifische Werksituation? Ist es das Basteln, das Fotografieren, Stricken, Nähen, Kochen, Töpfern, Weben, ist es der mathematische oder der musische Sinn? Wird mein Werksinn in der Schule oder im Elternhaus wahrgenommen und honoriert? Oder steht er zu den schulischen Leistungsanforderungen im Gegensatz? Grundsätzlich gilt das Diktum des Philosophen Arthur Schopenhauer für das Mädchen oder den Jungen in dieser vierten Phase: »Jedes Kind ist gewissermaßen ein Genie und jedes Genie gewissermaßen ein Kind« (›Die Welt als Wille und Vorstellung‹). Mit Methode und Können, Leistung und Zielgerichtetheit erobere ich mir meinen Platz in der Welt und entwickle sehr oft meine lebenslange Begabung.

Was aber passiert, wenn das Kind nicht gefördert wird? Wenn es mit den Werkzeugen und Handfertigkeiten nicht zurechtkommt? Oder wenn diese seine Fertigkeiten in seiner Umwelt nicht gefragt sind? Wo doch das Kind so danach glüht, im familiären und schulischen Verband eine Position zu besetzen, nützlich zu werden. Die Gefahr dieser Phase, registriert Erikson, »ist das Schuldgefühl in Bezug auf die Zielsetzungen und Unternehmungen, die in der überschäumenden Freude an der neuen körperlichen und geistigen Beweglichkeit und Kraft angegangen werden«.

Ich erinnere mich an einen Klienten, der unter diesem Schuldgefühl als Kind fast zusammenbrach. Berthold, um ihn einmal so zu nennen, wurde von seinem Vater als »Stubenhocker«, »Schwächling« und »feige Memme« beschimpft, weil er Sport und lautstarken Bubenspielen nichts abgewinnen konnte, stattdessen viele Bücher las und Gedichte schrieb. Der Vater war ein bulliger Metzgermeister, ehemaliger Kriegsteilnehmer an der Ostfront, ein Haudegen von Mann, der sich aus kleinen Verhältnissen zum Inhaber eines Schlachtergroßbetriebs hochgearbeitet hatte. Eben dieses Geschäft sollte der asthenische und blasse Junge einmal übernehmen. Der Vater zwang den zarten Knaben zu Fußballspiel, Boxkampf, Geländelauf, warf seine Bücher in den Ofen, zerriss seine Gedichte und demütigte das Einzelkind vor der Verwandtschaft als »Versager«.

Der kleine Berthold war verzweifelt. Er hatte Selbstmordideen. Er wollte ausreißen. Er fühlte sich unmännlich. Die

Mutter nahm Berthold nur halbherzig in Schutz. Fast wäre Berthold mit diesem Schuldgefühl ins Leben gegangen. Er gelobte dem Vater Metzger zu werden, rang ihm aber die Erlaubnis ab, das Abitur auf einem altsprachlichen, humanistischen Gymnasium machen zu dürfen. Eine Stunde nach der bestandenen Reifeprüfung riss Berthold seinen ganzen Lebensmut zusammen. Er betrat mit Anzug und Krawatte das Büro seines Vaters und eröffnete dem verdutzten Mann: »Ich werde Germanistik und Philosophie studieren.« Der Vater schrie zornesrot herum und drohte, den Sohn zu verstoßen. Es nützte ihm nichts – aus Berthold wurde ein gebildeter Gymnasialdirektor und leidenschaftlicher Pädagoge. Endlich hatte Berthold die wahre Kindespflicht realisiert, die Nietzsche in der ›Umwertung aller Werte‹ kühn so definiert: »Das Kind kann nicht leben, wenn es nichts zerbricht.«

Diese vierte große Individuationsphase führt jeden von uns unvermeidlich auf das Schlachtfeld der Seele. Es geht um die Autonomie und die Auseinandersetzung mit den Elternbotschaften, den positiven wie den einschränkenden Normen des Über-Ich. Erik Erikson: »Denn von hier ab wird das Kind für immer in einem inneren Zwiespalt leben. Die Triebfragmente, die bisher das Wachstum des kindlichen Körpers und Geistes unterstützt haben, zerfallen nunmehr in einen infantilen Teil, der den Überschwang des Wachstumspotenzials fortsetzt, und einen ›parentalen‹ (elterlichen – M.J.) Teil, der Haltungen wie Selbstbeobachtung, Selbstentscheidung und Selbstbestrafung unterstützt und steigert.«

Auch auf dieser Stufe wiederholt sich das Drama von Urvertrauen (»Ich bin gut.«) oder Urmisstrauen (»Ich bin nicht in Ordnung. Ich versage.«). Hier spielen sich Glanz oder Elend der frühen Schulkarriere, der fördernden Schule oder der Angstschule, ab. Dieses erste Erwachsenwerden, die Orientierung am Realitätsprinzip, wird gefördert oder konterkariert nicht nur durch die Schule, sondern vor allem durch das gewährende oder negierende Elternhaus, durch eine nährende Geschwisterkonstellation oder böse Rivalitäten und Demütigungen. »Ich bin nur ein Mädchen«, »ich bin ein Sandwich-Kind, eingeklemmt zwischen dem wichtigen ältesten Geschwister und dem geliebten Nesthäkchen«, solche Beobachtungen sind der Boden für tief greifende Minderwertigkeitsgefühle. Scheidungskinder quittieren den Verlust der familiären Geborgenheit im Allgemeinen und des Vaters im Speziellen überwiegend mit Leistungsabfall aus Minderwertigkeitsgefühl. Die Kränkung, die in ihnen rumort, lautet: Ich bin nicht so liebenswert, dass ich die Eltern um meinetwillen zusammenhalten konnte ...

Es ist wichtig, sich einmal zu fragen: Wie habe ich diese Phase absolvieren dürfen? Überwog die Leistung oder das Minderwertigkeitsgefühl? Trage ich die Spuren dieser Zeit noch als Engramme in mir? Ich habe einen erwachsenen Mann, nennen wir ihn Kurt, weinen sehen, als er mir berichtete: »Als Zwölfjähriger habe ich in einer schulischen Töpferwerkstatt für meine Mutter eine große Vase auf der Drehscheibe gedreht und sie brennen lassen. Sie hat Freude gemimt, aber alsbald die Vase weggestellt und sie nie mehr benutzt. Als ich einen Fleckerlteppich für sie webte, wanderte er auf Nimmerwiedersehen in einen Schrank.« Kurt schloss mit den Worten: »Ich resignierte. Ich dachte: ›Ich bin nicht nur in der Schule miserabel, ich bringe auch sonst nichts auf die Beine.‹ Dieses Gefühl hat mich lange Jahre begleitet und bedrückt.«

Noch fehlt mir auf dieser Individuationsstufe »Leistung kontra Minderwertigkeitsgefühl« ein wesentliches Merkmal der späteren Erwachsenenpersönlichkeit: die sexuelle Identität. Noch ruhen die heftigen Triebe. Freud nannte diese Phase die Latenzzeit, das Verborgensein der sexuellen Strebungen. Aber, so Erikson: »Es ist nur die Ruhe vor dem Sturm der Pubertät.« Was nun folgt, reißt das Ich mit Schwindel erregender Zentrifugalkraft an ein neues Ufer des Menschseins.

Jugend: Identität gegen Rollenkonfusion

»Ich habe keine Hoffnung mehr für die Zukunft unseres Volkes, wenn sie von der leichtfertigen Jugend von heute abhängig sein sollte. Denn diese Jugend ist ohne Zweifel unerträglich, rücksichtslos und altklug. Als ich noch jung war, lehrte man uns gutes Benehmen und Respekt vor den Eltern. Aber die Jugend von heute will alles besser wissen.« Wer hat das gesagt?

»Die Jugend liebt heutzutage den Luxus. Sie hat schlechte Manieren, verachtet die Autorität, hat keinen Respekt vor den älteren Leuten und schwatzt, wo sie arbeiten sollte. Die jungen Leute stehen nicht mehr auf, wenn Ältere das Zimmer betreten. Sie widersprechen ihren Eltern, schwadronieren in der Gesellschaft, verschlingen bei Tisch die Süßspeisen, legen die Beine übereinander und tyrannisieren ihre Lehrer.« Wer hat das gesagt?

Diese stereotypen Klagen über die Jugend hat fast jeder von uns, als er jung war, über sich ergehen lassen müssen. Meistens schwatzen wir, wenn wir selbst älter geworden sind, den gleichen Unfug über die Jungen. Woher die beiden Zitate sind? Das erste stammt von Hesiod, 700 v. Chr., das zweite von Sokrates, 400 v. Chr. Der Blödsinn besitzt, wie man sieht, historische Patina.

Mit der Aufnahme guter Beziehungen zur Welt des Schaffens, sagt Erikson, und zu denjenigen, die diese neuen Fertigkeiten lehren und teilen, endet die eigentliche Kindheit. Jetzt beginnt die Jugend. Ihre ebenso aufregende wie quälende Polarität könnte man mit dem Gegensatzpaar Identität und Rollenkonfusion benennen. »Wer bin ich?« Das ist die alles überschattende Frage.

Nie im Leben hat man es weniger gewusst als zu diesem Zeitpunkt. Da ist man plötzlich kein kleines Mädchen mehr, aber auch noch keine Frau. Da geht der kleine Junge verloren, aber der Mann ist nicht in Sicht. Da wird man gebärfähig oder zeugungsfähig, aber die weibliche oder männliche Rolle ist noch gar nicht da. Auf laufender Lebensbühne bekommt man die Drehbücher für ein Stück ausgeteilt, das erst später aufgeführt werden kann. Und was das Schlimmste ist: Die Aufführungen finden unbarmherzig in gleißendem Scheinwerferlicht vor Publikum statt. Die Balance gerät aus dem Gleichgewicht. Ich muss das neue Stück auf meiner Lebensbühne spielen, ohne den Text zu beherrschen. Die Entwicklung treibt mich gnadenlos vorwärts. Da kommt die erste Regel und der Busen wölbt sich, da erigiert der Penis und reißt mich in ein Inferno der Lüste, da will ich cool sein und werde doch rot, wenn ein Junge, ein Mädchen mir in die Augen blickt.

Erikson: »In der Pubertät werden alle Identifizierungen und alle Sicherungen, auf die man sich früher verlassen konnte, erneut in Frage gestellt, und zwar wegen des raschen Körperwachstums, das sich nur mit dem in der frühen Kindheit vergleichen lässt und dem sich jetzt die gänzlich neue Eigenschaft der physischen Geschlechtsreife zugesellt.« Und weiter: »Der wachsende und sich entwickelnde Jugendliche ist nun, angesichts der physischen Revolution in ihm, in erster Linie damit beschäftigt, seine soziale Rolle zu festigen. Er ist in manchmal krankhafter, oft absonderlicher Weise darauf konzentriert herauszufinden, wie er im Vergleich zu seinem eigenen Selbstgefühl in den Augen anderer erscheint ...«

Diese Phase zwischen Identitätsgewinnung und Rollenkonfusion ist, wie gesagt, eine physische und psychische Revolution. Es ist eine Zeit der Rückzüge wie der Exaltiertheiten, der enthusiastischen Gefolgschaft von Idolen und Vorbildern wie der strikten Opposition. »Man verehrt und verachtet«, beobachtet Nietzsche in ›Die Unschuld des Werdens‹, »in jungen Jahren wie ein Narr.« Zu wem darf ich Vertrauen fassen? Welche Autonomie brauche ich? Selbstständigkeit gegen wen? Selbstständigkeit für was?

Entwickelt sich das Kind vor allem in Identifikationen mit

Mutter, Vater, älteren Geschwistern, Onkeln, Tanten, Lehrern, Nachbarn, Freunden und Mitschülern, übernimmt es also imitatorisch Fähigkeiten, Lebenshaltungen und mentale Stabilität, so entwickelt sich der aufbrechende Adoleszente nicht zuletzt im Prozess der Deidentifikation. Die Frage »Wer bin ich?« löst er oder sie zunächst in einem Akt einfacher Negation: »Auf keinen Fall so wie du, Mutter, oder wie du, Vater. Ihr seid die größten Spießer der Welt!«

Im Jugendlichen gärt es wie im Most. Er braucht die Spiegelung seiner selbst in Flirts, Verliebtheiten, langen Gesprächen, Bindungen und Abgrenzungen. Er probiert Modetrends aus, er entwickelt Vorlieben, absolute Ansprüche, moralische Rigorositäten. In dieser Phase brauche ich Menschen als Schleifstein, um meine Persönlichkeit zur Härte zu wetzen. Ich identifiziere mich mit meiner Clique, mit Filmschauspielern, Sportlern, Wissenschaftlern, Künstlern. Oft ist es eine wahre Überidentifikation. Ich schwärme und ich lehne vehement ab.

Indem ich in die Liebe springe, definiere ich mich in der Spiegelung durch den Geliebten selbst. Die Diskussionen in meiner ersten Beziehung nehmen kein Ende. Ganz wichtig ist mir Gruppenzugehörigkeit. Mich bedroht die Unklarheit meines Ichs, die Identitätskonfusion, also brauche ich ein hohes Maß an Intoleranz, um meine Ich-Abgrenzung zu vollziehen. Nie verurteilen wir so scharf wie in der Jugend. Zwischen mühsam errungener Identität und immer wieder neu auftretender Verunsicherung durchlaufen wir sozusagen einen hochinfektiösen Prozess, anfällig für jeden Bazillus der Ansteckung äußerer Einflüsse. »Jugend ist eine beständige Trunkenheit«, registriert La Rochefoucauld, »sie ist das Fieber der Vernunft.«

Das Leben ist ein Jahrmarkt der Möglichkeiten zu diesem Zeitpunkt. Auf diesem Lebensbasar muss ich meine Geschlechterrolle finden, meine soziale Rolle, meine Weltanschauung, meine Spiritualität und, was fast noch pulstreibender ist, meine künftige berufliche Identität. Mit der Frage »Wer bin ich?« verknüpft sich die nicht weniger wichtige Aufgabenstellung: »Wer will ich sein?« Wem gilt meine Hingebung und Treue? Dieser innere Bürgerkrieg zwischen Identität und Rollenkonfusion ist nicht von ungefähr auch eine Phase der stärksten Suizidgefährdung, aus Verzweiflung an der schweren Wachstumsaufgabe.

»Jugend ist Trunkenheit ohne Wein«, bemerkt Goethe im ›Westöstlichen Divan‹. Das ist der positive Aspekt dieser Individuationsstufe. Kritisch betrachtet ist es wohl die ungemütlichste Lebensphase der gesamten Biografie. Wer möchte schon freiwillig die Pubertät und die Zeit danach wiederholen?

Mit der Unbedingtheit unseres Herzens reiben wir uns zu Recht an den beschränkenden Formen einer veralteten Welt. Für diese schwierige Entwicklungsphase des Lebens stellen uns Eltern und Gesellschaft ein psychosoziales Moratorium zur Verfügung, eine Freistellung vom Leben zwischen Kindheit und Erwachsensein, noch nicht belastet vom Druck des Erwerbslebens. Trotzdem quält uns zu diesem Zeitpunkt oft die Frage, welchen Berufsweg wir einschlagen sollen und ob wir den Ansprüchen dieser Welt überhaupt gewachsen sind. Wie sehen mich die anderen? Bin ich liebenswert? Bin ich eine richtige Frau? Bin ich ein kraftvoller Mann? Was ist meine Lebensphilosophie? Wozu bin ich auf dieser Welt? Wohin treibt dieser Planet? Das sind Fragen über Fragen. Als Jugendliche stellen wir sie unerbittlich.

Wie kaum eine andere Phase zeigt diese krisengeschüttelte Entwicklungsstufe vom Kind zum Erwachsenen, dass Verunsicherung, Begeisterung und Aufbruch keine Pannen sind, sondern zum gelegentlich hohen Wellengang unseres Lebensstroms gehören. Nie wieder müssen wir so viel Mut zum Ich an den Tag legen wie in diesen turbulenten Jahren. Dass wir es geschafft haben, daran sollten wir uns in den schweren Stunden des Erwachsenenlebens optimistisch erinnern.

Junges Erwachsensein: Intimität gegen Isolierung

Der Theologe Paul Tillich hat in seinem legendären Werk ›Der Mut zum Sein‹ betont, dass das Sein beim Menschen nie automatisch gegeben ist. Es hängt, sagt der amerikanische Theologe, vom Lebensmut des Individuums ab. Ohne Mut verliert man das Sein. Mut zum Sein bedeutet in letzter Konsequenz Mut zum Ich. Dafür sind geistige Lehrer wichtig, aber sie können nicht die Eigenbewegung ersetzen. Wie sagt doch Nietzsche: »Folge mir nicht nach – sondern dir! ... Die Seele in ihrer Wesenheit sagt sich selbst: Niemand kann die Brücke bauen, auf der gerade du den Fluss des Lebens überqueren musst – niemand außer dir selbst. Natürlich gibt es zahllose Wege und Brücken und Halbgötter, die bereit sind, dich über den Fluss zu tragen, aber nur um den Preis deines eigenen Selbst. In der ganzen Welt gibt es nur einen bestimmten Weg, den niemand außer dir gehen kann. Wohin führt er? Frage nicht, sondern gehe ihn. Sobald jemand sagt: ›Ich möchte ich selbst bleiben‹, entdeckt er, dass dies ein furchtbarer Entschluss ist. Nun muss er in die Tiefen seiner Existenz hinabsteigen.« (›Zur Genealogie der Moral‹)

Eben deshalb musste sich ja der junge Mensch in der Adoleszenz vom Elternhaus und seinen Normen ablösen. Oft hat er oder sie in der Protesthaltung genau das aufgedeckt, was im Familiensystem einseitig oder überlebt war. Der Jugendliche hat nicht nur die eigene Unreife und Unzulänglichkeit wahrgenommen, sondern – viel wichtiger noch – die Treue zu sich selbst gewählt. Er ist ausgebrochen aus der Familie, um neue Beziehungen in der Welt draußen zu entdecken. Es war eine Zeit wilder Rollenexperimente im sozialen, emotionalen und im sexuellen Bereich. Der Jugendliche hat Fantasien und Utopien für sein Leben entworfen – jetzt, in der Phase des jungen Erwachsenseins, steht die Probe aufs Exempel an: der Beruf, die Heirat, die Gründung einer eigenen Familie, die Schaffung eines selbst gewählten Kosmos.

Es geht nun um Bindungsfähigkeit und Liebe oder, wie Erikson es formuliert, um die Polarität »Intimität gegen Isolierung«. Menschsein ist ein Prozess. In diesem Prozess brauchen wir Vorbilder, und wir müssen sie zugleich immer wieder verstoßen. Der amerikanische Schriftsteller Mark Twain hat den Prozess der wiederholten Ablehnung und Wiederannahme der Eltern ironisch so formuliert: »Meine Eltern waren so dumm, als ich siebzehn war, und so viel klüger, als ich einundzwanzig war; ich kann kaum glauben, wie viel sie in den vier Jahren gelernt haben.«

Bei jedem Übergang des Lebens muss ein altes, konsolidiertes Selbst zurückgelassen werden, bevor und damit ein neues Selbst an die alte Stelle treten kann. Psychologisch gesprochen, stirbt in uns der Furor, der schmerzhaft-schöne Sturm der Jugend, um den unvermeidlichen beruflichen und privaten Festlegungen des Erwachsenseins Platz zu machen. Ich mag der jugendlichen Phase der tausend Lebenskonjunktive und unbeschränkten Möglichkeiten nachtrauern, aber als Erwachsener muss ich einmal diesen Trauerprozess des Abschieds leisten und abschließen. Dann erst kann ich konstatieren: »Das alte Leben war schön. Es ist vorbei. Jetzt darf das neue Leben in mir wachsen.« Tue ich dies nicht, so laufe ich über Jahrzehnte wie ein ewiger Jüngling, wie ein nicht alterndes Mädchen durch das Leben und verfehle seinen Sinn.

Habe ich meine Jugendphase und damit das Drama der Irrungen und Wirrungen abgeschlossen und ein gewisses Gefühl meiner Identität erlangt, so bin ich zu wirklicher Intimität mit dem anderen Geschlecht (oder in einer gleichgeschlechtlichen Beziehung) fähig. Ich instrumentalisiere nicht mehr mein Gegenüber, um mich in ihm selbst zu spiegeln, sondern ich habe die Grenzen meiner Persönlichkeit abgesteckt und kann es jetzt ohne Gefahr wagen, meine Identität mit der eines anderen zu verschmelzen. Jetzt stehen tiefe Bindungen und Partnerschaften an, erstmalig langfristig verbindliche Formen »von Freundschaft, Wettstreit, Gefolgschaft, Liebe und Inspiration« (Erikson).

Ich übernehme selbst das Steuer meines Lebens, ich überwinde die Angst vor Nähe und gelange zu einer Erwachsenenbalance von Intimität und Distanz. Mit einem Partner beginne ich die Konstruktion einer gemeinsamen Biografie. Ich entwickle soziale Fantasie und Verantwortung. Ich bin Teil eines Ganzen. Aus dem Schweifenden meiner Jugend ist Arbeitsdisziplin, Beziehungsfähigkeit, Öffnung zum Partner und zur Welt geworden. Ich absolviere die Ausbildung im Betrieb oder im Studium, ich gewinne prägnante Kontur. Ob Lehrerin oder Informatiker, ob Apothekenhelfer oder Facharbeiterin – ich bin jetzt in meiner Begabung und Einzigartigkeit klar wahrnehmbar. Ich gehe vielfältige Bindungen mit der Welt ein. Ich engagiere mich in einer Bürgerinitiative, trete einer Partei bei, ich organisiere mich, ich entwickle Bindung an eine Landschaft, an berufliche Zusammenhänge, kurz, ich bin beziehungsfähig zur Welt.

Das Vorbereitungsstadium zum Leben ist abgeschlossen, ich stecke bereits in der Ouvertüre, die Grundmotive meiner Lebenssinfonie komponierend. Während ich bis zum Ende der Jugendphase viel rezipiert und empfangen habe, auch materiell durchgefüttert wurde, bin ich erstmals im Beruf wie in der Beziehung auch eine Gebende, ein Schenkender. Eltern und Geschwister sind in den Hintergrund meines Lebens getreten. Es ist Freuds Grundformel der gesunden Persönlichkeit, die mein Leben jetzt bestimmt: lieben und arbeiten.

Die Gefahr dieser Lebensphase ist die seelische Unreife, die sich in meiner Isolierung von der Welt ausdrücken kann. Individuationsphasen vollziehen sich nicht mit eherner Gesetzmäßigkeit. Eigentlich hinken wir alle an irgendeinem Punkt unseres Lebens unserer notwendigen Entwicklung nach. Dann sind wir so etwas wie »Spätentwickler«. Tatsächlich müssen wir uns im Leben immer wieder fragen, ob wir nicht eine gerade anstehende Entwicklungsstufe verschlafen, ob wir nicht aus unserer Angst vor der Veränderung und dem Neuen auf einer anachronistisch gewordenen Lebensstufe verharren.

Die Gefahr des jungen Erwachsenenstadiums ist nach Erikson »die Isolierung, das heißt die Vermeidung von Kontakten, die zur Intimität führen ... Wenn der junge Mensch aus Furcht vor dem Ich-Verlust diesen Erlebnissen ausweicht, so führt dies zum Gefühl tiefster Vereinsamung und schließlich zu einer gänzlichen Beschäftigung mit sich selbst, zu einem Verlust der Umwelt.«

Mir scheint, diese besondere Krisenanfälligkeit des jungen Erwachsenenalters wiederholt sich immer wieder in krisenhaften Zuspitzungen unseres Lebens. Wo wir unserer Identität nicht sicher sind, verharren wir im Minderwertigkeitskomplex und scheuen vor der Intimität mit anderen Menschen und den Neuaufbrüchen in unserem Leben zurück. Wie viele Menschen erlebe ich in meiner Praxis, die es nicht gelernt haben, sich selbst zu lieben, oder die die Selbstliebe in den Strapazen einer lieblosen Ehe verloren haben. Jetzt scheuen sie sich, den Absprung aus der schäbig gewordenen Beziehung zu wagen, weil sie nicht glauben können, dass sie noch einmal einen neuen Partner und neue Lebensbindungen zu finden vermögen.

Der qualitative Sprung des frühen Erwachsenenalters liegt im Ankerwerfen, in der Lösung der Entwicklungsaufgabe, seinen Platz im Leben und das heißt im Beruf, in der Beziehung, in der Familie zu finden. Ich erinnere mich an Britta, eine Studentin der Geisteswissenschaft, die therapeutische Hilfe suchte, weil sie gleichsam die Geburt aus dem Uterus der Universität in die schneidende Zugluft des Referendariats an einer Schule nicht wagte. Eine Kindheit der elterlichen Ablehnung und Abwertung (»Du musst studieren, du kriegst doch keinen Mann!«) lastete als schwere Seelenhypothek auf ihr.

Britta war apart und klug. Sie konnte dennoch nicht glauben, dass ein Mann sie liebens- und begehrenswert fände. Auf Kontaktversuche von Kommilitonen reagierte sie nach außen hin arrogant, in Wahrheit verschreckt. Die anonyme Massenuniversität einer norddeutschen Großstadt gab ihr die Möglichkeit, in der selbst gewählten Isolierung zu verharren und sich ihrer anstehenden Aufgabe der Intimität, des Sich-Einlassens auf die Welt und die Liebe, auszuweichen. Sie selbst verhielt sich in der Sprechstunde spröde, kühl und distanziert, zu keinem Gefühl bereit. »Die Norddeutschen«, so neckte ich sie einmal in einem Anfall therapeutischen Frustes, »werden erst im Krematorium warm.«

Und doch gab ich die Hoffnung nicht auf. Die Therapie zog sich hin. Fast war ich am Verzweifeln, ob es mir gelänge, die »Frostbeule« Britta aus ihrem inneren Kälteexil herauszulocken. Eine kleine therapeutische Intervention, von mir zunächst ohne große Hoffnung vorgenommen, bewirkte das Wunder des Durchbruchs. Ich gab Britta die »Hausaufgabe«, ihre Eltern, zwei Geschwister und eine Freundin sowie eine ihr gewogene Dozentin offen über ihre Therapie und ihren »Minderwertigkeitskomplex« (Alfred Adler) zu informieren. Sie möge jeden von ihnen bitten, ihr in kleinen Briefen die Frage zu beantworten: Was liebst du an mir? Die Antworten sollte Britta im verschlossenen Kuvert in die Sitzung mitbringen und in meinem Beisein öffnen.

So geschah es dann auch: Es waren sechs Liebeserklärungen an Britta. Britta begann zu schluchzen wie noch selten in ihrem Leben. Sie war bewegt – und sie konnte es erstmals glauben. Von da an ging's bergauf. Heute ist Britta Studienrätin, verheiratet mit einem wahren Trüffel von Mann und hat ein Töchterchen ... Sie hat den Individuationsschritt des jungen Erwachsenenalters »Intimität gegen Isolierung« gewonnen.

Mittleres Erwachsenenalter:
Zeugende Fähigkeit gegen Stagnation

Das Wesen des Lebens liegt in der Bewegung. Es ist, einem tiefen Sinn nach, aber auch Fortpflanzung, Schaffung von neuem materiellem und geistigem Leben. Im mittleren Erwachsenenalter stellt uns das Leben vor die Aufgabe der Generativität, der Zeugungskraft im engeren und im weiteren Sinne. Meistens wünschen wir uns Kinder. Wenn dies nicht der Fall ist, sind wir bestrebt, uns in einem Haus, einer Lebens- und Werkleistung ein wenig zu »verewigen«.

Als ich in den Siebzigerjahren in Düsseldorf ein hübsches, aber heruntergekommenes altes Mietshaus erwarb, mussten die Mitbewohner und ich auf eine zwanzig Meter hohe, hässliche Brandwand blicken. Ich pflanzte am Fuße der riesigen Wand ein Dutzend Efeuschößlinge und wilden Wein an. Zwanzig Jahre musste ich warten, bis der Efeu und der Wein die Wand bis an die Dachkante mit einem grünen Teppich bedeckt hatten. Heute nisten Vögel in der grünen Wand. Es ist ein hübscher Anblick. Ich sage mir manchmal stolz: »Wenn du gar nichts anderes im Leben geleistet hättest, diese Wand jedenfalls ist durch dich grün geworden. Im Herzen der Großstadt hast du ein Biotop geschaffen. Das wird einmal von dir bleiben!«

Generativität bedeutet also Produktivität und Fürsorge, für Kinder oder für unsere schöpferischen Geburten. Erik Erikson: »Generativität ist in erster Linie das Interesse an der Erzeugung und Erziehung der nächsten Generation, wenn es auch Menschen gibt, die wegen unglücklicher Umstände oder aufgrund besonderer Gaben diesen Trieb nicht auf ein Kind, sondern auf eine andere schöpferische Leistung richten, die ihren Teil an elterlicher Verantwortung absorbieren kann.« Die Hervorbringung neuen Lebens, aber auch neuer Produkte und neuer Ideen machen diese Phase zu einem Höhepunkt der Biografie. Die psychologische Auseinandersetzung dieser Phase spielt sich zwischen unserer umfassenden Zeugungsfähigkeit und der Gefahr der Stagnation ab.

Jetzt heißt es, das weiterzugeben, was ich selbst an positiver Lebensausstattung empfangen habe. Statt der narzisstischen Besetzung meines Ich muss ich lernen, mich selbst sachlich wahrzunehmen, meine Stärken und meine Grenzen illusionslos zu erkennen. Nun bin ich auf allen Gebieten des Lebens gefordert, mich zu verausgaben, zu geben, am Gemeinwohl wie in der Familie mitzuwirken, nicht mehr von tausend Konjunktiven des Lebens zu schwärmen (»Ich könnte, ich täte gern, ich würde am liebsten ...«), sondern den Indikativ des Lebens, seine reale Präsenz, zu realisieren. Das Paradies der Erfüllung liegt nicht länger hinter den sieben Bergen, es befindet sich in mir selbst. Mutter und Vater können mich nicht mehr beschützen. Ich selbst muss – relativ – autonom mein Leben setzen. Ich muss lernen, mich selbst zu bemuttern und zu bevatern.

Ich selbst werde ein Teil der spendenden, gewährenden Natur – gegenüber meinen Kindern und/oder den Werken. An diesem Kulminationspunkt meines Lebens sind meine Interessen nach außen gerichtet, meine Themen lauten Extraversion, Eroberung, Expansion, liebende Besetzung der ganzen Welt. Mit meinem Partner errichte ich ein gemeinsames Haus unserer Körper und Seelen. Ich werde sesshaft, ich schlage Wurzeln. Jahreszeitlich gesprochen, befinde ich mich in der Sommersonne des Lebens. Vom progressiven Wachstum des frühen Erwachsenenalters gelange ich, wie die Psychologin Charlotte Bühler gesagt hat, zum stabilen Wachstum, im Idealfall zur gemeinsamen Paarevolution und Paarsynthese auf immer höherer Ebene.

Ich entwickle einen unverkennbaren persönlichen Lebensstil und ein Gesicht, das zu mir gehört. Eugen Drewermann sagte einmal zu diesem letzten Aspekt: »Spätestens von vierzig Jahren an ist ein Mensch für sein Aussehen selber verantwortlich – nicht in kosmetischem, sondern in geistigem Sinne, denn zunehmend schärfer prägt im Alter die Seele, das eigene Wesen, sich in den Zügen und Falten des Gesichtes, der Augen, des Mundes, der Hände, der ganzen Haltung aus.« (›Psychoanalyse und Moraltheologie‹).

In diesem hohen Mittag des Lebens verfügen wir im positiven Fall über die größte Liebesfähigkeit unserer Entwicklung.

Unser Ich-Komplex ist stabil. Wir verschwenden uns an die Generation unserer Kinder und eine werktätige Nächstenliebe. Wir entwickeln das, was Thomas Mann die »Weltfrömmigkeit« nannte. Wir haben eine Welt der Partnerschaft, der Kinder, der Beziehungen, der beruflichen und sozialen Vernetzung geschaffen, die uns trägt und für die wir auch verantwortlich sind. Wir spüren die Endlichkeit unseres Lebens und nehmen, manchmal schmerzhaft, zur Kenntnis, dass wir nicht uferlos neue Projekte realisieren können.

Erstmals sehen wir uns auch mit den Grenzen unserer Generativität, unserer einst so unerschöpflich erscheinenden Schöpferkraft konfrontiert: Wir sind festgelegt. Die Kinder wachsen heran. Wir wollen kein weiteres Kind mehr. Im Beruf sind wir erfolgreich, aber er hält uns auch im Griff, ein Berufswechsel, eine völlig andere Karriere ist schwer denkbar. Das Haus, dessen hohe Hypotheken uns bedrängen, erweist sich auf einmal auch als goldener Käfig – wir sind nicht nur sein Besitzer, es besitzt uns. In ihm werden wir eines Tages sterben. Der Gedanke der Endlichkeit ist da. Die Ahnung auch, dass gewisse Lebensträume und Größenfantasien sich nicht mehr erfüllen werden.

In dieser Phase des mittleren Erwachsenenalters, die etwa vom dreißigsten oder fünfunddreißigsten bis etwa zum fünfzigsten, fünfundfünfzigsten Lebensjahr währen mag, entscheidet es sich, ob ich das Leben im umfassenden Sinne mit meiner zeugenden Fähigkeit befruchte, meine biblischen Talente, statt sie im Acker zu vergraben, vermehre oder ob ich meinen Lebensentwurf verfehle, unfruchtbar bleibe, stagniere. Diese Jahre der höchsten Lebenspotenz jagen, rückwirkend gesehen, mit verblüffender Geschwindigkeit vorbei. Sind sie erst einmal mit ihren enormen Chancen verfehlt, so hat man meist den Hauptakt des Lebensdramas verpasst.

Im Älterwerden ist es dann wichtig, sich illusionslos darüber Rechenschaft abzulegen, die Defizite zuzugeben und sich mit sich selbst zu versöhnen: »Es war mir nicht vergönnt, Kinder zu bekommen.« Oder: »Beruflich war mein Leben nicht erfolgreich.« Oder: »Meine erste Ehe war nicht tragfähig.« Oder: »Ich saß an der gedeckten Tafel des Lebens, aber ich habe nicht zugelangt, weil ich zu ängstlich war und Minderwertigkeitskomplexe hatte.«

Gerade bei derart aufrichtigen Lebenszwischenbilanzen ergeben sich häufig erstaunliche Chancen, die zweite Lebenshälfte mutiger anzupacken. Stagnationen dieser Lebensphase haben häufig mit den nicht verarbeiteten Ängsten und Hemmungen unserer Kindheit und Jugend zu tun. Wenn ich in diesem Lebensabschnitt stecke, sollte ich mich immer wieder dringlich fragen: Lebe ich wirklich oder werde ich in Wahrheit gelebt – von den Umständen, der Familie, dem Beruf? Realisiere ich die in mir angelegten Möglichkeiten? Stimmt mein Beruf? Fördert der Partner meine Entwicklung oder hemmt er sie? Bin ich glücklich? Bin ich frei? Lebe ich meine Lebendigkeit oder stille ich meine Sehnsucht mit Sucht? Füllen das abendliche Dämmern vor der Glotze, die Zigaretten, der längst chronisch gewordene Bier- oder Weinmissbrauch, Arbeitsmanie, Putzsucht oder Konsumrausch meine innere Leere?

Das Abenteuer der Individuation ist in dieser Sommerzeit unseres Lebens, wenn wir die Fülle leben, geradezu grandios. Man könnte das Gedicht Friedrich Hölderlins ›Der Sommer‹ als äußeren Ausdruck dieser möglichen inneren Fülle des mittleren Erwachsenenalters heranziehen:

Noch ist die Zeit des Jahrs zu sehn, und die Gefilde
Des Sommers stehn in ihrem Glanz, in ihrer Milde;
Des Feldes Grün ist prächtig ausgebreitet,
Allwo der Bach hinab mit Wellen gleitet.

So zieht der Tag hinaus durch Berg und Tal,
Mit seiner Unaufhaltsamkeit und seinem Strahl,
Und Wolken ziehn in Ruh' in hohen Räumen,
Es scheint das Jahr mit Herrlichkeit zu säumen.

Wenn mir jedoch der Mut zum Ich gefehlt hat und ich das Leben nicht eigentlich lebte, dann kann mich die Stagnation mit der stummen Wucht der Depression überfallen. Ich erinnere mich an Erich, der eines Tages mit den Worten in meine Praxis kam: »Wofür habe ich eigentlich so gerackert? Meine Tochter und mein Sohn haben sich von mir abgewandt, und meine Ehe ist trist.« Erich hatte seine Generativität völlig einseitig in seinen Finanzberuf gesteckt. Seine Kinder hatte er über Jahre hinweg nur bei den kurzen Abendessen wahrgenommen, um alsbald in die geheiligte Ruhe seines Arbeitszimmers zu entschwinden, Aktienkurse zu studieren und Geschäftsvorgänge zu bearbeiten. Selbst die Wochenenden widmete er weitgehend der Arbeit. »Dabei habe ich doch alles für meine Kinder getan«, klagte Erich, »das große Vermögen habe ich doch für sie geschaffen.« Jetzt hatte Erich eine Krebserkrankung hinter sich, er war übergewichtig, er sah fahl aus, und seine Kinder waren ihm in ihrem Wesenskern fremd. Er hatte sie, den Jungen zumal, autoritär gegängelt. (»Ich wollte doch etwas aus ihm machen.«) Studenten geworden, entzogen sich ihm seine Kinder.

Das kleine Wunder geschah – in einer therapeutischen Begegnung gelang es mir, die Tochter, den Sohn, den Vater und die Mutter die längst fällige Auseinandersetzung austragen zu lassen und eine Versöhnung herbeizuführen. Die nicht gelebte Väterlichkeit Erichs und die unzureichend gelebte Kindheit seiner Tochter und seines Sohnes waren jedoch nicht zurückzuholen ...

Mir scheint, die geheime philosophisch-psychologische Formel dieser Lebensphase lautet: »Du darfst.« Dies ist ein freundlich getönter kategorischer Imperativ und ein selbstbestimmter dazu, den mir keiner nehmen kann. Ich darf mir die Fülle des Lebens nehmen, auch wenn ich dafür gelegentlich den Preis des Schmerzes entrichte. Die Frage nach dem Lebenssinn beantworte ich mir durch ein lebendig gelebtes Leben. Das wäre denn auch die lebensphilosophische Gegenposition zu jenem abgründig bitteren Meistergedicht von Gottfried Benn, dem er den Titel ›Nur zwei Dinge‹ gab:

> Durch so viel Formen geschritten,
> durch Ich und Wir und Du,
> doch alles blieb erlitten,
> durch die ewige Frage wozu?
> Das ist eine Kinderfrage.
> Dir wurde erst spät bewusst,
> es gibt nur eines: Ertrage
> – ob Sinn, ob Sucht, ob Sage –
> Dein fernbestimmtes: Du musst.
>
> Ob Rosen, ob Schnee, ob Meere,
> was alles erblühte, verblich,
> es gibt nur zwei Dinge: die Leere
> und das gezeichnete Ich.

Das Alter: Integrität gegen Verzweiflung

Leben bedeutet, wie wir sahen, ein unaufhörliches Stirb und Werde. Schmerz und Freude begleiten die Schritte dieses lebenslangen Wachstumprozesses. Stolz auf die Bewältigung von Herausforderungen, Schmerz über den Abschied von einer Lebensform. Immer wieder stehen wir vor einer Kosten-Nutzen-Bilanz. Wohl die massivste Veränderung und damit provokatorische Herausforderung sind das Altern und das Alter für uns.

»Ich bin, was ich geworden bin« – so lautet jetzt die rückblickende Bilanz. Aber was ist, wenn ich mein Leben versäumt habe? Wenn ich mich als Versager fühle? Wenn ich aus meinem Leben nichts gemacht habe? Das Alter präsentiert mir die Quittung meines Lebens. Besitze ich einen kohärenten Ich-Komplex, ein rundes Ich? »Alternde Menschen«, hat die

Schauspielerin Jeanne Moreau einmal formuliert, »sind wie Museen: Nicht auf die Fassade kommt es an, sondern auf die Schätze im Innern.«

Ist mein Inneres armselig, die Ernte karg und meine Verzweiflung groß? Kann ich meine Endlichkeit akzeptieren? Was ist der Sinn meines Lebens? Was ist mein Glück? Wie steht es mit meiner Sexualität? Meiner nachberuflichen Existenz? Meiner leib-seelischen Gesundheit? Meiner Lebendigkeit? Meiner Spiritualität oder philosophischen Zentrierung? Fragen über Fragen stellen sich.

Dabei ist der Begriff »Alter«, an der heutigen Realität gemessen, ein eher vager Begriff. Aufgrund des frühen Ruhestandes und des zunehmenden Lebensalters müssten wir eigentlich zwischen einem frühen, einem mittleren und einem hohen Alter differenzieren. Das wäre eine Untersuchung für sich.

In meinem Buch ›Zweite Lebenshälfte‹ habe ich den Abschied vom Alten und den Aufbruch zu neuen Ufern in vielen Facetten geschildert. Eines ist sicher: Kein Individuationsschritt ist so einschneidend und hart für uns wie der vom mittleren Erwachsenen ins Alter. Es ist, als ob wir alle Entwicklungsschritte unseres früheren Lebens auf einmal vergessen hätten. Das Alter erwischt uns sozusagen auf dem falschen Fuß. »Lang leben will halt alles«, spottete der Satiriker Johann Nestroy, »aber alt werden will kein Mensch.«

Das Alter erleben wir als einen übermächtigen Prozess, als eine Attacke und zunächst – das kann man schönreden, wie man will – als schmerzlichen Verlust vor allem der straffen Körperlichkeit und des nicht mehr wiederholbaren Lebens. Der Schriftsteller Uwe Timm beschreibt diesen Schock der plötzlichen Einsicht in das Älterwerden in seinem sprühenden Schelmenroman ›Die Entdeckung der Currywurst‹. Er lässt eine Frau im Berliner Alltagsjargon räsonieren: »Das ist doch das Sonderbare, 'ne lange Zeit ist Alter etwas, was nur für andere gilt.

Und dann, eines Tages, irgendwann um die Vierzig, entdeckt man das an sich selbst: haste so'n blauen Fleck, fein gesprenkelt, wie 'ne blaue Feuerwerksrakete, ist dir 'ne kleine Ader an der Innenseite vom Bein geplatzt. Am Hals, hier unterm Kinn, zwischen den Brüsten haste Falten, nicht viel, 'n paar, gerade morgens, und man sieht an sich selbst, man wird alt.«

Mein Alter wahrzunehmen bedeutet für mich einzugestehen, dass der Tod nicht nur unerbittlich näher gerückt ist, sondern dass er sich bereits mitten in meinem Leben zeigt – als das Nekrotische, das Abgestorbene, das bereits fünfzig, sechzig Jahre hinter mir Liegende. Wie sagte doch Seneca: »Nicht nur einen Tod gibt es. Der uns dahinrafft, ist nur der letzte.«

Der Philosoph Ernst Bloch beschwor diese letzte große Zäsur unseres Lebens in seinem Hauptwerk ›Das Prinzip Hoffnung‹ mit plastischen Worten: »Ein Jüngling kann sich als Mann vorstellen, aber kaum als Greis; der Morgen deutet auf Mittag, nicht auf Abend. An sich ist es merkwürdig, dass das Altwerden ... erst um die Fünfzig herum so recht empfunden wird. Gibt es für den Jüngling, der das Kind hinter sich lässt, keinen Verlust? Keinen für den Mann, wenn er aus der Jugendblüte heraustritt, wenn der Trieb verholzt? Stirbt nicht schon das Kind im geschlechtsreifen Mädchen und Jüngling, im Ich und seiner Verantwortung, wie sie nun hervortritt? Die Mutter fühlt das, wenn der erste Bartanflug ihres Sohnes kitzelt und sticht, der Jüngling selber fühlt es, wenn das Leben als Spiel völlig versinkt, wenn dem wachsenden Körper die kleinen Dinge und Verstecke unzugänglich werden.«

Bloch betont: »Jedoch der Einschnitt des Alters ist deutlicher als jeder frühere und brutaler negativ; Verlieren schlechthin scheint sich zusammenzudrängen. Die Zeugungsfähigkeit nimmt ab, die Gebärfähigkeit hört völlig auf, der Schmelz verschwindet, der Sommer geht zu Ende. Und merkt es der Bejahrte selber nicht, dass er es ist, so merken es die anderen, an der Wirkung sieht er die Ursache, ganz gleich, wie jung er sich zu fühlen gedrungen ist ... Das spezifische Altersgefühl, das um die Fünfzig herum, zuweilen schon früher, einsetzt, wird durch die vorher erlebten und eben keineswegs so scharf erlebten Stufenwechsel wenig präpariert, wird mit einigem Recht als ein nicht Bekanntes wahrgenommen ... Daher wird der Gruß des Alters überwiegend nur als einer des Abschieds empfunden, nämlich mit dem Tod am dünnen Ende.«

Kein bloßer Lebensabschnitt also wird hier vollzogen, sondern der lange Abschied vom Leben selbst. Die grausamste aller Individuationen steht bevor, die Auslöschung des Ich. Das ist der Skandal des Lebens. Ihm kommt es eben nicht auf das Individuum, sondern allein auf das Überleben der Gattung an. Das Individuum hat, biologisch gesehen, keine andere Aufgabe zu verrichten, als zur Geschlechtsblüte zu reifen, Junge in die Welt zu setzen und diese bis zur Geschlechtsreife zu führen. Hat ein Individuum diesen biologischen Willen erfüllt, so ist es für die Natur ohne weiteres Interesse. Wie es sich für den Menschen ab einem gewissen Zeitpunkt nicht mehr lohnt, das alte Auto zum dutzendsten Mal zu reparieren, und er sich zum Kauf eines neuen Modells entscheidet, was letztlich günstiger ist, so gibt die Natur in grandioser Gleichgültigkeit das Auslaufmodell Individuum, das sein Verfallsdatum überschritten hat, auf.

Wie der weltberühmte Pionier der Altersforschung Leonard Hayflick gezeigt hat, ist die Evolution an der Unsterblichkeit biologischer Systeme desinteressiert. Zusammen mit seinem Kollegen Mourhead zeigte der amerikanische Naturwissenschaftler 1961, dass normale menschliche Zellen auch in idealer Kultur nur zu einer begrenzten Zahl von Zellteilungen fähig sind. So verdoppeln sich etwa die Lungen-Fibroblasten des Menschen fünfzig Mal (plus/minus zehn). Selbst tiefgefrorene Zellen, die man wieder auftaut, »merken« sich die Zahl der bereits durchgeführten Zellteilungen. Je älter also ein Zellspender ist, desto weniger Zellteilungen sind möglich.

Das mag für uns eine ungeheuerliche narzisstische Kränkung darstellen, aber es ist doch die biologische Wahrheit: Jeder von uns ist für die Natur nicht viel mehr als der Transporteur und Weiterverbreiter der in den Keimzellen liegenden genetischen Informationen. Die genetische Information muss konserviert und weiterentwickelt werden, nicht der Träger des genetischen Apparates, der individuelle Mensch. Insofern ist das Altern organischer Systeme nicht korrigierbar, die Sterblichkeit des Menschen auch bei allem medizinischen Fortschritt nicht aufhebbar. Da mögen amerikanische Millionäre ihren Leichnam für eine medizinische Wiedererweckung in tausend Jahren einfrieren lassen, so lange sie wollen.

Altwerden ist in diesem Sinn eine Grenzerfahrung. Wenn je, dann ist hier der Mut zum Ich erforderlich. Altern ist, wie Erikson bemerkt, die eine Sache, erfolgreiches Altern die andere. Letztlich geht es um die Frage: »aktives« oder »passives« Altern? Spätestens jetzt heißt es, bei sich selbst zu sein, seine individuelle Balance gefunden zu haben, sozusagen die Frucht der vorigen Lebensphasen zu ernten und, mit Nietzsche zu sprechen, »mich selber zu mir selber zu verführen« (›Fröhliche Wissenschaft‹). Das ist Stabilität des Ich, Selbstakzeptanz, Einfügen in Ordnungen, dem Leben immer wieder neu einen Sinn gegeben zu haben.

Erikson definiert diese Ich-Integrität: »Es bedeutet die Hinnahme dieses unseres einmaligen und einzigartigen Lebensweges als etwas Notwendigem und Unersetzlichem; es bedeutet daher auch eine neue, andere Liebe zu den Eltern. Es umfasst zugleich ein kameradschaftliches Gefühl der Verbundenheit mit den Ordnungen ferner Zeiten und Strebungen ... Obwohl der integre Mensch sich der Relativität all der verschiedenen Lebensformen bewusst ist, die dem menschlichen Streben einen Sinn verleihen, ist er bereit, die Würde seiner eigenen Lebensform gegen alle physischen und wirtschaftlichen Bedrohungen zu verteidigen.«

In dieser Ich-Stabilisierung verliert der Tod seinen Stachel. Ich habe Frieden mit mir selbst geschlossen. Ich bin einverstanden mit meinem letztlichen Alleinsein. Ich bin Menschen liebend verbunden. Ich kann der Jugend Platz machen. Ich lebe abschiedlich. Den Tod meiner Jugend habe ich betrauert.

Das große Lebensfinale ist unabänderbar eingeleitet. Die »unerledigten Geschäfte« (Elisabeth Kübler-Ross) stehen zur Vollendung an: das Verhältnis zu den Eltern, auch wenn sie längst tot sind. Die Wiederversöhnung mit den Geschwistern. Die Klärung mit den Kindern. Die Trauerarbeit: Was ist mir versagt geblieben? Welche Träume sind nicht mehr realisierbar? Warum blieb der große Erfolg aus? Warum bin ich zu lange in einer unfruchtbaren Bindung geblieben? Bin ich einer politischen oder einer religiösen Sekte nachgelaufen? Habe ich mich nie getraut, mich zu leben?

Aber es ist auch die Zeit der Freude und der Ernte. Der Stolz über das Vollbrachte. »Für Unwissende ist das Alter wie der Winter«, sagte Voltaire, »für Gelehrte ist es die Weinlese und der Kelter.«

Der älteste Teilnehmer meiner Selbsterfahrungsgruppen im alternativen Gesundheitszentrum Dr.-Max-Otto-Bruker-Haus in Lahnstein war neunundachtzig Jahre alt. Nennen wir ihn Helmut. Ich fragte ihn erstaunt, was es in seinem Alter denn so Dringliches zu klären gäbe. Helmut erwiderte: »Ich lebe im Haus meiner Tochter. Sie behandelt mich wie einen Greis. Sie bevormundet mich. Ich habe auch den Verdacht, dass ich ihr lästig bin. Ich will mir an diesem Wochenende klar werden, ob ich ausziehe und mir eine neue Wohnung suche.« Am Ende des Seminars, an dem sich der geistig ungemein bewegliche, pensionierte Lehrer mit Einfühlung und Witz beteiligte, stand das Ergebnis: »Ich ziehe aus.«

Helmut fand eine kleine Wohnung in einer Künstlerkolonie. Er bestellte sich »Essen auf Rädern« und engagierte eine Putzfrau. Zwei Jahre später begegnete ich ihm, inzwischen war er einundneunzig, auf einer Männermeditation in Lahnstein. Er bewegte sich schwerhörig, aber fröhlich im griechischen Tanz und war zufrieden über seine Lebensänderung. Sie hatte ihm Mut zum Konflikt abgefordert, aber es hatte sich gelohnt.

Wenn die Ich-Integration über die Verzweiflung siegen soll, dann muss ich die Unausweichlichkeit meines Alterungsprozesses reflektieren und akzeptieren, vor allem aber die Sache mit dem Tod bedenken, gleichgültig, ob ich atheistisch oder religiös bin. Es ist wichtig, ein neues Programm für diese finale Lebensphase zu entwickeln und ein aktives Altern an die Stelle eines passiven Alterns zu setzen. »Unser Leben ist ein Fluss«, sagt Frederico Garcia Lorca, der andalusische Lyriker, »der sich ins Meer ergießt, das Sterben heißt.«

Noch habe ich die Chance, ein wenig gelebtes und schlecht genutztes Leben durch ein glückhaftes Altersfinale aufzuwerten, statt das verderbliche Gift des Ressentiments und der Verbitterung zu trinken. Dann könnte das eintreten, was der krebskranke französische Staatschef François Mitterrand kurz vor seinem Erlöschen so tapfer formulierte: »Vielleicht ist der Tod die Vollendung und tritt dann ein, wenn man geworden ist, wozu man bestimmt war.«

In dieser letzten Individuation verliert der Tod seinen Bann. Die Geschäfte des Lebens sind absolviert. Ich bin mit der Welt und den Menschen liebend verbunden und akzeptiere doch gleichzeitig mein letztliches Alleinsein. Ich kann den Heranwachsenden Platz machen. Ich lebe abschiedlich. Ich habe Trauerarbeit geleistet und kann auch annehmen, dass mir manches im Leben versagt geblieben ist.

Gelingt mir diese Gestaltwerdung meines Selbst nicht, so drohen Verzweiflung und latente Todesfurcht. Erikson: »Der eine und einzige Lebenszyklus wird nicht als das Leben schlechthin bejaht; in der Verzweiflung drückt sich das Gefühl aus, dass die Zeit kurz, zu kurz für den Versuch ist, ein neues Leben zu beginnen, andere Wege zur Integrität einzuschlagen.

Eine solche Verzweiflung versteckt sich oft hinter einer Kulisse von Ekel, Lebensüberdruss ...«

Auch das hohe Alter ist so noch Kampf und Auseinandersetzung. In meiner psychotherapeutischen Ausbildung stellte sich einmal ein zweiundachtzigjähriger Lehrtherapeut uns skeptischen Jungen mit den drastischen Worten vor: »Ich möchte euch vor einem Irrtum warnen. Haltet mich nicht für einen abgeklärten Greis. Ich habe genauso viel Scheiße wie ihr im Kopf.« Tatsächlich hatte er sich mit achtzig Jahren noch in eine Klientin verliebt und damit heillose Turbulenzen heraufbeschworen. Was den lebendigen Mann mit seiner hohen Ich-Integrität allerdings vor uns »jungem Gemüse« auszeichnete, war seine Fähigkeit, genau, illusionslos und liebevoll mit sich selbst in dieser Situation umzugehen.

Denn worum geht es bei diesen letzten Individuationsschritten des hohen Alters? Um ethisch-moralische Fundierung, Perspektivenreichtum, Kreativität, Spontaneität, Toleranz, Neugier gegenüber dem Leben, Verantwortung für das Gemeinwohl, Sachorientierung, Achtsamkeit gegenüber sich selbst, Selbstbejahung, kompromisslose Selbstbestimmung. Ohne Angst und Zweifel wird das nicht immer vonstatten gehen.

Regina, eine über achtzigjährige frühere Pastorin, bekannte mir: »Das Leben war noch nie so aufregend wie in diesen allerletzten Jahren. Ich bin viel mutiger und gleichzeitig verletzbarer als früher. Ich kann mich nicht satt sehen am Glanz der Welt. Auf der einen Seite habe ich mich verliebt wie ein Backfisch und schreibe dem fernen Geliebten herzklopfend Gedichte. Andererseits träume ich ganz gelassen vom Himmel und spaziere gerne über den alten Friedhof, auf dem ich mir jetzt eine Grabstelle gekauft habe. Ich bin dankbar für mein reiches Leben, und ich lecke zugleich die Wunden, die mir geschlagen wurden. Ich habe noch nie so dankbar die Liebe der Menschen in meiner Umgebung wahrgenommen. Ach, ich möchte manchmal in einem Atemzug weinen und lachen.«

Das Abenteuer der Individuation – es kostet immer wieder, von der frühen Kindheit bis zu den letzten Atemzügen des Lebens, all meinen Mut. Ich stolpere dabei und mache Fehler. Ich gehe Umwege und verliere gelegentlich die Orientierung. Ich erlebe Depressionen, überwältigendes Glück, Demütigung und Respekt, leere Hände und volle Herzen. Sicher, ich hätte, rückblickend gesehen, manches anders anpacken können. Für Leid und für manches Ungelebte trage ich selbst die Verantwortung. Aber es war mein Weg. Er war eine einzigartige Mischung aus Notwendigkeit und Zufall, Außendruck und individueller Gestaltung. Viele haben mir geholfen, aber letztlich musste ich ihn allein gehen.

Vielleicht geht es mir jetzt wie dem alten Voltaire, der von sich sagte: »Ich habe nicht den zähen Eigensinn der alten Leute. Ich bin geschmeidig wie ein Aal, lebhaft wie eine Eidechse und immer auf dem Sprung wie ein Eichhörnchen. Sobald man mir eine Dummheit nachgewiesen hat, setze ich schnell eine andere an ihre Stelle.«

Entwicklungskrisen sind Reifungsschritte. Das Neue fällt uns nicht in den Schoß. Meist müssen wir uns den Weg selbst bahnen. Friedrich Nietzsche formuliert diesen lebenslangen Mut zum Ich (in ›Also sprach Zarathustra‹) mit granithafter Eindringlichkeit:

»Auf vielerlei Weg und Weise kam ich zu meiner Wahrheit, nicht auf einer Leiter stieg ich zur Höhe, wo mein Auge in meine Ferne schweift.

Und ungern fragte ich stets nach Wegen – das ging mir immer wider den Geschmack! Lieber fragte und versuchte ich die Wege selber.

Ein Versuchen und Fragen war all mein Gehen: – Und wahrlich, auch Antworten muss man lernen auf solches Fragen! Das aber – ist mein Geschmack:

– Kein guter, kein schlechter, aber mein Geschmack, dessen ich weder Scham noch Hehl mehr habe.

Das ist nun mein Weg – wo ist der Eure? So antworte ich denen, welche mich ›Nach dem Wege‹ fragten.
Den Weg nämlich – den gibt es nicht!«

Der Blumengarten

Am See, tief zwischen Tann und Silberpappel
Beschirmt von Mauer und Gesträuch ein Garten
So weise angelegt mit monatlichen Blumen
Dass er vom März bis zum Oktober blüht.

Hier, in der Früh, nicht allzu häufig, sitz ich
Und wünsche mir, auch ich mög allezeit
In den verschiedenen Wettern, guten, schlechten
Dies oder jenes Angenehme zeigen.

Bertolt Brecht

Graf Blaubart oder Die Wolfsfrau

*Die Emanzipation der Frau
muss viele Formen annehmen:
Die Probleme des Halbbluts
aus Mexiko,
die Probleme der schwarzen Frau
sind anders,
die Probleme der Künstlerin
sind anders.
Sie können nicht
von einer totalitären Formel
gelöst werden.*
Anaïs Nin:
Frauen verändern die Welt

Märchen sind Laboratorien des Unbewussten. In ihnen finden sich, kunstvoll verdichtet und in Symbolen verschlüsselt, die Dramen des Lebens, die Dunkelheiten und Fährnisse der Kindheit, oft hilflose oder Schaden bringende Eltern, Angst, Einsamkeit, Neugier, Aufbruch, Prüfungen, Bewährungen, geheimnisvolle Anrufe des Lebens, Glück und Happy-Ending. Sehr oft sind Märchen geschlechtsspezifisch. Sie demonstrieren die Chancen und Tücken des weiblichen Werdegangs, die Freude und Härte der männlichen Psychogenese. Märchen bereiten uns auf die Überraschungen und die Grausamkeiten, aber auch auf die Hoffnungen des Lebens vor, sie lehren uns kindlichen Zwergen im Riesenland der Erwachsenen Zuversicht.

Mit den Märchenhelden bekämpfen wir die bösen Drachen, erkunden verbotene Zimmer und mobilisieren in der Not ungeahnte Kräfte. Hexen verwünschen uns, Feen stehen uns bei, Frösche erweisen sich als Prinzen, Vögel als Schutzengel. Es ist wiederum das Abenteuer der Individuation, das Ablegen falscher Lebensmuster und die Erschließung neuer Lösungsrepertoires, die uns die Märchen lehren. Sie tun es mit wundersamen, plastischen Bildern und mit dem Schmelz der Liebe. Das Gute siegt, das Böse wird im Backofen der Hexe verbrannt.

Als ein fetziges Märchen über die Befreiung der Frau entpuppt sich das bekannte Märchen ›Ritter Blaubart‹ – allerdings nicht bei den männlichen Psychoanalytikern, die fürchterlich viel Gelehrtes und sexuell Vertracktes über dieses Mordmärchen geschrieben haben. Nein, eine Frau, die Lateinamerikanerin Clarissa Pinkola Estès, ist es, die in ihrem lesenswerten Bestseller ›Die Wolfsfrau‹ eine neue feministische Interpretation vorlegt, die uns aus den Socken hebt. Aber höre, liebe Leserin, lieber Leser, erst einmal das abgründige Märchen. Vielleicht spürst du dabei nach, wie es dir ergeht, wenn du dich mit den verschiedenen Protagonisten dieses Seelendramas identifizierst.

Das Märchen vom Blaubart

Graf Blaubart war ein stattlicher, hoch gewachsener Mann mit stechend blauen Augen und einem bläulich schimmernden Bart, welcher ihm ein etwas befremdliches und schattenhaftes Aussehen verlieh. Ob er ein echter Graf war, ist unklar, auf jeden Fall war er ein Frauenheld, und – wenn man der Freundin meiner besten Freundin glauben darf, deren Urgroßmutter die Geschichte damals aus erster Hand zu hören bekam – ein gescheiterter Zauberer und Anhänger der schwarzen Magie.

Einmal machte Blaubart drei Schwestern zur selben Zeit den Hof. Aber der merkwürdige Farbton seines Bartes flößte ihnen Angst ein, und so versteckten sie sich jedes Mal, wenn er in den Gutshof ihrer Familie einritt, um den Damen des Hauses einen Besuch abzustatten. Um aber die misstrauische Familie von seinen noblen Absichten zu überzeugen, lud Graf Blaubart alle drei Schwestern nebst ihrer Mutter eines Tages zu einem Ausflug in den Wald ein. Auf einer grünen Lichtung, im Schatten eines großen Eichenbaums, ließ Blaubart den Damen von seinen Lakaien die köstlichsten Speisen servieren und erzählte ihnen artige Geschichten, die das Weibervolk ausnehmend amüsant fand.

Wieder auf dem Gutshof angekommen, kehrten die Zweifel an den

Absichten dieses Mannes jedoch zurück, und so gelobten die beiden älteren Schwestern, die Nähe des Grafen von nun an zu meiden. Nur die jüngste Schwester dachte bei sich: »Also, wenn ein Mann so aufmerksam, so amüsant und charmant sein kann, dann ist er nicht von Grund auf schlecht – oder?« Je länger sie über den Mann nachdachte, desto gewinnender erschien ihr der Charakter des Grafen, regelrecht elegant sogar dünkte sie die seltsam blaue Farbe seines Bartes, wenn sie es recht bedachte.

Als Graf Blaubart wenige Tage darauf um ihre Hand anhielt, willigte die Jüngste in die Ehe ein. Das Paar wurde getraut, und gleich nach der Hochzeit brachte Blaubart seine junge Gemahlin auf das Schloss seiner Ahnen im großen Tannenwald hinter den Bergen.

Doch nach nur einer kleinen Weile rief Blaubart seine Frau zu sich und richtete folgende Worte an sie: »Ich muss für ein paar Tage verreisen, meine Liebe, und dich leider allein in meiner Burg zurücklassen. Aber wenn es dir gefällt, kannst du deine Familie zu einem Besuch einladen und den Köchen befehlen, ein Festmahl für deine Schwestern und Brüder zu bereiten. In der Tat, du kannst tun und lassen, was auch immer dir gefällt. Hier, nimm dieses Schlüsselbund mit den Schlüsseln zu allen Türen in meinem Schloss an dich, meine Liebe. Öffne die Türen zu allen Sälen und Kammern und schaue dich um. Nur diesen einen, den kleinsten der Schlüssel, den darfst du nicht benutzen. Vergiss das nicht!«

Seine Gemahlin erwiderte: »Keine Sorge, geliebter Mann. Ich werde tun und lassen, was du befohlen hast. Komm bald und wohlbehalten nach Hause zurück!«

So ritt Blaubart von dannen und ließ seine junge Frau allein auf der Burg zurück.

Gleich am nächsten Tag kamen die beiden älteren Schwestern zu Besuch. Die drei machten sich unverzüglich daran – neugierig, wie Frauen nun einmal sind –, alle Schlüssel an sämtlichen Türschlössern auszuprobieren.

Es dauerte eine ganze Weile, bis sie gesehen hatten, was sich alles an Schätzen und Wunderdingen in den hundert Sälen und Kammern des Schlosses befand, aber irgendwann hatten sie auch die letzte der Türen aufgeschlossen. Sie waren im tiefsten Keller des Schlosses am Ende eines dunklen Gangs angekommen, und dort sahen sie nur noch eine alte, verwitterte Holztür, die sich soeben mit einem unheimlichen Knarren vor ihnen schloss.

»Schwester«, riefen die beiden Älteren. »Nimm den kleinsten Schlüssel, den, den du nicht benutzen sollst, und sieh, ob er in dieses Schlüsselloch passt.«

Ohne weiter zu überlegen, öffnete die Jüngste die verwitterte Tür. Doch in der Kammer dahinter war es so finster, dass keine von ihnen auch nur das Geringste sehen konnte. Eine Kerze wurde aus den oberen Stockwerken herbeigeholt. Dann schlichen die drei, das Kerzenlicht vorausgestreckt, in das Kellergemach und spähten in die Finsternis. Ein gellender Schrei entfuhr ihnen, denn sie sahen einen Berg von blutüberströmten Frauenleichen, deren Köpfe und Gliedmaßen abgehackt und in einer Ecke zu einem Turm aufgeschichtet worden waren.

Sie schlugen die Tür wieder zu und verriegelten sie, aber als die Jüngste auf den Schlüssel in ihrer Hand herabblickte, sah sie, dass er blutig war, dass leuchtend rote Blutstropfen auf ihr Gewand und ihre kleinen, weißen Seidenschuhe fielen. Die Schwestern bemühten sich, das Blut fortzuwischen, aber wo sie auch hingingen, was sie auch taten, dem Schlüssel entströmte ein nicht enden wollendes Rinnsal frischen, roten Menschenbluts, und es ließ sich von keinem Wasser reinwaschen, von keinem Wachs versiegeln.

»O mein Gott, was soll ich jetzt tun?«, schrie die Jüngste in höchster Not. »Ich muss den Schlüssel irgendwo verstecken, bevor mein Mann nach Hause kommt!« Sie einigten sich darauf, den Schlüssel im Kleiderschrank des Schlafgemachs der Jüngsten zu verstecken und die Tür des Schranks fest zu verriegeln.

Schon am nächsten Morgen kehrte Blaubart von seiner Reise zurück. Er stapfte schnurstracks in das Schlafgemach seiner Frau und fragte: »Nun, meine Liebe, wie erging es dir während meiner Abwesenheit?«

»Danke, sehr gut, mein Gemahl.«

»Und wie ist es mit meinen Schatzkammern und Ballsälen und den anderen Räumen im Schloss bestellt?«

»Es ist alles prachtvoll und ordnungsgemäß hergerichtet, mein Gemahl.«

»Nun denn«, raunte Blaubart leise, »so gib mir mein Schlüsselbund zurück.«

Zögernd tat die Jüngste, wie ihr befohlen war. Mit einem einzigen Blick erkannte Blaubart, dass der kleinste Schlüssel am Bund fehlte. »Und wo ist der Schlüssel, den du nicht benutzen solltest?«, verlangte er zu wissen.

»Ich ... Ich muss ihn wohl in einem der Säle verloren haben. Das Schlüsselbund ist mir einmal aus der Hand gefallen ..., und dabei muss ich ihn wohl verloren haben.«

»Lüge mich nicht an! Du hast mich hintergangen, nicht wahr? Du hast das Verlies im Keller betreten!« Er packte sie bei den Haaren und zerrte sie zu ihrem Kleiderschrank, riss seine Türen auf und sah die rote Blutbahn, die vom obersten Schrankfach auf die seidenen Gewänder darunter herabgeflossen war.

»Jetzt musst du büßen, du verlogenes Weib!« Der Rasende schleifte seine Frau in den tiefsten Keller seiner Burg, durchbohrte die Tür des Verlieses mit einem einzigen, stechenden Blick, so dass sie aufsprang und den Weg freigab. »Jetzt gesellst du dich zu den Leichen meiner früheren Frauen«, schrie Blaubart, aber die Jüngste sank vor ihm auf die Knie und flehte: »O bitte, bitte, lass mir ein Viertelstündchen Zeit, um meinen Frieden mit Gott zu machen. Dann kannst du mir das Leben nehmen, aber lass mir ein Viertelstündchen zum Beten. Ich flehe dich an.«

Widerwillig ließ Blaubart sich bewegen und seine Frau allein in ihr Schlafgemach nach oben gehen. Doch anstatt zu beten, rief sie ihre Schwestern herbei und bat sie, sich an der Brüstung des Burgwalls zu postieren und nach ihren Brüdern Ausschau zu halten. Die Schwestern spähten in die Ferne, während Blaubarts Frau kniete, wie um zu beten, stattdessen aber ihre Schwestern jede Minute anrief: »Schwestern, Schwestern, seht ihr unsere Brüder kommen?«

»Nein. Nichts rührt sich in Wald und Flur«, war stets die verzweifelte Antwort.

Alle paar Sekunden rief die Jüngste erneut: »O, Schwestern, Schwestern, seht ihr unsere Brüder kommen?«

»Wir sehen nichts außer einer Staubwolke oder einem Wirbelwind in der Ferne.«

Mittlerweile wurde Blaubart argwöhnisch und machte sich auf den Weg zum Schlafgemach seiner Frau. Schon hallten seine Fußtritte im Gang zu ihrer Kammer.

Wieder rief die Jüngste ihre Schwestern an: »O, Schwestern, liebe Schwestern, seht ihr unsere Brüder kommen?«

Und diesmal kam die Antwort zurück: »Ja, sie kommen! Sie reiten wie der Wind! Eben sind sie in den Schlosshof eingeritten!«

Blaubart wollte seine Frau gerade an der Kehle packen, um sie zum Keller zurückzuschleifen, als die Brüder kampfbereit dazwischensprangen. Mit ihren blanken Schwertern trieben sie den Mörder die Gänge des Schlosses hinauf, höher und höher, bis auf den höchsten Festungswall. Dort kämpften sie mit ihm, hieben und schlugen mit ihren Schwertern auf ihn ein, bis er am Ende zu Boden ging und die Brüder ihm den Todesstoß versetzten.

Da wandten sie sich ab, um den Bussarden zu überlassen, was an elenden Überresten von ihm übrig war.

Ein stattlicher, hoch gewachsener Mann ist es also, der in das Leben der jungen Frau tritt. Gut und schön, aber ein seriöser Kandidat ist er mit Sicherheit nicht. Gleich sieben Mal stellt ihn das Märchen von Anfang an infrage. Er hat stechende Augen, einen bläulich schimmernden Bart, ein befremdliches und ein schattenhaftes Aussehen. Ob er ein echter Graf ist, ist dunkel; vielleicht hat er seinen Titel von Konsul Weyer gekauft oder durch eine Geldadoption erhalten. Er wird als Frauenheld vorgestellt, also ein Frauenvernascher, der erotische Massengräber hinter sich zurücklässt. Außerdem ist er ein gescheiterter Zauberer und Anhänger der schwarzen Magie, was immer das im Einzelnen bedeuten mag. Schlimmer noch: Dieser erotische Allesfresser macht gleich allen drei Schwestern zur selben Zeit den Hof. Er ist also nicht wählerisch. Es ist nicht so, dass er die jüngste Schwester liebte. Er nimmt sie einfach, weil er keine der älteren bekommt.

Die Familie der jungen Frau ist auch etwas merkwürdig. Erst einmal gibt es da keinen Vater. Genau den bräuchte die junge Frau jedoch, sei es, um ein vitales Männerbild in sich zu entwickeln, sei es, dass der Vater sie bei ihrem Ausflug in die Welt des Mannes beschütze. Obwohl die Familie anfänglich dem Blaubart gegenüber misstrauisch ist, lässt sich die Mutter durch seine köstlichen Speisen und artigen Geschichten blenden. Außerdem will sie wohl wenigstens eine der Töchter unter die Haube bringen. Die älteren Schwestern spüren instinktiv, dass Blaubart bestenfalls ein »Mann für gewisse Stunden« sein kann, aber für keine ernsthafte Beziehung taugt. Sie verstecken sich sogar jedes Mal, wenn er ihren Gutshof betritt. Aber ihre weibliche Solidarität reicht nicht so weit, ihre Schwester von der Heirat abzuhalten. Sie lassen sie in ihr Unglück laufen.

Die Jüngste ist noch naiv, aber sie redet sich – wie viele unerfahrene Frauen – den Mann schön. Wenn er so ein Charmebolzen ist, denkt sie, »dann ist er nicht von Grund auf schlecht – oder?« Am Ende dünkt ihr sogar die seltsame blaue

Farbe seines Bartes, wenn sie es recht bedenkt, »regelrecht elegant« zu sein. Sie lässt sich verführen. Es ist ganz offensichtlich ihre erste tiefer gehende Beziehung zu einem Mann. Sie hat noch keinerlei Erfahrungen gesammelt, weder emotionale noch sexuelle. Das ist keine Wolfsfrau mit ursprünglichem, wildem Instinkt, das ist ein Opferlämmchen, das freiwillig zur Schlachtbank trippelt. Natürlich träumt sie von der Hochzeit, vom weißen Brautkleid, der Kutsche und dem Festmahl, dem Neid ihrer Freundinnen und vom sinnlichen Rausch mit dem erfahrenen Mann. Er wird ihr schon alles beibringen.

Das wird Mädchen bis auf den heutigen Tag immer noch beigebracht: Sei nett, lieb, schön und ja nicht widerspenstig, damit du einen tollen Mann abkriegst, der dir das Leben zu Füßen legt. Als Frau ohne Mann bist du doch amputiert, ein Torso, eine alte Jungfer. Wenn der Mann etwas bizarr sein sollte, vielleicht sogar ein Kotzbrocken ist, dann wirst du ihn schon mit viel Diplomatie und freundlicher Überredung zum Prinzen küssen. Gib dich ihm ganz hin, verzichte auf deine eigene Welt, lass deine Freundinnen und Freunde im Stich, tu *ihm* zuliebe alles.

Diese Kapitulationsbereitschaft der jungen Frau spürt der alternde Bonvivant natürlich durch alle Poren seiner windigen Existenz. Und er tut das, was alle autoritären Männer in diesem Falle tun: Er schleppt seine weibliche Beute ab und bringt sie schnell in Sicherheit, damit sie ja auf keine feministischen Gedanken kommt. Sie könnte sonst womöglich die Zeitschrift ›Emma‹ abonnieren. »Das Paar wurde getraut, und gleich nach der Hochzeit brachte Blaubart seine junge Gemahlin auf das Schloss seiner Ahnen im großen Tannenwald hinter den Bergen.«

Man möchte sich die Haare raufen. Warum sucht sich dieses Mädchen sehenden Auges den falschen Partner aus? Das kann doch nicht gut gehen. Sie weiß nichts von diesem Mann. Sucht sie in dem erheblich älteren Manne vielleicht unbewusst den

Vater? Allein die Tatsache, dass Blaubart sie »nimmt«, lässt sie an ihre eigene Liebe glauben. Wie sagte der Dichter Jean Paul: »Er heiratete sie, weil er sie liebte. Sie liebte ihn, weil er sie heiratete.« Offensichtlich hat unsere unerfahrene Heldin ein schwach entwickeltes Selbstbewusstsein. Sie stellt keinerlei Bedingungen zu Beginn dieser Beziehung. Sie fordert keinen Beziehungsvertrag, der Rechte und Pflichten absichert. Sie übergibt sich Blaubart mit Haut und Haaren. Die Liebe wird schon alles richten, denkt sie.

Das aber ist eine romantische Illusion. Diese Illusion teilt sie mit vielen unerfahrenen Frauen, die ständig, wie sie sagen, an den falschen Partner geraten und doch nicht wissen, warum. Wie sagte mir einmal eine mittlerweile fünfunddreißigjährige Single-Frau völlig konsterniert: »Die Männer, die mir gut tun, finde ich nicht interessant, und die, die ich interessant finde, tun mir nicht gut.«

Frauen fühlen sich dann einem rätselhaften Teufelskreis ausgeliefert, der schicksalhaft über sie verhängt ist. Manchmal bemühen sie sogar zur Erklärung die Reinkarnation und das Karma, eine vermeintlich nicht abgegoltene Schuld aus einem früheren Vorleben. Eine gebildete Lehrerin um die Vierzig meinte einmal allen Ernstes zu mir, ihre chronischen Schwierigkeiten mit Männern in diesem Leben seien die Strafe für ihre männermordende Vergangenheit als Renaissancefürstin und Giftmischerin im Italien des 15. Jahrhunderts! Das ist natürlich alles, wie die Rheinländer sagen, Killefitz.

Frauen, die sich immer wieder den falschen Partner aussuchen, müssen endlich lernen, Nein zu sagen. Sie müssen ihren eigenen Wert schätzen lernen und Männer vor allem einmal realistisch betrachten, so, wie man etwa Spargel nach Handelsklasse A und Handelsklasse B unterscheidet. Frauen müssen begreifen, dass sie auch mit ihrer unerschöpflichen weiblichen Opferbereitschaft aus einem eiskalten Engel à la Alain Delon keinen Kachelofen auf zwei Beinen machen können.

Robin Norwood hat in ihrem Klassiker ›Wenn Frauen zu sehr lieben‹ dieses Suchtartige der weiblichen Bemutterung und Aufpäppelung des Mannes beschrieben. Je mehr sich der Mann vor dieser bedingungslosen Hingabe der Frau verschließt, desto mehr verstärkt diese ihre Anstrengungen. Blaubart ist, das würde eine reife Frau sofort spüren, ein gewissenloser Zerstörer. Aber die süße Naive, statt das Abenteuer der Individuation auf sich zu nehmen, und – modern gesprochen – um einen Studienplatz zu kämpfen, den Clinch mit den Männern und die Konkurrenz mit den eigenen Geschlechtsgenossinnen aufzunehmen, fällt vielleicht auch der Verführung anheim, sich in den sicheren Ehehafen zu flüchten und ihr Leben an einen Mann zu delegieren, der ihr Vater sein könnte.

Wie so viele Frauen gibt sie mit der Hochzeit blindlings alle wertvollen Bindungen auf und verschließt sich mit dem obskuren Objekt ihrer Begierde in dem goldenen Käfig der Kleinfamilie. »Ich habe geheiratet«, schrieb mir eine depressive Patientin mit Magersucht und Insomnie (chronische Schlaflosigkeit), »jetzt habe ich keine Probleme mehr.« Ihr Wort in Blaubarts Ohr!

Blaubart ist der Typus eines unerlösten und daher gewalttätigen Mannes. Wenn man das Märchen als Psychodrama spielte, so wäre auch sein Leid nachzufühlen. Käme Blaubart mit seinem schicken Porsche in eine meiner Männergruppen gesaust, so würde ich ihm mit Sicherheit einige Zeit Abstinenz von Frauen und aller vampirhafter Sättigung an weiblichem Leben verordnen. Ich würde ihn ermuntern, die seelischen Katastrophen »zu erinnern, zu wiederholen und durchzuarbeiten« (Freud), die er in vielen Jahren bei Frauen und bei sich selbst angerichtet hat. Ich ließe ihn seine Kindheit rekapitulieren, seine Fehlentwicklung, seine Kompensationsmechanismen. Es wäre ein hartes Stück Seelenarbeit.

Aber das ist in diesem Frauenmärchen nicht das Thema. Es geht vielmehr um all die Frauen, die die Blaubart-Tragödie an ihrem eigenen Leib und ihrer eigenen Seele erlebt haben. Warum haben sie es so lang mit einem Partner ausgehalten, der sie bedrängte, manipulierte, der sie seelisch und oft auch körperlich verletzte und demütigte. Was hat sie veranlasst, für diese kranken und krank machenden Männer die Krankenschwester in der Intensivstation der Ehe zu spielen und sich ein Rotes-Kreuz-Häubchen auf den Kopf zu stülpen? Warum reden sie sich, wider besseres Wissen, diese Männer noch schön? Warum hinterfragen sie nicht die neurotischen Verbote und Botschaften dieser zwanghaften Männer: »Nur diesen einen, den kleinsten der Schlüssel, den darfst du nicht benutzen.«

Wie sagte doch der – inzwischen an Alkoholismus verstorbene – Ehemann zu seiner Frau: »Du kannst alles tun – was im Rahmen meiner beruflichen Möglichkeiten zulässig ist.« Er vergaß auch nicht, der – inzwischen erfolgreich avancierten Unternehmerin – vorzuhalen: »Vergiss nicht, dass du nur eine simple Schreibkraft bist.«

Zurück zu Blaubarts junger Naiven. Natürlich ist sie gehorsam. Natürlich ist sie aber auch neugierig. Denn käme je Entwicklung zustande, wenn wir nicht Verbote überträten? Wenn unsere mythische Urmutter Eva nicht den Apfel vom Baum der Erkenntnis gepflückt und zusammen mit unserem Urvater Adam in das verbotene Obst gebissen hätte, dann lungerten wir noch heute wie unsere Brüder und Schwestern, die Schimpansen, im Dschungel Afrikas herum und besäßen weder Handys noch Händels ›Feuerwerksmusik‹. Die Rebellion ist die Mutter des Fortschritts.

Unsere liebe junge Frau macht sich daran, mithilfe ihrer Schwestern – diese mögen ihre eigene erblühende Weiblichkeit symbolisieren – die Zimmer ihres Lebensgehäuses zu erforschen. Spannend wird es natürlich just in dem Augenblick, als sie den goldenen Käfig verlässt und jenes Terrain betritt, das ihr der Herr und Meister verboten hat. Doch was sie hinter der verwitterten Holztür erblickt, lässt sie allerdings in einen gellenden Schrei ausbrechen – »einen Berg von blutüberströmten Frauenleichen, deren Köpfe und Gliedmaßen abgehackt und in einer Ecke zu einem Turm aufgeschichtet worden waren«.

Was kann der Leichenhaufen bedeuten? Wohl kaum, dass es sich bei dem Blaubart um einen realen Frauenmörder handelt. Wenn hier ausgedrückt wird, dass dieser Mann seine früheren »neugierigen« Ehefrauen frikassiert habe, dann ist wohl das Köpfen und Zerhacken der weiblichen Schöpfungskraft gemeint. Der Mann hat buchstäblich allen Frauen seines Lebens das Lebensblut aus den Venen gesogen, er hat ihre Lebendigkeit sabotiert, ihre Entwicklungschancen gehemmt, sie zu einer Art von Haustieren und hirnlosen Weibchen domestiziert. Wer sich als Frau mit diesem Mann einlässt, der fließt das frische Lebensblut aus. Da gibt es keine Berufstätigkeit und keine kühnen Lebensunternehmungen, keine eigenständigen Freundschaften und Interessen – der Blaubartmann metzelt jede vitale Weiblichkeit nieder.

Im »verbotenen Zimmer« schlägt die Stunde der Wahrheit. Im tiefsten Keller der Seele wird sie sichtbar. Die jüngste der drei Schwestern hat die Schlüsselfrage ihrer eigenen Existenz entdeckt, den ununterbrochenen Mord an ihrer weiblichen Identität.

Schlüsselfragen fordern uns unerbittlich heraus. Sie sind schmerzhaft und haften, wie wir im Märchen sehen, blutig an uns. Diese Fragen können, ähnlich wie die leuchtend roten Blutstropfen auf dem Gewand der jungen Frau und ihren kleinen weißen Seidenschuhen, nicht entfernt werden: »Dem Schlüssel entströmte ein nicht enden wollendes Rinnsal frischen, roten Menschenbluts und es ließ sich von keinem Wasser reinwaschen, von keinem Wachs versiegeln.«

Das ist die »blutige Wahrheit« vieler Frauen: Was habe ich in mir an Lebendigkeit abtöten lassen? Welches ungelebte Leben habe ich auf dem Altar des Mannes geopfert? Wie die Jüngste versuchen viele Frauen verzweifelt diese blutigen Schlüsselfragen mit allen Mitteln der Bagatellisierung und Verdrängung wegzuschrubben und durch Vergessen zu versiegeln. Aber die Wahrheit ist nur um den Preis des Seelentodes weiter zu verbergen. Der Blutverlust wird immer schlimmer. Jede Frau muss einmal vor die alte, verwitterte Holztür ihres Inneren treten und sich die gefährlichen Fragen stellen: »Will ich weiterhin die Helferin spielen? Darf ich meine Wut zeigen? Darf ich meine Interessen leben? Darf ich endlich die zerstückelten Seiten meiner Persönlichkeit leben? Wer blutet mich aus? Welche Schätze verbergen sich in den verschlossenen Kammern meiner Persönlichkeit? Wie kommt es, dass ich mir von einem Mann die Seele rauben lasse?«

Trau nicht den männlichen Angeboten an weiblicher Freiheit, so lautet die Moral des Märchens. Erliege nicht deinen romantischen Träumen von der Liebe. Schau genau hin und lass dir nicht verbieten, den Schlüssel zur Bewusstheit zu benutzen! Wie viele Frauen ist unsere Märchenheldin gefangen in *seiner* Burg, in *seiner* Fülle und in ihrer eigenen, selbstverschuldeten, inneren Armut. Sie selbst ist daran beteiligt, die Wolfsfrau in sich in einen Zwinger zu sperren. Clarissa Estès beschreibt das Dilemma mit den Worten: »Wenn eine Frau sich nicht schonungslos bewusst macht, inwieweit die verschiedenen Komponenten ihrer Wolfsnatur mittlerweile verstümmelt, geköpft oder in unterirdischen Verliesen abgelagert sind, bleibt ihr nichts anderes übrig, als sich weiter dem mörderischen Machthunger des Räuberbarons auszuliefern, was bedeutet, dass sie hinter der Fassade äußerlichen Wohlstands oder Eheglücks elend zugrunde geht.«

In jedem weiblichen Leben stellt sich einmal die Frage: Was ist meine blutige Schlüsselfrage? Habe ich Angst, in den Beruf zurückzukehren? Lasse ich mich von den Kindern auffressen? Lasse ich mich von meinem Mann entmündigen? Bin ich immer nur lieb und angepasst? Dulde ich meine Abwertung durch die Familie? Habe ich eigene Konturen verloren? Raubt mir diese Ehe mein Lebensblut? Verhungere ich an der Sprachlosigkeit meines Partners? Verdurste ich an mangelnder Zärtlichkeit und Sexualität? Bin ich bereit zum Konflikt?

Es ist psychologisch stimmig, dass Blaubart rasend wird, als er entdeckt, dass die Frau sein Verbot, den Raum des gemeinsamen Beziehungsunbewussten zu besichtigen, übertreten hat. Denn damit hat sie, tiefenpsychologisch gesprochen, das bis dahin funktionierende Paarsystem von Druck und Einschüchterung gesprengt. Sie hat den Mann als Despoten und Dompteur durchschaut, aber auch ihre eigene klägliche Dressurnummer. Der Bann ist gebrochen. Es gibt keine Rückkehr zum Alten mehr. Und darum hört der Schlüssel nicht mehr auf zu bluten!

Aus dem Märchenhaften in unsere Zeit transponiert, könnte das bedeuten, dass eine Frau sich über ihre unterdrückerische Ehe endlich einmal rückhaltlos mit ihrer besten Freundin ausspricht oder zu einer Beratung geht. Jetzt fällt es ihr wie Schuppen von den Augen. Immer wieder gibt es solche Aha-Erlebnisse im Leben einer Frau, in denen sie die Unwürdigkeit ihrer eigenen Rolle blitzartig durchschaut, in einen »wölfischen Zorn« fällt – und endlich handelt.

Der größte Feind der Frau sind oft die Tränen. Statt wütend zu werden, werden Frauen traurig. Statt ihre Aggression zielgerichtet gegen den Verursacher zu richten, meutern sie hilflos auf den Knien und kriegen das verdammte weibliche Lächeln nicht aus dem Gesicht. Statt klar die Kriegserklärung auszusprechen, vertrödeln Frauen oft die wertvollsten Jahre ihres Lebens damit, einem im Kern abweisenden Mann devot neue Kompromissvorschläge und Friedensvereinbarungen zu unterbreiten. Sie kapitulieren vor dem mächtigsten Feind in ihrem Innern, der Angst, den Partner zu verlieren und das Leben, vielleicht, ohne Mann bestehen zu müssen.

Diese Ohnmacht der Frauen ist die Macht der Männer. Dabei verstehen wir Männer in der Regel nur die klare Sprache des Entweder-Oder, die wir aus der harten maskulinen Arbeitswelt gewohnt sind. Frauen schonen Männer und damit ihre Beziehung oft buchstäblich zu Tode. Sie definieren sich als Opfer der Ehe und Männerwelt und unterschlagen dabei ihren eigenen Anteil an diesem Schlachtfeld des Geschlechterkrieges. Zu einem Herrn gehört immer auch eine Magd, die sich versklaven lässt.

Nicht umsonst sympathisieren wir im Märchen ›Der Froschkönig‹ so stark mit der schönen Prinzessin, die die Faxen des erpresserischen Frosch-Mannes so dicke hat, dass sie ihn, lodernd vor Zorn, an die Wand wirft und damit die verblüffende Verwandlung zum schönen Prinzen provoziert. Das heißt, so unlogisch ist der Vorgang gar nicht: Wir erlösen den anderen von seinen neurotischen Macken – und er uns – nicht allein durch die mutierende Kraft unserer Liebe, sondern auch durch die Klarheit unserer Abgrenzungen, Herausforderungen und wütenden Gefühlsrückmeldungen. Nicht von ungefähr ist im Alten Testament die Rede vom »heiligen Zorn«. In den Aphorismen von Marie von Ebner-Eschenbach heißt es einmal: »Nicht jene, die streiten, sind zu fürchten, sondern jene, die ausweichen.«

Unsere junge Frau im Märchen hat jedoch ihren Feind und die eigene Selbstunterjochung erkannt. Sie mobilisiert jetzt alle weiblichen Kräfte, und das sind nicht wenige. Als Erstes greift sie zu der uralten weiblichen Form der List. Als der Blaubart-Mann seine Maske fallen lässt, zu offener Gewalt greift und sie, psychoanalytisch gesprochen, mit der Auslöschung ihrer Weiblichkeit und tödlicher Abhängigkeit bedroht, erbittet sie ein Viertelstündchen Bedenkzeit. Sie tut das angeblich, um »meinen Frieden mit Gott zu machen«, in Wahrheit, um in einem taktischen Rückzug die Strategie ihrer weiblichen Befreiung einzuleiten. Sie braucht Zeit, um das Ausmaß ihrer Verstümmelung durch das gesamte Blaubart-Milieu (Mann, Beruf, destruktive Familie, Religion etc.) zu begreifen und alle Energien für ihre Offensive zu sammeln.

Aus dem Dunklen der bisherigen Unterdrückung und des Unbewussten eilt sie, wie das Märchen beschreibt, »nach oben«, in den Bereich des kämpferischen Bewusstseins. Sie betet und weint nicht. Sie macht sich wehrhaft, indem sie die Schwestern an der Brüstung des Burgwalls postiert. Das kann zweierlei bedeuten. Einmal, dass sie sich der Solidarität anderer Frauen (»Schwestern«) versichert. Zum anderen, dass sie die selbstbewussten weiblichen Anteile ihrer potenziell kraftvollen Natur mobil macht.

Blaubart läuft währenddessen Amok. Er rast wie eine gesengte Sau umher, er stößt Drohungen aus. Welche Ehefrau kennt das nicht! Der gescheiterte Zauberer, als der er uns anfangs vorgestellt wurde, probiert ein letztes Mal die schwarze Magie seiner Einschüchterungen. Aber so ist es nun einmal mit dem faulen Zauber – er wirkt nur auf uns, wenn wir an ihn glauben. In dem Moment, in dem wir unserem Verstand trauen, ist der Magier nicht länger Magier, sondern ein Varieté-Angestellter mit bürgerlichem Namen und mit Lohnsteuerkarte. Er zersägt nicht eine Jungfrau, sondern führt lediglich das hübsche Blendwerk von Schreiner- und Spiegeltechnik vor.

Blaubart-Männer sind, so belehrt uns das Märchen, letztlich ohne Substanz. Sie sind Blender mit suggestiver Aura und – im Zweifelsfall – latenter Gewaltbereitschaft. Sie lieben das Zwielicht von Anmaßung und dunklen Drohungen. Dagegen müssen Frauen auf die Tageshelle der Analyse der Situation setzen. Sie sollen von der Brüstung ihres Burgwalls das Land der Tränen überblicken – und verlassen.

Das ist eine innerseelische weibliche Generalmobilmachung und Kraftbeschwörung sondergleichen! Blaubarts Frau verfügt nämlich über ungeahnte Kräfte. Denn was sind die Brüder, die da auf ihren mächtigen Pferden herangaloppieren, anderes als die eigenen männlichen Anteile der jungen Frau, als der »animus«, die männliche Seele! Diese muss, wie C. G. Jung fordert, jede Frau kraftvoll zum Leben wecken. Was für eine Streitmacht, welche Staubwolken und welches Kampfgetümmel erstehen da in ihrem Herzen, wenn sie sich ihrer schier unüberwindlichen Energie bewusst wird! Clarissa Estès: »Der Wirbelsturm unseres einmal gefassten Entschlusses, zu überleben und frei zu sein, bereitet dem sinnlosen Blutverlust und der internen Seelenzerfleischung ein Ende.«

Die junge Frau hat Blaubart den »Todesstoß« gegeben. Etwas pazifistischer formuliert, sie hat die Scheidung eingereicht und durchgefochten. Wenn die Ehe lang gedauert hat, wird er kräftig bluten müssen. Vielleicht muss er die Burg verkaufen. Mit Sicherheit muss unser Blaubart die Hälfte seiner Rente abgeben. Seine Frau, dieses ehemals so gutmütige Lämmchen, jedenfalls erkennt er nicht mehr wieder. Vielleicht findet er, im nächsten Angang seines Lebens, wieder eine Dumme, mit der er das gleiche Seelenmörderspiel beginnt. Vielleicht läutert er sich auch unter diesem Schock. Vielleicht findet er den Weg zu Aussprachen, Therapie, einer Männergruppe. Ich merke, ich habe in einem letzten Winkel meines Herzens mit dem Saukerl Blaubart Mitleid. Er ist ein Mann wie ich. In der Therapie würde ich ihn allerdings hart herannehmen.

Das Blaubart-Märchen ist ein klassisches Märchen für die Frau. Es geht um Schärfung des Bewusstseins, um die Wahrnehmung der ungelebten weiblichen Seiten, der Verstümmelungen durch Männer und der eigenen Halbherzigkeiten. Es berichtet vom Kampf gegen den männlichen Seelendieb. Es berichtet von Frauen, die Beute von Macho-Männern wurden und die nun, mitten im Leben, seelisch tot sind. Es berichtet von der Notwendigkeit, die vier kardinalen weiblichen Verbote zu übertreten: »Du sollst nicht sehen. Du sollst nicht erkennen. Du sollst deine Stimme nicht erheben. Du sollst nicht handeln.«

Frauen, sagt das Märchen, sollen lernen, scharf hinzusehen, den Mund aufzureißen und entschlossen für sich einzutreten. Im Beziehungskampf der Geschlechter gilt gerade für Frauen

Goethes berühmter Satz aus dem Prolog des ›Faust‹: »Der Worte sind genug gewechselt, lasst Taten sehen.«

Männer können sich an solchen Frauen freuen. Wir brauchen starke Frauen, die uns fordern. Eine emanzipierte Frau ist ein Geschenk. Wenn du, liebe Leserin, das Blaubart-Märchen als eine geheime weibliche Kampfschrift lieb gewonnen hast und deine Augen glänzen, dann empfehle ich dir, auch einmal den unverwüstlichen Klassiker ›Der Cinderella-Komplex‹ von Colette Dowling zu lesen. Die amerikanische Schriftstellerin muntert darin alle »Blaubart-Frauen« auf:

»Der Glaube an sich selbst liegt allem zugrunde. Ich habe gelernt, dass man Freiheit und Unabhängigkeit nicht von anderen erhalten kann – nicht von der Gesellschaft, nicht von Männern –, sondern dass man sich nur mühevoll von innen zur Freiheit entwickeln kann. Natürlich muss man einen Preis dafür bezahlen. Wir müssen unsere Abhängigkeiten aufgeben, die wir wie Krücken benutzt haben, um uns sicher zu fühlen.« Colette Dowling macht jeder Frau Mut: »Aber dieser Tausch ist nicht wirklich gefährlich. Die Frau, die an sich selbst glaubt, muss sich nicht mit leeren Träumen von Dingen, die jenseits ihrer Fähigkeiten liegen, zum Narren halten, und sie schreckt nicht vor den Aufgaben zurück, für die sie kompetent und vorbereitet ist. Sie ist realistisch, sie steht mit beiden Beinen auf der Erde und sie liebt sich selbst. Und endlich kann sie auch andere lieben – weil sie sich liebt. Sie ist die befreite Frau.«

Eisenhans oder
Wie ein Mann ein Mann wird

*Wir als Männer wollen unsere volle Menschlichkeit wiederhaben.
Wir wollen nicht mehr länger im Wettbewerb stehen, um ein unmögliches,
unterdrückendes, männliches Image zu erreichen – stark, schweigsam,
cool, gefühllos, erfolgreich, Beherrscher der Frauen, Führer der Männer,
reich, brillant, athletisch und heavy.
Wir möchten uns selbst gern haben.
Wir möchten uns gut fühlen.*
Manifest der Gründer des Berkley Men's Center, Kalifornien, 1970

Mit einem Männermärchen hätte ich früher nichts anfangen können. Mann-Sein, das war etwas so Selbstverständliches für mich wie Deutsch zu sprechen, einen Wagen zu fahren oder zum Frühstück Brötchen zu essen. Dass ich physisch, psychisch und intellektuell zum »starken Geschlecht« zählte, war für mich unzweifelhaft.

Es bedurfte zweier massiver Anstöße, mich mit den Problemen der Männlichkeit auseinander zu setzen: der Protest der feministischen Frauen seit den Sechzigerjahren und die in den USA der Siebzigerjahre beginnende Männerbewegung. Zwanzig Jahre später war ich selbst ehrenamtlicher Leiter des »Männerbüros« in Düsseldorf. Die Jahre in und mit den Männergruppen sind aus meinem Leben nicht mehr wegzudenken. Sie haben mich bis in mein therapeutisches Arbeiten hinein geprägt und mein Verhältnis zu Männern wie zu Frauen neu bestimmt.

Mut zum Ich bedeutet für mich heute ganz besonders auch Mut zu einem neuen Mann-Sein, ohne mich jedoch den Frauen in modischer Attitude als Feministen anzubiedern. Das ist und bleibt Sache der Frauen. Ich halte es jedoch mit meinem Freund, dem Soziologieprofessor und Männerforscher Walter Hollstein, der einmal konstatierte: »Wir haben jahrtausendelang Krieg gegen uns selbst geführt und gegen die Frauen, die Kinder, die Tiere und die Umwelt, und damit haben wir uns eigenhändig an Körper und Seele amputiert. Wir Männer, die Krüppel.«

Doch hören wir uns erst einmal ein Männermärchen an. Es ist das wenig bekannte Grimmsche Märchen ›Der Eisenhans‹.

Das Märchen vom Eisenhans

Es war ein König, der hatte einen großen Wald bei seinem Schloss, darin lief Wild aller Art herum. Zu einer Zeit schickte er einen Jäger hinaus, der sollte ein Reh schießen, aber er kam nicht wieder. »Vielleicht ist ihm ein Unglück zugestoßen«, sagte der König und schickte den folgenden Tag zwei andere Jäger hinaus, die sollten ihn suchen, aber die blieben auch weg. Da ließ er am dritten Tag alle seine Jäger kommen und sprach: »Streift durch den ganzen Wald und lasst nicht ab, bis ihr sie alle drei gefunden habt.« Aber auch von diesen kam keiner wieder heim, und von der Meute Hunde, die sie mitgenommen hatten, ließ sich ebenfalls keiner wieder sehen. Von der Zeit an wollte sich niemand mehr in den Wald wagen, und er lag da in tiefer Stille und Einsamkeit, und man sah nur zuweilen einen Adler oder Habicht darüber hinwegfliegen.

Nach vielen Jahren meldete sich ein fremder Jäger bei dem König, der eine Versorgung suchte und sich erbot, in den gefährlichen Wald zu gehen. Der König aber wollte seine Einwilligung nicht geben und sprach: »Es ist nicht geheuer darin, ich fürchte, es geht dir nicht besser als den andern, und du kommst nicht wieder heraus.« Der Jäger antwortete: »Herr, ich will's auf meine eigene Gefahr hin wagen: Von Furcht weiß ich nichts.«

Der Jäger begab sich also mit seinem Hund in den Wald. Nach kurzer Zeit geriet der Hund einem Wild auf die Fährte und wollte hinter ihm her. Kaum aber war er ein paar Schritte gelaufen, stand er vor einem tiefen Pfuhl, und konnte nicht weiter. Und ein nackter Arm streckte sich aus dem Wasser, packte den Hund und zog ihn hinab. Als der Jäger das sah, ging er zurück und holte drei Männer, die mussten mit Eimern das Wasser ausschöpfen. Als sie auf den Grund des Pfuhls sehen konnten, so lag da ein wilder Mann, braun am Leib wie rostiges Eisen, und die Haare hingen ihm über das Gesicht bis zu den Knien. Sie banden ihn mit Stricken und führten ihn fort, in das Schloss.

Da war große Verwunderung über den wilden Mann. Der König

aber ließ ihn in einen eisernen Käfig auf seinen Hof setzen und verbot bei Lebensstrafe, die Türe des Käfigs zu öffnen, und die Königin selbst musste den Schlüssel in Verwahrung nehmen. Von nun an konnte ein jeder wieder gefahrlos in den Wald gehen.

Der König hatte einen Sohn von acht Jahren, der spielte einmal auf dem Hof, und bei dem Spiel fiel ihm sein goldener Ball in den Käfig. Der Knabe lief hin und sprach: »Gib mir meinen Ball heraus.« – »Nicht eher«, antwortete der Mann, »als bis du mir die Türe aufgemacht hast.« – »Nein«, sagte der Knabe, »das tue ich nicht, das hat der König verboten«, und lief fort. Am andern Tag kam er wieder und forderte seinen Ball; der wilde Mann sagte: »Öffne meine Türe«, aber der Knabe wollte nicht. Am dritten Tag war der König auf die Jagd geritten, da kam der Knabe nochmals und sagte: »Wenn ich auch wollte, ich kann die Türe nicht öffnen, ich habe den Schlüssel nicht.« Da sprach der wilde Mann: »Er liegt unter dem Kopfkissen deiner Mutter, da kannst du ihn holen.«

Der Knabe, der seinen Ball wiederhaben wollte, schlug alle Bedenken in den Wind und brachte den Schlüssel herbei. Die Türe ging schwer auf, und der Knabe klemmte sich den Finger ein. Als sie offen war, trat der wilde Mann heraus, gab ihm den goldenen Ball und eilte hinweg. Dem Knaben aber war Angst geworden, er schrie ihm nach: »Ach, wilder Mann, geh nicht fort, sonst bekomme ich Schläge.« Da kehrte der wilde Mann um, hob ihn auf, setzte ihn auf seinen Nacken und ging mit schnellen Schritten in den Wald hinein.

Als der König heimkam, bemerkte er den leeren Käfig und fragte die Königin, wie sich das zugetragen hätte. Sie wusste nichts davon, suchte den Schlüssel, aber er war weg. Sie rief den Knaben, aber niemand antwortete. Der König schickte Leute aus, die ihn auf dem Feld suchen sollten, aber sie fanden ihn nicht. Da konnte er leicht erraten, was geschehen war, und es herrschte große Trauer an dem königlichen Hof.

Als der wilde Mann wieder in dem finstern Wald angelangt war, setzte er den Knaben von den Schultern und sprach zu ihm: »Vater und Mutter siehst du nicht wieder, aber ich will dich bei mir behalten, denn du hast mich befreit, und ich habe Mitleid mit dir. Wenn du alles tust, was ich dir sage, so sollst du's gut haben. Schätze und Gold habe ich genug und mehr als jemand in der Welt.« Er machte dem Knaben ein Lager von Moos, auf dem er einschlief, und am andern Morgen führte ihn der Mann zu einem Brunnen und sprach: »Siehst du, der Goldbrunnen ist hell und klar wie Kristall: Du sollst dort sitzen und Acht haben, dass nichts hineinfällt, sonst ist er verunehrt. Jeden Abend komme ich und sehe, ob du mein Gebot befolgt hast.«

Der Knabe setzte sich an den Rand des Brunnens, sah, wie manchmal ein goldner Fisch, manchmal eine goldne Schlange sich darin zeigte, und hatte Acht, dass nichts hineinfiel. Als er so dasaß, schmerzte ihn auf einmal der Finger so heftig, dass er ihn unwillkürlich in das Wasser steckte. Er zog ihn schnell wieder heraus, sah aber, dass er ganz vergoldet war, und wie große Mühe er sich auch gab, das Gold wieder abzuwischen, es war alles vergeblich. Abends kam der Eisenhans zurück, sah den Knaben an und sprach: »Was ist mit dem Brunnen geschehen?« – »Nichts, nichts«, antwortete er und verbarg den Finger hinter seinem Rücken. Aber der Mann sagte: »Du hast den Finger ins Wasser getaucht: Diesmal mag's hingehen, aber hüte dich, dass du nicht wieder etwas hineinfallen lässt.«

Am frühsten Morgen saß der Knabe bereits bei dem Brunnen und bewachte ihn. Der Finger tat ihm wieder weh, und er fuhr damit über seinen Kopf. Da fiel unglücklicherweise ein Haar hinab in den Brunnen. Er nahm es schnell heraus, aber es war schon ganz vergoldet. Der Eisenhans kam und wusste schon, was geschehen war. »Du hast ein Haar in den Brunnen fallen lassen«, sagte er, »ich will dir's noch einmal nachsehen, aber wenn's zum dritten Mal geschieht, so ist der Brunnen entehrt, und du kannst nicht länger bei mir bleiben.«

Am dritten Tag saß der Knabe am Brunnen und bewegte den Finger nicht, auch wenn er ihm noch so weh tat. Aber die Zeit ward ihm lang, und er betrachtete sein Angesicht, das sich im Wasser spiegelte. Und als er sich dabei immer mehr nach vorne beugte und sich so recht in die Augen sehen wollte, fielen seine langen Haare von den Schultern herab in das Wasser. Er richtete sich schnell auf, aber das ganze Haupthaar war schon vergoldet und glänzte wie eine Sonne. Ihr könnt euch denken, wie der arme Knabe erschrak. Er nahm sein Taschentuch und band es um den Kopf, damit es der Mann nicht sehen sollte. Als er kam, wusste er schon alles und sprach: »Binde das Tuch auf.« Da quollen die goldenen Haare hervor, und der Knabe mochte sich entschuldigen, wie er wollte, es half ihm nichts. »Du hast die Probe nicht bestanden und kannst nicht länger hier bleiben. Geh hinaus in die Welt, da wirst du erfahren, wie die Armut tut. Aber weil du kein böses Herz hast und ich's gut mit dir meine, so will ich dir eins erlauben: Wenn du in Not gerätst, so geh zu dem Wald und rufe ›Eisenhans‹, dann will ich kommen und dir helfen. Meine Macht ist groß, größer, als du denkst, und Gold und Silber habe ich im Überfluss.«

Da verließ der Königssohn den Wald und ging über gebahnte und ungebahnte Wege immerzu, bis er zuletzt in eine große Stadt kam. Da suchte er Arbeit, aber er konnte keine finden und hatte auch nichts gelernt, womit er sich hätte forthelfen können. Endlich ging er zum Schloss und bat um Aufnahme. Die Hofleute wussten nicht, wozu sie ihn brauchen konnten, aber sie hatten Wohlgefallen an ihm und hießen ihn bleiben. Zuletzt nahm ihn der Koch in seinen Dienst und sagte, er könne Holz und Wasser tragen und die Asche zusammenkehren.

Einmal, als gerade kein anderer zur Hand war, hieß ihn der Koch die Speisen zur königlichen Tafel tragen. Da er aber seine goldenen Haare nicht wollte sehen lassen, so behielt er sein Hütchen auf. Dem König war so etwas noch nicht vorgekommen, und er sprach: »Wenn du zur königlichen Tafel kommst, musst du deinen Hut abziehen.« – »Ach Herr«, antwortete er, »ich kann nicht, ich habe einen bösen Grind auf dem Kopf.« Da ließ der König den Koch herbeirufen, schalt ihn und fragte, wie er einen solchen Jungen habe in seinen Dienst nehmen können; er solle ihn gleich fortjagen. Der Koch aber hatte Mitleid mit ihm und vertauschte ihn mit dem Gärtnerjungen.

Nun musste der Junge im Garten pflanzen und gießen, hacken und graben und Wind und böses Wetter über sich ergehen lassen. Einmal im Sommer, als er allein im Garten arbeitete, war der Tag so heiß, dass er sein Hütchen abnahm. Als die Sonne auf das Haar schien, glitzerte und blitzte es, dass die Strahlen in das Schlafzimmer der Königstochter fielen und sie aufsprang, um zu sehen, was das wäre. Da erblickte sie den Jungen und rief ihn an: »Junge, bring mir einen Blumenstrauß.« Er setzte in aller Eile sein Hütchen auf, brach wilde Feldblumen ab und band sie zusammen. Als er damit die Treppe hinaufstieg, begegnete ihm der Gärtner und sprach: »Wie kannst du der Königstochter einen Strauß von schlechten Blumen bringen? Geschwind, hole andere und suche die schönsten und seltensten aus.« – »Ach nein«, antwortete der Junge, »die wilden riechen kräftiger und werden ihr besser gefallen.«

Als er in ihr Zimmer kam, sprach die Königstochter: »Nimm dein Hütchen ab, es ziemt sich nicht, dass du es vor mir aufbehältst.« Er antwortete wieder: »Ich darf nicht, ich habe einen grindigen Kopf.« Sie griff aber nach dem Hütchen und zog es weg, da rollten seine goldenen Haare auf die Schultern herab, dass es prächtig anzusehen war. Er wollte fortspringen, aber sie hielt ihn am Arm fest und gab ihm eine Hand voll Dukaten. Er ging damit fort, achtete aber des Goldes nicht, sondern brachte es dem Gärtner und sprach: »Ich schenke es deinen Kindern, sie können damit spielen.« Den andern Tag rief ihm die Königstochter abermals zu, er solle ihr einen Strauß Feldblumen bringen, und als er damit eintrat, griff sie gleich nach seinem Hütchen und wollte es ihm wegnehmen, aber er hielt es mit beiden Händen fest. Sie gab ihm wieder eine Hand voll Dukaten, aber er wollte sie nicht behalten und gab sie dem Gärtner zum Spielwerk für seine Kinder. Den dritten Tag ging's nicht anders, sie konnte ihm sein Hütchen nicht wegnehmen, und er wollte ihr Gold nicht.

Einige Zeit danach ward das Land mit Krieg überzogen. Der König sammelte sein Volk und wusste nicht, ob er dem Feind, der übermächtig war und ein großes Heer hatte, Widerstand leisten könnte. Da sagte der Gärtnerjunge: »Ich bin herangewachsen und will mit in den Krieg ziehen, gebt mir nur ein Pferd.« Die andern lachten und sprachen: »Wenn wir fort sind, wollen wir dir eins im Stall zurücklassen.« Als sie ausgezogen waren, ging er in den Stall und zog das Pferd heraus; es war an einem Fuß lahm und hinkelte hunkepuus, hunkepuus. Dennoch saß er auf und ritt fort nach dem dunklen Wald.

Als er an den Rand desselben gekommen war, rief er dreimal nach Eisenhans so laut, dass es durch die Bäume schallte. Gleich darauf erschien der wilde Mann und sprach: »Was verlangst du?« – »Ich verlange ein starkes Ross, denn ich will in den Krieg ziehen.« – »Das sollst du haben und noch mehr, als du verlangst.« Dann ging der wilde Mann in den Wald zurück, und es dauerte nicht lange, so kam ein Stallknecht aus dem Wald und führte ein Ross herbei, das schnaubte aus den Nüstern und war kaum zu bändigen. Und hinterher folgte eine große Schar Kriegsvolk, ganz in Eisen gerüstet, und die Schwerter blitzten in der Sonne. Der Jüngling übergab dem Stallknecht sein dreibeiniges Pferd, bestieg das andere und ritt vor der Schar her.

Als er sich dem Schlachtfeld näherte, war schon ein großer Teil von des Königs Leuten gefallen, und es fehlte nicht viel, so mussten die übrigen weichen. Da jagte der Jüngling mit seiner eisernen Schar heran, fuhr wie ein Wetter über die Feinde und schlug alles nieder, was sich ihm widersetzte. Sie wollten fliehen, aber der Jüngling saß ihnen auf dem Nacken und ließ nicht ab, bis kein Mann mehr übrig war. Statt aber zu dem König zurückzukehren, führte er seine Schar auf Umwegen wieder zu dem Wald und rief den Eisenhans heraus. »Was verlangst du?«, fragte der wilde Mann. »Nimm dein Ross und deine Schar zurück und gib mir mein dreibeiniges Pferd wieder.« Es geschah alles, was er verlangte, und er ritt auf seinem dreibeinigen Pferd heim.

Als der König wieder in sein Schloss kam, ging ihm seine Tochter entgegen und wünschte ihm Glück zu seinem Sieg. »Ich war es nicht, der den Sieg davongetragen hat«, sprach er, »sondern ein fremder Ritter, der mir mit seiner Schar zu Hilfe kam.«

Die Tochter wollte wissen, wer dieser fremde Ritter sei, aber der König wusste es nicht und sagte: »Er hat die Feinde verfolgt, und ich habe ihn nicht wiedergesehen.« Sie erkundigte sich bei dem Gärtner nach seinem Jungen; der lachte und sprach: »Eben ist er auf seinem dreibeinigen Pferd heimgekommen, und die andern haben gespottet und gerufen: ›Da kommt unser Hunkepuus wieder an.‹ Sie fragten auch: ›Hinter welcher Hecke hast du derweil gelegen und geschlafen?‹ Er sprach aber: ›Ich habe das Beste getan, und ohne mich wäre es schlecht gegangen.‹ Da ward er noch mehr ausgelacht.«

Der König sprach zu seiner Tochter: »Ich will ein großes Fest ausrichten, das drei Tage währen soll, und du sollst einen goldenen Apfel werfen. Vielleicht kommt der Unbekannte herbei.« Als das Fest verkündet war, ging der Jüngling hinaus zu dem Wald und rief den Eisenhans. »Was verlangst du?«, fragte er. »Dass ich den goldenen Apfel der Königstochter fange.« – »Es ist so gut, als hättest du ihn schon«, sagte Eisenhans, »du sollst auch eine rote Rüstung dazu haben und auf einem stolzen Fuchs reiten.«

Als der Tag kam, sprengte der Jüngling heran, stellte sich unter die Ritter und ward von niemandem erkannt. Die Königstochter trat hervor und warf den Rittern einen goldenen Apfel zu, aber keiner fing ihn als er allein. Sobald er ihn hatte, jagte er davon. Am zweiten Tag hatte ihn Eisenhans als weißen Ritter ausgerüstet und ihm einen Schimmel gegeben. Abermals fing er allein den Apfel, verweilte aber keinen Augenblick, sondern jagte damit fort. Der König ward bös und sprach: »Das ist nicht erlaubt, er muss vor mir erscheinen und seinen Namen nennen.« Er gab den Befehl, wenn der Ritter, der den Apfel gefangen habe, sich wieder davonmache, so solle man ihm nachsetzen, und, wenn er nicht gutwillig zurückkehre, auf ihn hauen und stechen.

Am dritten Tag erhielt der Jüngling vom Eisenhans eine schwarze Rüstung und einen Rappen und fing wieder den Apfel. Als er aber damit fortjagte, verfolgten ihn die Leute des Königs, und einer kam ihm so nahe, dass er mit der Spitze des Schwerts ihm das Bein verwundete. Er entkam ihnen zwar, aber sein Pferd sprang so gewaltig, dass der Helm ihm vom Kopf fiel und sie sehen konnten, dass er goldene Haare hatte. Sie ritten zurück und meldeten dem König alles.

Am andern Tag fragte die Königstochter den Gärtner nach seinem Jungen. »Er arbeitet im Garten; der wunderliche Kauz ist auch bei dem Fest gewesen und erst gestern Abend wiedergekommen. Er hat meinen Kindern drei goldene Äpfel gezeigt, die er gewonnen hat.« Der König ließ ihn vor sich fordern, und er erschien und hatte wieder sein Hütchen auf dem Kopf. Da ging die Königstochter auf ihn zu und nahm es ihm ab, und schon fielen seine goldenen Haare über die Schultern, und er war so schön, dass alle staunten. »Bist du der Ritter gewesen, der jeden Tag zu dem Fest gekommen ist, immer in einer andern Rüstung, und der die drei goldenen Äpfel gefangen hat?«, fragte der König. »Ja«, antwortete er, »und da sind die Äpfel.« Er holte sie aus seiner Tasche und reichte sie dem König. »Wenn Ihr noch mehr Beweise verlangt, so könnt Ihr die Wunde betrachten, die mir Eure Leute geschlagen haben, als sie mich verfolgten. Aber ich bin auch der Ritter, der Euch zum Sieg über die Feinde verholfen hat.« – »Wenn du solche Taten verrichten kannst, so bist du kein Gärtnerjunge; sage mir, wer ist dein Vater?« – »Mein Vater ist ein mächtiger König, und Goldes habe ich die Fülle und so viel ich nur verlange.« – »Ich sehe wohl«, sprach der König, »ich bin dir Dank schuldig, kann ich dir etwas zu Gefallen tun?« – »Ja«, antwortete er, »das könnt Ihr wohl, gebt mir Eure Tochter zur Frau.« Da lachte die Jungfrau und sprach: »Der macht keine Umstände, aber ich habe schon an seinen goldenen Haaren gesehen, dass er kein Gärtnerjunge ist«, ging auf ihn zu und küsste ihn.

Zu der Vermählung kamen sein Vater und seine Mutter und waren in großer Freude, denn sie hatten schon alle Hoffnung aufgegeben, ihren lieben Sohn wiederzusehen. Und als sie an der Hochzeitstafel saßen, da schwieg auf einmal die Musik, die Türen gingen auf, und ein stolzer König trat herein mit großem Gefolge. Er ging auf den Jüngling zu, umarmte ihn und sprach: »Ich bin der Eisenhans und war in einen wilden Mann verwünscht, aber du hast mich erlöst. Alle Schätze, die ich besitze, sollen dein Eigentum sein.«

Der Vater des Jünglings, so viel ist von Anfang an klar, mag ein kultivierter, wohlhabender König sein, ein starker Mann ist er nicht. Seine Herrschaft ist halbiert. Über das Schloss und seine Untertanen herrscht er, aber nicht über den großen Wald. Dort, in der Stille und Einsamkeit, ist das Revier des wilden Mannes, des Eisenhans. Nur Adler und Habicht, Symbolträger der Männlichkeit, wagen sich über diese maskuline Seelenlandschaft. Wer den Wald aufsucht, der kommt nicht wieder, der ist offensichtlich für die feine, gesittete Welt der Zivilisation verloren. Der vermeintlich so mächtige König hat Angst vor diesem Wald.

Selbst als ihm ein Mann nach dem anderen dort verloren geht, warnt er den tapferen Jägersmann, der sich der Gefahr der Wildheit stellen will, mit den Worten: »Es ist nicht geheuer darin, ich fürchte, es geht dir nicht besser als den anderen und du kommst nicht wieder heraus.« Sich selbst dem Wald und damit dem Schatten des Unterbewusstseins, der verborgenen Männlichkeit, zu stellen, kommt dem König nicht in den Sinn. Er lässt andere ihre Haut zu Markte tragen. Dem kleinen Königssohn ist der Regent, so steht zu vermuten, ein schwacher Vater, der längst die kühnen Seiten seiner Männlichkeit abgespalten hat.

Mit dem Jäger begegnen wir dem ersten starken Mann in unserer Geschichte. Er lässt sich nicht ins Bockshorn jagen. Auch als der Eisenhans den Hund in den tiefen Pfuhl zieht, gibt der Jäger nicht auf. Es geht um Männlichkeit. Also holt er sich die Hilfe von Männern. Die müssen in einem mühseligen Prozess das Wasser mit Eimern ausschöpfen. Als sie auf den Grund sehen können, entdecken sie etwas, was selbst gestandenen Männern Angst einflößt: »So lag da ein wilder Mann, braun am Leib, wie rostiges Eisen, und die Haare hingen ihm über das Gesicht bis zu den Knien.« Halten wir fest: Dieser Mann ist nicht höfisch blass, sondern braungebrannt von der Sonne des freien Lebens. Er gemahnt an Eisen. Er ist von Kopf bis Fuß mit Haaren bedeckt, was wohl seine Instinkthaftigkeit, Sexualität und Unverbildetheit symbolisieren soll – also genau das, was wir heutigen Männer und »sympathischen Schwiegersöhne« unter unseren Boss-Jacken, Krawatten und Porsche-Sonnenbrillen oft verstecken. Wir denken gar nicht daran, den Tümpel der Männlichkeit auszuschöpfen.

Der haarige Mann flößt seiner Umgebung Furcht ein. Prompt fesseln ihn der Jäger und seine Gehilfen. Sie schleppen ihn zum Sitz der Obrigkeit, ins Schloss. Selbst der Jägersmann kommt nicht auf die Idee, mit dem Wilden Mann, der ja, wie wir später erfahren, reden kann, über sein Wesen und sein Streben zu sprechen. Das könnte ja gefährlich werden. Das könnte ja die Identität des modernen, zahmen Mannes ins Wackeln bringen. Da ist es immer einfacher, so einen Störenfried, so eine Verkörperung provokatorischer Männlichkeit bei den

Behörden zu denunzieren. Das Fremde macht uns immer Angst, weil es neu ist, weil es unsere bisherige Identität infrage stellt – also werfen wir es vorbeugend in Fesseln, wie es die Zwerge mit Swifts Gulliver taten.

Robert Bly sagt in seinem schönen Männerbuch ›Der Eisenhans‹, dem ich dankbar verpflichtet bin: »Der Kontakt mit dem Eisenhans erfordert die Bereitschaft, in die männliche Psyche hinabzusteigen und zu akzeptieren, was dort im Dunkeln schlummert, auch die nährende Dunkelheit. Seit nunmehr Generationen warnt die Industriegesellschaft ihre jungen Geschäftsleute davor, dem Eisenhans zu nahe zu kommen, und die christliche Kirche mag ihn auch nicht besonders. Sigmund Freud, C. G. Jung und Wilhelm Reich hatten als Seelenforscher den Mut, in den Tümpel hinabzusteigen und zu akzeptieren, was sie dort fanden. Aufgabe der heutigen Männer ist es, ihnen in die Tiefe zu folgen.«

Auf dem Schlosshof wird der Wilde Mann in den Käfig gesteckt. Er wird eingekerkert und dem Gelächter der kompakten Majorität der Gedankenlosen ausgesetzt. Immerhin, er ist jetzt sichtbar. Was sichtbar ist, das müssen wir früher oder später sehen. Jede Verdrängung hat einmal ein Ende. Was wir, mit welchen Schutzmaßnahmen auch immer, in unserer Nähe dulden, das ergreift uns auf die Dauer. »Man kann nicht Nichtbeziehung haben«, wie der Psychologe Paul Watzlawick in seiner berühmt gewordenen Formulierung sagt. Der Königssohn macht diese Erfahrung. Er spielt, wohl nicht zufällig, auf dem Schlosshof, immer am Käfig entlang, und bei dem Spiel fällt sein goldener Ball in den Käfig. Der Knabe ist, alle Anzeichen deuten darauf hin, ein überbehütetes Einzelkind. Er ist fassungslos, als er seinen Ball verliert.

Was macht den goldenen Ball so unersetzlich wertvoll? Ein König, so sollte man denken, verfügt in seiner Schatzkammer über eine Fülle goldenes Spielzeug. Doch im Märchen hat jedes Requisit seine Bedeutung. Wir kennen das Symbol der goldenen Kugel aus dem Märchen ›Der Froschkönig‹. Dort ist es die schöne Königstochter, die den goldenen Ball verliert, daraufhin herzzerreißend weint, ihn von dem Frosch-Mann heraufholen lässt und damit in eine dramatische »Beziehungskiste« gerät, an deren Ende sie ihre depressive Weinerlichkeit ablegt, den erpresserischen und infantilen Mann an die Wand klatscht und sich damit einen tollen Typen erzieht. Dort wie hier symbolisiert die goldene Kugel das runde Lebensganze, die Stimmigkeit einer glückhaften kindlichen Lebensphase.

Dieses Lebensganze rollt uns jedoch immer wieder fort, wir müssen es suchen und es auf einer neuen Individuationsstufe finden. Bei beiden Märchenhelden steht der Übergang von der Welt der Kindheit zur Stufe der Adoleszenz, des Erwachsenseins und der Geschlechtsidentität, an. Der Knabe wird, das zeigt der Zwischenfall mit dem Ball, von der ruppigen, kraftvollen Natur des Eisenhans geheimnisvoll angezogen. Er sucht unbewusst Kontakt mit ihm. Man kann annehmen, dass er den Ball nicht ganz zufällig zwischen die Gitterstangen des Käfigs gekickt hat – das Unterbewusstsein spielt uns solche Streiche ...

Der Knabe macht nun das, was wir alle tun, wenn wir vor dem Neuen stehen. Wir wollen das Neue, aber zugleich fürchten wir uns, das Vertraute in unserem Leben zu verlieren. »Wasch mir den Pelz«, bitten wir das Schicksal, »aber mach mich nicht nass.« – »Gib mir meinen Ball heraus«, jammert der Knabe, aber auf das Neue, nämlich dem Wilden Mann die Tür aufzumachen und sich ungeschützt seiner Nähe auszusetzen, lässt er sich nicht ein. Er versteckt sich hinter der Autorität des Vaters. Warum der Vater den Kontakt mit dem Eisenhans verboten hat, das fragt der Knabe sich nicht. Insofern ist dieses Verbot eine neurotische Weisung und unbedingt übertretungswürdig. »Jedes Verbot«, sagt Nietzsche in ›Der Wille zur Macht‹, »verschlechtert den Charakter bei denen, die sich ihm nicht willentlich, sondern gezwungen unterwerfen.«

Das Drama um den Verbotsübertritt geht über drei Runden, im Leben eines Mannes wohl über Jahre hinweg. Der Junge hat Knochenangst, die Tür zum Wilden Mann zu öffnen. Dann wird der junge Mann von seinem Lebenswiderspruch überwältigt. »Wenn ich auch wollte«, klagt er, »ich kann die Türe nicht öffnen, ich habe den Schlüssel nicht.« Exakt so ist es. Wir Männer müssen uns auf die Suche nach dem Schlüssel zu unserer Männlichkeit machen. Mannwerden ist – wie Frauwerden – kein Spaziergang. Schon gar nicht geht es ohne Widersprüche und Blessuren ab.

Der Wilde Mann spricht die grausame Wahrheit über den Schlüssel zur Männlichkeit aus: »Er liegt unter dem Kopfkissen deiner Mutter, da kannst du ihn holen.« Weder der goldene Ball der Lebensganzheit noch der Schlüssel zur Männlichkeit sind im Reich der Mütterlichkeit zu finden. Ganz im Gegenteil, auch die liebste Mutter der Welt kann dem Jungen nicht Männlichkeit vermitteln. Gerade sie ist es ja, die erste unendlich Geliebte des Lebens, die der Junge verlassen muss. Es ist dies, psychoanalytisch gesprochen, die schmerzhafteste Abnabelung im Leben eines Mannes.

Im Unterschied zu einem Mädchen muss jeder Junge sich, koste es, was es wolle, von der Mutter ablösen. Er muss konträre, männliche Qualitäten entwickeln, er muss sich auf die andere, männliche Seite der Geschlechterbarrikade begeben. Denn er darf nicht an Mutters Rockzipfel hängen bleiben, er darf kein Mutter-Sohn bleiben, er muss ein Mann werden. Er muss, zunächst einmal, die geliebten weiblichen Qualitäten seiner Mutter negieren.

Die französische Psychologin Elisabeth Badinter registriert in ihrem einschlägigen Werk ›Die Identität des Mannes‹: »Das, was die Eigentümlichkeit der männlichen Identität ausmacht (im Gegensatz zur weiblichen), hat seine Wurzeln in der Phase der Differenzierung vom mütterlich Weiblichen ... Ähnlichkeit und Solidarität der Männer konstituieren sich mittels einer

Distanzierung von den Frauen, und zwar zunächst von der ersten unter ihnen, der Mutter.« Erst wenn der Mann sich in einem schöpferischen, psychologischen Akt als männlichen Gegenentwurf zur Frau leiblich-seelisch konstituiert hat, wenn seine maskulinen Konturen fest geworden sind, kann er sich, auf einer höheren Ebene, erneut dem Weiblichen zuwenden und sich das aneignen, was C. G. Jung die »anima«, die weibliche Seele im Mann, nennt.

Der junge Mann muss erst einmal entdecken, dass seine eigene Männlichkeit noch in einem Käfig eingesperrt ist. Wenn er das begriffen hat, muss er vor den Käfig treten und seine Männlichkeit einfordern. Schlimmer noch: Er muss, gut freudianisch, den Schlüssel unter dem Kopfkissen seiner Mutter stehlen. Denn die Mutter rückt ihn nicht freiwillig heraus. Welche Mutter möchte ihren kleinen Schmusejungen verlieren? Der Junge muss ausziehen aus dem Haus der Mutter in die Welt der Männer, in die Jugendclique, in die Disco, in die Mopedgruppe, in den Fußballverein, in die vielfältigen Initiationen der Mannwerdung durch Männer. Als Mann werde ich durch Männer zum Mann, als Frau durch Frauen zur Frau. Unsere zweite, seelische, Geburt zum Mann geschieht durch Männer.

Das Dilemma ist: Mütter wollen ihren kleinen Jungen nicht verlieren. Väter wiederum sind oft psychisch abwesende Väter. Robert Bly: »Sobald die Büroarbeit und das ›Informationszeitalter‹ dominieren, löst sich das Vater-Sohn-Band auf. Wenn der Vater nur abends ein oder zwei Stunden im Haus ist, dann sind die weiblichen Werte, so wunderbar sie auch sein mögen, die einzigen im Haus. Man könnte fast sagen, dass der Vater heutzutage seinen Sohn fünf Minuten nach dessen Geburt verliert.«

Trennungsarbeit ist also fällig, manche von uns Männern brauchen dazu ein halbes Leben. Unser Knabe schafft es beim dritten Anlauf. Die neue Lebensphase ängstigt ihn: »Die Türe ging schwer auf, und der Knabe klemmte sich den Finger ein.« Ohne Schmerzen und Verletzungen gehen Initiationen nicht ab. Vor allem haben wir Angst, die Liebe unserer Eltern zu verlieren: »Ach, Wilder Mann, gehe nicht fort, sonst bekomme ich Schläge.« Aber es ist so, wie Nietzsche in ›Die Unschuld des Werdens‹ erkennt: »Wenn ihr frei werden wollt, muss euch die Stunde kommen, wo ihr von eueren Liebsten flieht.«

Der Knabe eilt mit dem Wilden Mann »mit schnellen Schritten« in den Wald. Die Eltern des Knaben sind untröstlich. Sie schicken Leute nach ihm aus. Erfolglos. Wie alle Eltern empfinden sie große Trauer über die Ablösung. Ihre Trauer ist zugleich richtig und falsch. Richtig ist sie, weil sie tatsächlich ihren Sohn als Kind ein für allemal verloren haben. Er wird nie als Kind zurückkehren. Dafür wird ein kostbares anderes Wesen eines Tages vor der Tür stehen, nämlich ein Erwachsener. Es ist so wie bei der Ablösung von Hänschenklein: »Doch die Mutter weinet sehr, hat ja nun kein Hänschen mehr.« Als der große Hans zurückkehrt, braungebrannt und mit männlichen Zügen, da erkennt ihn, wie wir aus dem Lied wissen, die eigene Schwester nicht mehr...

Im Wald ist unser Novize der Männlichkeit Gast des Wilden Mannes. »Schätze und Gold habe ich genug und mehr als jemand in der Welt«, verspricht der ihm: »Wenn du alles tust, was ich dir sage, so sollst du's gut haben.« Statt auf dem Himmelbett im Schloss schläft der Schüler der Männlichkeit auf einem Lager von Moos, also in inniger Verbindung mit den Kräften der Natur.

Die neue Entwicklung steckt voll inneren Reichtums. Wäre der Junge im Schoß der Eltern und der mütterlichen Fürsorge geblieben, wäre er, so belehrt uns das Märchen, innerlich verarmt. Der Weg der Mannwerdung führt von den Frauen weg. Er führt über das Alleinsein. Wir müssen zunächst unsere männliche Individualität gegen die Frau aufbauen, aus der wir selbst stammen.

Der Wilde Mann führt den Jungen in die Initiation, zu dem heiligen Wasser des Brunnens. Ohne die Feinheiten der Märchenschilderung auszuschöpfen, muss man hier von dem Ort der Inspiration und der Spiritualität, des Rückzugs und der Selbstfindung sprechen. In den Jahren der Selbstfindung, die meist Krisenjahre sind, schauen wir in den Spiegel unseres Ich. Es ist ein zauberischer Spiegel voll goldener Fische und goldener Schlangen, voller Tagträume und Zukunftsvisionen. Im Spiegel erblicken wir nicht nur unser noch so unfertiges Selbst, sondern auch unsere Schattenpersönlichkeit (C. G. Jung), die nicht gelebte Hälfte, die verborgene Entwicklungsseite unserer Persönlichkeit. Das, was aus uns werden kann: den vergoldeten Finger, die goldenen Haare.

Es ist eine Zeit der Innenschau, oft der obsessiven Lektüre, der musikalischen und musischen Räusche und nächtelangen Diskussionen. Zwischen Größenfantasien und Suizidvorstellungen kreisen wir um unser Ich. Wir ringen um Religion oder Revolution, um Weltpessimismus oder Optimismus, um Reinkarnation oder Existenzialismus. Daher ist es nicht die Frage, ob wir die Prüfungen unserer initiatorischen Neugeburt glanzvoll bestehen, sondern ob wir sie radikal annehmen, nach dem faustischen Motto: »Wer immer strebend sich bemüht, den können wir erlösen.«

Dass wir leiden an uns und an der Welt, das macht uns sensibel, das macht uns zu Menschen. Dass wir die Sehnsucht nach dem heiligen Brunnen der Lebenswahrheit in uns zulassen, das macht uns kostbar. Natürlich haben wir inzwischen begriffen, dass der Wilde Mann kein Barbar ist, sondern einer der Hüter der heiligen Quelle, ein geduldiger Lehrer der introvertierten wie der extravertierten Männlichkeit. Denn er ist dem Jungen nicht eigentlich böse, als dieser die spirituellen Prüfungen nicht besteht, sondern sich als ungeduldig und noch unachtsam erweist. Er schickt ihn in die Welt, damit er dort die männlichen Prüfungen der Reife besteht.

Der Königssohn hat sich für seinen Gang in die Welt gleichsam einen neuen Vater adoptiert. Das sollten wir tun, wenn der eigene Vater uns nicht zu nähren wusste. Als ich einmal in einer Männerselbsterfahrungsgruppe den Teilnehmern vorschlug, auf einem Zettel in einem Satz ihren Vater zu charakterisieren, stießen wir bis auf zwei Ausnahmen (»Mein Vater war liebevoll.« – »Mein Vater war sonnig und voller Witz.«) auf verheerende Aussagen: »Mein Vater schlug mich oft.« – »Mein Vater hatte kein eigentliches Interesse an mir.« – »Mein Vater wollte nur Leistungen von mir sehen.« – »Mein Vater erzog mich dazu, keine Gefühle zu zeigen.« – »Wenn ich weinte, schimpfte Vater.« – »Mein Vater war grob und immer darauf aus, eine Schwäche von mir zu entdecken.« – »Vater war zwar da, aber er verzog sich immer hinter die Zeitung oder vor die Glotze.« – »Nach der Scheidung verpisste sich mein Alter, zahlte wenig und kümmerte sich nicht um uns.«

Der »erste Mann« in unserem Leben schmust oft nicht mit uns, er erzählt nichts von sich, er trocknet nicht unsere Kleine-Jungen-Tränen, er klärt uns in der Pubertät nicht auf. Er ist maulfaul, verschlossen, er lebt uns Härte oder emotionale Distanz vor. Unsere Sehnsucht nach einem guten Vater ist unermesslich groß. Da sie so groß ist, schotten wir uns vor jedem Mann ab. Kein Mann soll uns wieder so verletzen dürfen. Damit erfahren wir auch nicht, was wahre Männlichkeit sein kann. Robert Bly: »Letztlich muss ein Mann alles, was ihm eingetrichtert wurde, über Bord werfen und selbst herausfinden, was der Vater ist und was Männlichkeit bedeutet.«

Wie der Königssohn sich den Wilden Mann als Mentor versichert, so kann man sich einen Vater »adoptieren«. Onkel, Arbeitskollegen, ältere Freunde, ein »Doktor-Vater« (wie in meinem Fall) bieten sich an. Ein Guter-Vater-Archetyp kann die Verletzungen des Elternhauses heilen. Nietzsche sagt in ›Menschliches, Allzumenschliches‹: »Wenn man keinen guten Vater hat, soll man sich einen anschaffen.« Man kann sich aber auch einfach selbst gut »bevatern« lernen.

Da geht nun unser Königssohn, wie jeder von uns, »über

gebahnte und ungebahnte Wege immerzu«. Er sucht Arbeit, das will sagen: einen Platz im Leben. Er muss seinen Nutzen und seine Aufgabe finden. Die Welt wartet nicht einfach auf ihn, er muss sich schon bemerkbar machen. Der Königssohn erscheint lebensuntüchtig, linkisch. Tatsächlich aber hat er ein großes Kapital in sich: sein warmes Herz, seine Geradlinigkeit, sein unverdrossenes Suchen. Das verschafft ihm Sympathie: »Die Hofleute wussten nicht, wozu sie ihn brauchen konnten, aber sie hatten Wohlgefallen an ihm und ließen ihn bleiben.« Unsere Persönlichkeit und unsere »emotionale Intelligenz«, um ein psychologisches Schlagwort dieser Tage zu benutzen, bilden ein enormes Startkapital, das wir, ganz auf Examina und Prüfungsnachweise fixiert, oft unterschätzen.

Unser junger Mann im Märchen kommt beim königlichen Koch in Dienst; er soll »Holz und Wasser tragen und die Asche zusammenkehren«. Das wird von den Märcheninterpreten meist als der notwendige Durchgang durch ein Aschenputtel-Dasein gedeutet. Heißt es nicht etwas ganz anderes? Nämlich dass wir Männer uns mit der weiblichen Seite des Lebens identifizieren lernen müssen, mit dem Nährenden, mit der Hege und Pflege, der Unterhaltung des Feuers, dem Kochen und der traditionell weiblichen Fürsorge für das Leben der anderen und mit der Pflege unseres Selbst?

Wie viele von uns Männern, Hand aufs Herz, können heute schon kochen, bügeln oder auch nur eine simple Waschmaschine bedienen? Wie viele von uns lassen, wenn die Frau in Kur ist, die Wohnung verkommen! Wie wenig haben wir es gelernt, in regelmäßigem Turnus das Bett abzuziehen, die Vorhänge abzuhängen und zu waschen, das Klo zu putzen, ein Kind zu versorgen oder eine alte Mutter, einen alten Vater zu pflegen!

Diese Hege und Pflege lernt der Königssohn, und zwar über Jahre hinweg. Er ist sich nicht zu gut für diese Arbeit, er beklagt sich nicht, er hat Freude an seinen neuen Fertigkeiten. Ja, nach seiner ersten Enttarnung lernt er »im Garten pflanzen und gießen, hacken und graben und Wind und böses Wetter über sich ergehen zu lassen«. Hier bekommt das Märchen fast ökologische Züge. Anstatt die Natur zu zerstören und sich in eine kalte Sachwelt der Maschinen zu flüchten, wird dieser Mann ein Hüter und Freund der Natur.

Bei dieser Förderung der Natur kultiviert unser Mann im Märchen wohl auch seine Seele. Dabei verliert er seine Wildheit nicht, wie die erste Episode mit der Königstochter zeigt. Er sucht nämlich nicht die schönsten und seltensten Zuchtblumen aus, sondern bringt ihr wilde Feldblumen: die Geschenke seiner eigenen wilden Männlichkeit. »Ach nein«, antwortet der Junge auf die Vorhaltungen des Gärtners, »die wilden riechen kräftiger und werden ihr besser gefallen.« Er hat keine Scheu vor der Königstochter, er macht sie nicht zum Püppchen. Er respektiert sie als eine Wilde Frau, als »Wolfsfrau«. Jetzt wird er auch liebesfähig. Er will nicht die Dukaten der Königstochter, er will die Frau. Aber noch ist es nicht so weit. Noch steht er vor der Aufgabe, ein Mann zu werden.

Ein Mann zu werden bedeutet, neben der Aneignung des Weiblichen, im eigenen Charakter auch scharfe männliche Konturen zu entwickeln. Die Welt ist eine Herausforderung, sie ist eine Auseinandersetzung, die bestanden werden will. Das Königreich ist überfallen worden, heißt es im Märchen. Ist es nicht unsere Psyche, die überfallen wird?

Ist es daher nicht unsere Aufgabe, die Invasion abzuwehren, unser eigenes Territorium wehrhaft zu besetzen und zu verteidigen, im Beruf unseren Mann zu stehen, das Nein in Arbeits- und Liebesbeziehungen zu lernen? Ist das nicht die Stunde, in der wir akzeptieren, dass wir in der Welt nicht nur Freunde, sondern auch Feinde haben? Ist es nicht auch die schmerzhafte Erkenntnis, dass die schlimmsten Feinde, die Feigheit, das Zögern, die Wehleidigkeit, in uns selbst sitzen?

Der Königssohn stellt sich dem Kampf mit der Welt und mit sich selbst. Wie die meisten Männer ist er dazu schlecht ausgerüstet. Das Pferd seiner Wehrhaftigkeit ist dreibeinig und hinkt. Aber er lässt sich nicht entmutigen. Das Pferd seiner animalischen Triebe, Instinkte und Energien ist offensichtlich auf dem Weg ins Leben atrophiert, schwach geworden. Nun fordert der Königssohn vom Wilden Mann, also von der schlummernden Männlichkeit in sich selbst, ein starkes Pferd. Er bekommt es. Indem er sich männlich engagiert, wird er männlich. Seine Rüstungen für den Kampf mit der Welt sind abwechselnd rot, weiß und schwarz. Das Rot mag für die Wut, für die konstruktive Aggression stehen. Das Weiß symbolisiert den Kampf für das Gute, so, wie der heilige Georg eine weiße Rüstung trug und auf einem Schimmel ritt, als er den Drachen erschlug. Die schwarze Rüstung mag die Akzeptanz der dunklen Teile seines männlichen Ichs versinnbildlichen.

Bei diesem Lebenskampf bleibt unser wundervoll tatkräftiger Mann nicht unverwundet. Ein Schwert verletzt sein Bein. Er entkommt jedoch und er siegt über seine Widersacher. Er prahlt nicht mit seinen Erfolgen. Er wird durch die Verlässlichkeit seiner Siege positiv geformt. Er entdeckt, wie Robert Bly analysiert, seinen »emotionalen Körper«, seine Verbundenheit mit der Wilden Frau und seine machtvolle männliche Geschlechtlichkeit. Damit wehrt er sich auch gegen die folgenschwere sexualneurotische Deformation durch die Amtskirchen.

Robert Bly gibt zu bedenken: »Als die Kirche all die Götter dem Vergessen anheim gab, die für das göttliche Element in der männlichen Sexualität standen, Pan, Dionysos, Hermes, der ›Wilde Mann‹, haben wir als Männer sehr viel verloren. Die mittelalterlich-abendländische Vorstellungswelt hat den Gebieter der Tiere oder Wilden Mann nicht zum hoch entwickelten Schiva oder Dionysos gemacht, und die erotische Energie der Männer verlor ihre Fähigkeit, die nächste Oktave zu erreichen, um es in der Sprache der Musik auszudrücken.«

Bly kommt zu dem Schluss: »Wir haben uns daran gewöhnt,

den Wilden Mann als nass, feucht, waldig, unwissend und laubbedeckt zu sehen, und plötzlich steht er in Verbindung mit dem heiligen Intellekt und dem Leuchten der Sonne – er ist ein König. Die im Wasser verborgene, dunkle Energie, die auf dem Rücken im Schilf liegt, wird zu einer leuchtenden Macht. Vor unseren Augen öffnen sich die großen Türen des Hochzeitssaales und ein prunkvoller König tritt herein, mit großem, hochherrschaftlichem Gefolge.«

Der Königssohn hat es geschafft, sich selbst zu entdecken und seine Männlichkeit zu leben. Er hängt auch nicht, im Gegensatz zu den meisten Männern, an der »Droge Frau« wie ein Junkie an der Nadel. Er ist Männern und Frauen gleichermaßen verbunden, er ist vielseitig beziehungsfähig und damit zwar nicht total unabhängig, aber auch nicht neurotisch abhängig. Positiv abgelöst von der Mutter, hat er männliches Leistungsvermögen, Fantasie, die bubenhafte Freude an Streichen, Schabernack und Allotria, männliche Zähigkeit, Tiefe, Väterlichkeit und Großzügigkeit entwickelt.

Er hat aber zugleich auch das System der einseitigen Männerherrschaft verlassen. Der Psychotherapeut Karlfried Graf Dürckheim kritisierte diese maskuline Diktatur mit den Worten: »Die westliche Kultur ist eine Kultur des männlichen Geistes. Die einseitige Entwicklung und Bezeugung männlicher Gaben bedeutet zugleich die Vernachlässigung, wenn nicht Unterdrückung der weiblichen Potenziale... Wo der Mensch mehr oder weniger nur um seiner Leistung willen gewürdigt wird, die objektiv feststellbare und messbare Resultate zeitigt, wird die Welt des Gemüts, der inneren Gestimmtheit, der Gefühle verdrängt.«

Der Mann, der durch die Schule des Eisenhans gegangen ist, überwindet den Männlichkeitswahn von Aggressivität, Gefühlsstau und technologischer Omnipotenzfantasie, der unseren schönen blauen Planeten so gefährlich bedroht. Er hält es mit Goethes Maxime: »Ein Mann, der Tränen streng entwöhnt,/Mag sich ein Held erscheinen,/Doch wenn's im Innern sehnt und dröhnt,/Geb ihm ein Gott – zu weinen.«

Der – vielleicht auch in Therapieerfahrungen gereifte – neue Mann leistet die Veränderungsarbeit an partriarchalischen Strukturen im Manne und seinen Beziehungen. Er entfaltet humane Energie, Witz, Einfallsreichtum und liebende Verbundenheit mit Menschen und Arbeit. Er entrinnt der negativen Dressur zur Männlichkeit, die Walter Hollstein so beschreibt: »Die Sozialisation des Knaben ist der harte Weg zu Leistung und Konkurrenz, auf dem die Freundschaften zurückbleiben müssen. Nur der Einzelkämpfer kann siegen. So sind Männer im Tiefsten allein; nur eine kleine Minorität hat ein soziales Netz von Freunden. Irgendwann gerät der einsame Wolf in die ›Fänge‹ einer Frau. Nun ist er nicht mehr allein. Er bindet sein Leben, seine Gefühle, seine Hoffnungen und seine geheimen Ängste an die Partnerin, wie er dies alles einst an seine Mutter gebunden hatte. Der Wiederholungszwang ist stark. Diese Abhängigkeit lässt Männer nicht nur delegieren, sondern auch regredieren; sie sind – ob in der Fantasie oder real – ohne Partnerin nicht mehr lebensfähig.«

Erfüllte Mannwerdung ist, wie das Märchen ›Eisenhans‹ zeigt, nicht in einem Schnellkurs »Wilde Männer« im Waldcamp mit Schwitzhütte zu leisten. Wir brauchen dazu, wie ich in meinem Buch ›Reine Männersache‹ ausführlich dargestellt habe, radikale Offenheit und jahrelange Arbeit an uns und unseren Beziehungsstrukturen.

Wir müssen dafür jene Geduld aufwenden, die wir sonst nur für unsere berufliche Karriere zu investieren bereit sind. »Das größte unterentwickelte Land der Welt«, sagt der amerikanische Theologe Sam Keen in seinem schönen Männerbuch ›Feuer im Bauch‹, »liegt in der Psyche erfolgreicher Männer.« Sam Keen wörtlich: »Wenn Männer, die ihre entscheidenden Jahre mit lauter nach außen gerichteten Aktivitäten verbracht haben, zum ersten Mal den Blick in ihr Inneres lenken, in das Unbekannte, ihre Seele, dann stoßen sie sehr bald auf eine große Leere – ein ödes, weites Nichts.«

Wie wäre es, dieses Nichts zu füllen? Brauchen wir dazu immer noch das Nörgeln und Drängen unserer Frauen? Oder ist es für uns »emotionale Sparschweine« Zeit, endlich die Sache der Männlichkeit selbst anzupacken? In meinem Buch ›Reine Männersache‹ gebe ich dazu lustvolle Anstöße und Provokationen.

Nach seiner physischen Geburt muss der Mensch einen kontinuierlichen Geburtsprozess über sich ergehen lassen. Die Trennung vom Mutterleib ist die erste Phase dieser Geburt, die von der Mutterbrust die zweite, die aus ihren Armen die dritte. Danach kann der Geburtsprozess zum Halten kommen. Der Mensch kann sich zu einem sozial angepassten und brauchbaren Mitglied der Gesellschaft entwickeln und dennoch geistig tot geboren sein. Wenn er sich zu dem entwickeln soll, was er potenziell als menschliches Wesen ist, dann muss er immer von neuem geboren werden ... Er muss von einem Akt der Loslösung und Trennung zum nächsten voranschreiten. Er muss Gewissheit und Geborgenheit aufgeben und den Sprung in den Akt des Vertrauens, des Betroffenseins und der Liebe wagen.

Erich Fromm: Der Mensch ist kein Ding

Der neurotische Laternenanzünder

Ein Mann sitzt im Bummelzug. Bei jeder Station steckt er den Kopf zum Fenster hinaus, liest den Ortsnamen und stöhnt. Nach einigen Stationen fragt ihn sein Gegenüber besorgt: »Tut Ihnen etwas weh? Was ist los?« Da antwortet der Mann: »Eigentlich müsste ich aussteigen. Ich fahre dauernd in die falsche Richtung. Aber hier drin ist es so schön warm.«

Warum fällt mir nichts schwerer, als den Mut zum Ich zu finden? Schließlich geht es doch um mein Wohlergehen und meinen ureigenen Willen. Was steckt in mir, dass ich mich gegen meine eigenen Interessen so verbiegen lasse?

Antoine de Saint-Exupéry beschreibt in seinem philosophisch-erzählerischen Welterfolg ›Der kleine Prinz‹ meisterhaft das Drama des inneren Zwanges in einer anekdotischen Parabel. Ich habe das in meinem Buch ›Der kleine Prinz in uns‹ ausführlich dargestellt.

Der kleine Prinz macht sich auf den Weg über die Planeten seines Sonnensystems. Der fünfte Planet erweist sich als sehr sonderbar. Er ist der kleinste von allen, gerade groß genug, um einer Straßenlaterne und einem Laternenanzünder Platz zu bieten. Unserem kosmischen Besucher kommt die Sache von Anfang an nicht ganz geheuer vor: »Der kleine Prinz konnte sich nicht erklären, wozu man irgendwo im Himmel, auf einem Planeten ohne Haus und ohne Bewohner eine Straßenlaterne und einen Laternenanzünder braucht.«

Aber es kommt noch seltsamer. Der kleine Prinz fragt den Laternenanzünder, warum er seine Laterne eben ausgelöscht habe. »Ich habe die Weisung«, antwortete der Laternenanzünder, »die Weisung, meine Laterne auszulöschen.« Im gleichen Moment zündet er sie wieder an. Fragt der kleine Prinz: »Aber warum hast du sie soeben wieder angezündet?« Antwortet der Anzünder: »Das ist die Weisung.« Dem kleinen Prinzen geht es wie uns. Er versteht das Hin und Her nicht. »Da ist nichts zu verstehen«, kommentiert der Anzünder, »die Weisung ist eben die Weisung.« Und er löscht seine Laterne wieder aus. Es kann doch nicht sinnvoll sein, sein Leben damit zu verbringen, im Minutentakt eine Laterne auszulöschen und wieder anzuzünden, denkt der kleine Prinz, der ein unverbildetes Herz besitzt und sich von keiner Autorität einschüchtern lässt. Er hakt nach.

Der Laternenanzünder enthüllt ihm sein Geheimnis: »Ich tue da einen schrecklichen Dienst. Früher ging es vernünftig zu. Ich löschte am Morgen aus und zündete am Abend an. Den Rest des Tages hatte ich zum Ausruhen und den Rest der Nacht zum Schlafen ... Der Planet hat sich von Jahr zu Jahr schneller und schneller gedreht und die Weisung ist die Gleiche geblieben ... Und jetzt, da er in der Minute eine Umdrehung macht, habe ich nicht mehr eine Sekunde Ruhe. Jede Minute zünde ich einmal an, lösche ich einmal aus!«

Was für ein Wahnsinn! Dem Mann kann doch geholfen werden. Der kleine Prinz springt seinem Gastgeber mit einem klugen Rat bei. Guter Dialektiker, der er ist, meint er: »Man kann treu und faul zugleich sein.« Und er schlägt vor: »Dein Planet ist so klein, dass du mit drei Sprüngen herumkommst. Du musst nur langsam genug gehen, um immer in der Sonne zu bleiben. Willst du dich ausruhen, dann gehst du ..., und der Tag wird so lange dauern, wie du willst.« Antwortet der neurotische Laternenanzünder: »Das hat nicht viel Witz, was ich im Leben liebe, ist der Schlaf.« – »Dann ist es aussichtslos«, meint der kleine Prinz. »Aussichtslos«, sagt der Anzünder.

Der kleine Prinz stößt einen Seufzer des Bedauerns aus und sagt sich: »Der ist der Einzige, den ich zu meinem Freund hätte machen können. Aber sein Planet ist wirklich zu klein. Es ist nicht Platz für zwei ...« Tatsächlich trauert der kleine Prinz nicht nur dem Laternenanzünder, sondern auch diesem gesegneten Planeten nach, »besonders der tausendvierhundertvierzig Sonnenuntergänge wegen, in vierundzwanzig Stunden!«

Der neurotische Laternenanzünder symbolisiert, so scheint mir, den Zwanghaften in uns, den Anankasten. Was für eine hübsche kleine Welt hätte er doch, wenn er sie zu genießen verstünde: Tausendvierhundertvierzig Sonnenuntergänge und noch mal tausendvierhundertvierzig Sonnenaufgänge an einem einzigen Tag! Wer hat ihm eigentlich die Weisung gegeben? Wer hat diese Weisung, als sie längst unsinnig wurde, nicht korrigiert? Der Laternenanzünder weiß es nicht mehr. Er hat es vergessen. Aber er folgt gedankenlos dem Wortsinn dieser uralten neurotischen Weisung. »Dienst ist Dienst«, denkt unser Mann, »ich lebe, um zu arbeiten«, »Pflicht ist Pflicht«, »Morgenstund' hat Gold im Mund« …

Nicht eine Minute gönnt dieser Neurotiker der Pflicht sich, einmal innezuhalten und über die sinnlos gewordene Dienstvorschrift nachzudenken. Längst ist sein Leben zur Marter geworden. Er trocknet sich unablässig die Stirn mit seinem rotkarierten Taschentuch. Ja, er empfindet seine Arbeit ausdrücklich als einen schrecklichen Dienst. Er weiß sogar, dass diese Arbeit und Lebenseinstellung früher vernünftig war. (»Ich löschte am Morgen aus und zündete am Abend an.«)

Der Mann wagt nicht mehr die Frage nach dem Sinn seines Tuns und Seins zu stellen. Er ist unbelehrbar, unfähig zur Wandlung, ein Arbeitssüchtiger wie so viele Männer heute. Sein Ich ist erfüllt von der sturen Befolgung einer anachronistisch gewordenen Weisung. Er pervertiert Treue und Pflicht. Wie unter einem hypnotischen Zwang verfolgt er ein längst sinnlos gewordenes Ziel. Er lebt nicht, er wird gelebt. Er ist das Opfer seiner Umstände. Seine hohe Fähigkeit zu Engagement und hinreißender Verlässlichkeit stellt er in den Dienst einer falschen Sache. In der Unrast seiner sinnentleerten Arbeit verliert er die Sonne und Poesie seines Planeten.

Was fast noch schlimmer ist: Mit seinem monotonen Jammern und Schuften lässt der Laternenanzünder den Planeten seiner Seele zusammenschrumpfen. Es ist nicht Platz für zwei.

Er bleibt einsam im Teufelskreis seiner wirren Geschäftigkeit. Was er im Leben liebt, bekennt der Neurotiker, das sei einzig der Schlaf. Er meint dabei seine Schläfrigkeit. Nur ja nichts anpacken! Nur ja nicht aus dem psychodynamischen Sumpf des verrotteten alten Lebens aufbrechen und das Neue wagen! Nur ja nicht die trügerische Sicherheit aufgeben und durch alle Ängste des Übergangs hindurch die Neugeburt wagen! Seine Lage sei aussichtslos, behauptet der Anzünder. Das stimmt. Weil er nichts tut. Weil er seinen dicken Hintern nicht hochkriegt. Am Ende verliert er alles. Mit Benjamin Franklin zu sprechen: »Wer seine Freiheit aufgibt, um Sicherheit zu gewinnen, wird beides verlieren.«

Ich könnte mir vorstellen, dass der neurotische Laternenanzünder sein Amt und seine Weisung von seinem Vater erhalten hat oder von einer Behörde. Nach diesem Muster haben sogar die Bewacher und Quäler in den deutschen Konzentrationslagern bis wenige Stunden vor dem Einrücken der Alliierten ihre »Pflicht« getan. Das ist der Extremfall. Aber stecken nicht auch in mir, tief verborgen, »Weisungen« aus meiner Kindheit und Jugend, die mich heute noch, als Erwachsenen, am Lebensmut hindern?

Corinna war so ein Mensch. Sie kam zu mir, weil sie, wie sie illusionslos erkannte und tapfer bekannte, ein Alkoholproblem hatte. Corinna war eine warmherzige, kluge und sportlichschöne Erscheinung. Sie trank zu viel, weil sie sich nur durch einige Gläser Bier oder Wein von ihrer Schüchternheit befreien konnte. Ihr wurde im Verlauf der Sitzungen klar, dass dieser grundlegende Minderwertigkeitskomplex die Ursache ihres unkontrollierten Trinkens wie ihrer allgemeinen Lebenshemmung war. Die Selbstabwertung ist oft das Ergebnis einer persönlichkeitsreduzierenden Weisung aus der Kindheit.

Corinna war ein uneheliches Nachkriegskind, ihr Vater ein irischer Besatzungssoldat. Er verließ Corinnas Mutter. Corinna verbrachte die unendlich wichtige Prägungszeit der ersten sieben Jahre in zwei Pflegefamilien. Während die erste gut war, fürchtete sich das kleine Mädchen in der zweiten Familie vor dem Stiefvater und pflegte sich mit dem – gleichfalls eingeschüchterten – Schäferhund dieser Familie auf dem Dachboden zu verstecken, wenn der Pflegevater nach Hause kam. Als Corinna mit sieben Jahren zur Mutter zurückkehrte, freute sich diese zwar und ackerte als Fabrikarbeiterin aufopferungsvoll für Corinna, aber das kleine Mädchen blieb ein Schlüsselkind, das die Nachmittage allein in der Wohnung oder auf der Straße als kleine, mutige Führerin der Bande »Die rote Hand« verbrachte. Die Mutter signalisierte in ihrer Lebensverbitterung wiederholt, dass Corinna sie daran hindere, einen Mann zu finden. »Wenn du nicht wärst, könnte ich heiraten.«

Eines Tages kam Corinna verstört von der Schule. Sie klagte weinend der Mutter, alle Kinder schrien ihr nach, sie sei »unehrlich«. Das verstehe sie nicht, sie lüge und stehle doch nicht. Die Mutter musste Corinna aufklären, dass sie den Schmähruf der Klassenkameraden falsch verstanden hatte. In Wahrheit beschuldigten die anderen Kinder sie, »unehelich« zu sein. Die kleine Corinna empfing somit die Botschaft, »illegitim« zu sein, kein Existenzrecht zu besitzen, Schuld an der ledigen Existenz ihrer Mutter zu sein. Sie erlebte, wie die Versuche der Mutter, über Anzeigen einen Mann zu finden, scheiterten.

Erwachsen geworden, bewahrte die äußerlich so souverän wirkende Corinna das Kinderleid in ihrem Herzen. Sie fühlte sich Männern wie Frauen oft unterlegen, meinte ein unentschuldbares Defizit zu haben, fand sich nicht wertvoll. Obwohl sie den »liebsten Mann der Welt«, einen wahrhaften Trüffel an Herzensgüte, fand, konnte auch dieser ihre »Wunde der Ungeliebten« nicht heilen.

Folgerichtig zentrierte sich die Therapie um Corinnas Selbstakzeptanz. Das wurde spannend. Corinna weinte anfangs viel, das Leid sprudelte nur so aus ihr heraus. Sie setzte sich mit Konsequenz und Liebe mit ihrer inzwischen alt gewordenen

Mutter auseinander, sie konfrontierte Freundinnen und Freunde mit ihrer neuen Unbequemlichkeit. Sie lernte endlich, ihren Charme, ihre Schönheit, ihr weiches Herz, kurz, die Kostbarkeit ihrer Persönlichkeit dankbar anzunehmen. Der symptomatische Rest, das anfängliche Alkoholproblem, erwies sich – zu meiner Verblüffung – als Bagatelle. Ich schlug Corinna einen Vertrag mit sich selbst vor, nämlich ein Jahr lang keinen, aber auch gar keinen Tropfen Alkohol anzurühren. Ihr Mann unterstützte sie vorbehaltlos und voller Stolz. Ja, er versprach ihr, am Ende der erfolgreich bestandenen Abstinenz ein Ensemble von Goldschmuck für Arm, Hals und Ohren zu kaufen.

Da Corinna inzwischen mit dem Alkohol weder ihr Selbstgefühl aufbauen noch ihre Hemmungen wegtrinken musste, siegte sie mit Bravour gegen den »Teufel Alkohol«. Sie erwies sich am Ende auch nicht als süchtig. Heute macht es ihr keinerlei Schwierigkeiten, nach einem Glas Wein zum Wasser überzuwechseln. Und der Goldschmuck, den mir Corinna am Ende strahlend vor Glück vorführte, steht ihr ausgezeichnet.

Auch Ideale, die uns von den Eltern, von Erziehern oder Kirchenfunktionären eingehämmert wurden, können sich als neurotische Weisungen entpuppen, etwa: »Du darfst nicht lügen.« Das stimmt, wenn es nicht zur absoluten, rigiden Formel erhöht wird. Natürlich gibt es Situationen im Erwachsenenleben, wo wir zur barmherzigen Lüge greifen, wo wir diplomatisch lügen. Es gibt innere Situationen, in denen wir als Kind wie als erwachsener Mensch Größenfantasien, Mogeleien, freundliches Fälschen unseres Lebenslaufes dringend für unser Selbstwertgefühl brauchen. Muss ich, Mathias, jedem Menschen auf die Nase binden, dass ich als Jugendlicher aus dem elitären Jesuitenkolleg hochkant hinausgeworfen wurde oder dass ich das Abitur beim ersten Durchgang vergeigt habe?

»Du darfst nie einen Menschen verlassen!« Stimmt das? Werden nicht über zwei Drittel aller Ehescheidungen von Frauen angestrebt? Tun sie das aus Jux und Tollerei? Oder entschließen sie sich zu diesem schweren Schritt nicht viel eher, weil sie die Nase voll von ihrem »Göttergatten« haben? Und haben auch jene Männer, die sich für einen Neuaufbruch entscheiden, nicht das Recht, nach reiflicher Überlegung und vielen Quälereien die Treue zu sich selbst über die brüchig gewordene Beziehungstreue zu setzen?

»Du musst deinem Arbeitgeber treu sein!« Stimmt das noch, wenn ich ausgenutzt werde, wenn ich an dieser Stelle keine Perspektive mehr für mich sehe, wenn mir anderswo eine bessere Position, qualifizierteres Arbeiten und ein höheres Gehalt winken? Ideale sind notwendig, aber sie sind immer auch ambivalent, zweiwertig. Der Sozialpionier Carl Schurz sagt einmal in seinen ›Lebenserinnerungen‹: »Die Ideale sind wie Sterne. Wir erreichen sie niemals, aber wie die Seefahrer auf dem Meer richten wir unseren Kurs nach ihnen.« Was geschieht aber, wenn wir den Kurs nach einem falschen Stern ausgerichtet haben? Der Dichter Theodor Fontane ist da schon vorsichtiger. Er meint: »Es ist der Sinn der Ideale, dass sie nicht verwirklicht werden können.« Robert Musil, sein jüngerer österreichischer Kollege, meint noch kritischer: »Ideale haben merkwürdige Eigenschaften, unter anderem die, dass sie in ihr Gegenteil umschlagen, sobald man sie verwirklicht.«

Ideale können uns tyrannisieren. Wir sollten gegen Ideale immer auch einen Rest Argwohn behalten. Wir brauchen Ideale. Der Mensch lebt nicht vom Brot allein. Aber – und wer hätte dies bitterer als das deutsche Volk unter den Fahnen des Nationalsozialismus und des Kommunismus erfahren – Ideale sind oft wirklichkeitsfremd, lebenshemmend. Sie entspringen dann einer eisigen Moral und der Unversöhnlichkeit eines qualvollen Über-Ichs. Wir müssen unsere Ideale immer wieder preisgeben, sie an den Realitäten überprüfen. Das tut oft weh.

Nichts ist bitterer, als von alten Idealen Abschied nehmen zu müssen. Ich habe dies selbst mehrfach in meinem Leben schmerzhaft erlebt. Ich musste als Kind einer Scheidungsehe den für mich katastrophalen Zusammenbruch des Ideals einer vitalen Arztfamilie und den Exodus von uns drei Söhnen in ein Internat im Ausland erleben. Noch als Gymnasiast erwies sich mir das Ideal der allein selig machenden heiligen römisch-katholischen Kirche als brüchig. Im Studium trat ich nach schwerer innerer Krise und einer mich fast zerreißenden philosophischen Erschütterung aus der Kirche aus. Das war für mich ein Schritt von solch kühner Tragweite, als hätte ich mit dem Faltboot den Atlantik überquert.

Dann studierte ich die strenge klassische Philosophie, sieben Jahre lang bis zur Promotion über den Kantianismus. Mein Ideal, das ich mit glühendem Herzen verfolgte, war es, das philosophische System aller Systeme zu entdecken, »das, was die Welt im Innersten zusammenhält«. Ich suchte es bald bei Aristoteles, bald bei Lucrez, bald bei Hegel, bald bei Marx. Ich fand es nicht. Ich schloss mich der Studentenbewegung von 1968 als einer ihrer lokalen Wortführer im Sozialistischen Hochschulbund an und brauchte lange, mich von den Idealen eines »real existierenden Sozialismus« zu lösen, der doch längst zur Herrschaft machtgeiler und seniler Politbürokraten degeneriert war.

Was natürlich nicht heißt, dass ich inzwischen meine Ideale dem real existierenden Kapitalismus und seiner Unterjochung der Dritten Welt geopfert habe. Aber ich musste unter heftigen Erschütterungen lernen, auch meine – früher so absoluten – linken Ideale kritisch zu sichten und auf ihre Humanität hin zu prüfen. Der »Terror des Ideals« (Sartre) jedenfalls ist mir klar geworden. Ich möchte weder von der Anthroposophie noch von den Zeugen Jehovas, weder von der Esoterik noch von der »postmodernen« philosophischen Unverbindlichkeit orthodox vereinnahmt werden.

Wenn ich heute meine Ideale benennen müsste, so wären es die der geistigen Offenheit, des Zweifels, der vielen Fragen, der wenigen Antworten und der produktiven Ängste. »Die Angst offenbart im Dasein«, konstatierte Martin Heidegger in ›Sein und Zeit‹, »das Sein zum eigensten Seinkönnen, das heißt das Freisein für die Freiheit des Sich-Selbst-Wählens und -Ergreifens. Die Angst bringt das Dasein vor ein Freisein.«

Nichts hemmt uns mehr am Leben als die neurotischen Weisungen und destruktiven Ideale der Vergangenheit. Wir haben uns Meinungen, Ideologien, grobe Vereinfachungen und Fanatismus in Sachen Moral, Benimm, Essen, Trinken, Wohnen und Sexualität, Beziehung und Arbeit überstülpen lassen und leiden jetzt darunter, dass wir mit unserem Eigen-Sinn in diesen Fremdbotschaften nicht vorkommen. Oft haben wir uns bis zur Unkenntlichkeit angepasst und unsere eigene Sehnsucht verraten, unsere Wünsche verdrängt. Die Befreiung liegt darin, unsere Wünsche wieder zuzulassen. Wer fliegen will, der hat mit diesem Wunsch schon begonnen zu fliegen. Nietzsche meint im ›Zarathustra‹: »Wollen befreit.«

In der Transaktionsanalyse, die die in der Kindheit entstandenen »Regieskripte« für das spätere Leben untersucht, bezeichnet man die neurotischen Weisungen als »Bann-Botschaften«. Es ist wie mit dem Mann im Zug am Anfang unseres Kapitels: Der Mann weiß, dass er im falschen Zug sitzt. So wird er sein Ziel nie erreichen. Er entfernt sich sozusagen Minute um Minute immer mehr von sich selbst, aber es ist so schön warm und gemütlich. Den falschen Lebenszug zu verlassen, auf einer Station innezuhalten, das Geld für eine neue Bahnkarte auszugeben, den Verlust der Zeit schweren Herzens zu akzeptieren und sich in eine andere Richtung auf den Weg zu machen – das alles kostet erst mal Entschlusskraft und Mühe. Da zieht der Neurotiker in uns das vertraute Unglück vor.

Die Bann-Botschaften aus der Kindheit überziehen das Leben durch ihren Zauberfluch mit eisigem Raureif und lassen oft unser weiteres Wachstum erstarren. Weil ich als Kind in meinem fundamentalen Liebesbedürfnis den Eltern völlig ausgeliefert bin und in vorauseilendem Gehorsam ihre Befehle und

Botschaften zu erfüllen suche, um geliebt zu werden, entschließe ich mich unbewusst, mich nach diesen Bann-Botschaften zu richten. Das muss aber auch nicht so sein. In einer Geschwisterkonstellation können die verschiedenen Kinder die Botschaft der Eltern unterschiedlich deuten oder sie sogar ablehnen. Die Entscheidung über die Botschaft fällt das Kind selbst.

Die Zahl der Botschaften ist ebenso groß wie erdrückend: Da ist die Bann-Botschaft: »Sei nicht!« Das will sagen: »Du sollst überhaupt nicht leben.« – »Du bist hier unerwünscht.« – »Mach dich ja nicht wichtig.« – »Wärst du nicht da, könnte ich noch einmal heiraten.« – »Du bist dumm und hässlich.« – »Ohne dich hätte ich ein so schönes Leben.« Oder noch schlimmer, wie mir ein Mann weinend in der Praxis berichtete: »Schade, dass die Abtreibung damals nicht geklappt hat, sonst wäre ich dich heute los.« Es genügt schon der vorwurfsvolle Ton: »Wenn du wüsstest, wie schwer ich bei deiner Geburt gelitten habe.«

»Sei nicht!«, ist wohl die lähmendste und furchtbarste aller Bann-Botschaften. Sie bedeutet: »Existiere nicht!« Wer diesen Fluch über sich gespürt hat und heute noch den nagenden Schmerz dieser gegen ihn gerichteten Tötungswünsche in sich fühlt, der studiere einmal in meinem Buch ›Zweite Lebenshälfte‹ die Analyse des Grimmschen Märchens ›Hans mein Igel‹. Wie schwer ist es, wenn dir, liebe Leserin, lieber Leser, das alles zugefügt wurde, den einfach erschütternden und erschütternd einfachen Satz für dich zu akzeptieren: »Da ich bin, habe ich ein Recht zu sein.«

Die Bann-Botschaft kann aber auch lauten: »Komm mir nicht zu nahe.« Das ist der Satz, der in kalten, schizoid-gefühlsabspaltenden Familien wie ein Fallbeil fällt, wenn das Kind Gefühle schenkt oder für sich wünscht. »Lass das Geschmuse.« – »Das tut man nicht.« – »Küssen ist unhygienisch.« – Mit solchen Kommandos wird statt Zuwendung Abwendung, statt Urvertrauen Urmisstrauen, statt Nähe Distanz geschaffen. Wer diese

Dressur am eigenen Leib erlebt hat, der neigt dazu, in diesem neurotischen Stafettenlauf die schmerzhafte alte Bann-Botschaft an seine Kinder weiterzugeben. »Ich wurde von meiner Mutter auch nicht gestreichelt«, rechtfertigt sich die Frau gegenüber ihrer Tochter. »Mein Vater hat mich nie umarmt«, meint der Mann, »das bringe ich auch nicht bei meinem Sohn fertig – das will er sicher auch nicht.«

Die vor allem bei Männern verbreitete schizoide, gefühlskarge Persönlichkeit resultiert meist aus diesem Eltern-Kind-Drama. Bei Frauen äußert sich der mangelnde Haut- und Liebeskontakt in der Kindheit nicht selten als spätere Anorgasmie, das heißt Unfähigkeit, sich in der Sexualität fallen zu lassen und orgasmische Entspannung zu finden. Da trifft dann der Satz des österreichischen Erzählers Heimito von Doderer in seinem Roman ›Ein Mord, den jeder begeht‹ zu: »Jeder bekommt seine Kindheit über den Kopf gestülpt wie einen Eimer. Später erst zeigt sich, was darin war. Aber ein ganzes Leben lang rinnt das an uns herunter, da mag einer die Kleider oder auch Kostüme wechseln, wie er will.« Auch der raffinierteste Rollenwechsel, die Maskeraden der Karriere und Selbstverstellungen helfen letztlich nicht gegen die tief sitzenden neurotischen Lebensmuster.

»Nimm dich nicht wichtig!« – Das ist einer der verhängnisvollsten Sätze der unsichtbaren schwarzen Pädagogik. »Was du sagst, ist belanglos.« – »Du bist ein kleines Nichts.« Was steckt hinter solchen Botschaften? Eine Frau, nennen wir sie Brigitte, vierzig Jahre alt und zu meiner Verärgerung in den ersten Sitzungen immer flüsternd und verhuscht sprechend, berichtete mir: »In meiner ganzen Kindheit durften wir drei Kinder, zwei Mädchen und ein Junge, bei Tisch nicht sprechen. Nur wenn Vater einen von uns etwas fragte und zur Antwort aufforderte, durfte dieser etwas sagen. Vater meinte immer: ›Kindermund tut Unsinn kund.‹ Heute, als Erwachsene, weiß ich, Vater war ein Wichtigtuer. Je mehr er im Beruf versagte, desto mehr spielte er sich gegenüber seiner Frau, vor allem aber gegenüber uns wehrlosen Kindern auf.«

Das Gelingen der Therapie bemerkte ich daran, dass Brigitte langsam aufhörte ängstlich herumzunuscheln, eine kräftigere Stimme fand, einen heilsamen Konflikt mit ihrem autoritären (Vater-)Mann wagte und privat wie beruflich eine kesse Sohle aufs Parkett legte. »Weißt du, wer der wichtigste Mensch in meinem Leben ist?«, fragte sie mich gegen Ende der Therapie einmal, und ich naives Schaf tippte auf ihr geliebtes Töchterchen. »Nein«, korrigierte sie entrüstet, »ich!«

Virginia, die eines Tages bei mir auf der Praxiscouch saß, wirkte geradezu einschüchternd erwachsen auf mich. Die zierliche, kleine Frau im anthrazitgrauen Hosenanzug mit Stiefeln und Krawatte, Pagenschnitt und randloser Intellektuellenbrille wirkte total kontrolliert auf mich, geschäftsmäßig wie eine Bankerin. Ihr Leiden erläuterte sie nüchtern wie eine Baisse an der Börse. Sie fühle sich einsam und kontaktarm, sie könne keinen Freund halten, man empfinde sie als arrogant, cool und abweisend wie einen Panzer.

Virginia stand, wie sich im Verlauf einer anfänglich zähen Therapie herausstellte, unter der Bann-Botschaft »Sei kein Kind«. Die Eltern-Imperative waren wie Graupelschauer auf das Älteste von vier Kindern heruntergehagelt. »Sei deinen Geschwistern ein Vorbild!« – »Du bist doch alt genug, den Haushalt zu schmeißen!« – »Sei mir (der Mutter) eine Freundin in der Ehekrise!« Virginia war das »Alpha-Tier« unter den Geschwistern, aber sie zahlte einen hohen Preis dafür.

Sie durfte kaum spielen und toben. Sie durfte nicht unvernünftig sein. Sie musste immer verantwortungsvoll denken. Kurz: Sie durfte kein Kind sein. Sie wurde mit sanfter Gewalt ins Lager der Erwachsenen gezogen und – vor allem von ihrer Mutter – emotional als Helferin und Parteigängerin in der Ehekrise, ja sogar als Beraterin in der sexuellen elterlichen Notlage missbraucht.

Virginia wurde, um es mit der psychologischen Fachterminologie zu formulieren, »parentifiziert« (von lateinisch »parentes« = Eltern), das heißt, zu Elternaufgaben gezwungen. In einem schmerzhaften Prozess hatte sie gelernt, alles Alberne und Anarchisch-Kindliche in sich abzutöten und auf dem Altar einer erwachsenen Persönlichkeit (»Du bist doch schon groß.«) zu opfern. So eine Dressur vergisst man nie. Was man einmal so qualvoll lernen musste, gibt man weiter: die Coolness, den Überlegenheitsgestus, die Nüchternheit, die Trockenheit wie Milchpulver.

Die erwachsene Virginia mobilisierte dreißig Jahre später allen ihr verfügbaren Widerstand gegen die Schalmeienklänge meiner verführerischen Angebote zu kindlichem Ulk und hexenhaftem Besenritt. Manchmal hätte ich sie am liebsten durchgekitzelt wie meine eigene Schwester in Kindheitstagen. Stattdessen stellte ich ihr »kindische« therapeutische Hausaufgaben, zum Beispiel an einem Sommertag ihre verantwortungsvolle Tätigkeit als Studienrätin zu schwänzen und im Schwimmbad der Nachbarstadt auf der faulen Haut zu liegen, sich endlich einen herrlichen, großen Hund anzuschaffen (sie war eine Hundenärrin), sich – was sie wollte, sich aber nicht traute – die Haare rot zu färben und – oh Schrecken aller Schrecken – allein tanzen zu gehen und einen Mann »aufzureißen«.

Eine unkomplizierte Persönlichkeit ist Virginia trotz alledem nicht geworden, die Haare sind blond geblieben, aber sie wurde kindlicher und weiblicher. Ihre Röcke sind kürzer, die Wangen pausbäckiger, ihre Art ist zugewandter, neugieriger und eine Nuance verspielter. Den neuen Freund pflegt sie sorgfältig wie ein Motorradfreak seine chromblitzende Honda. Als Virginia die (auf meinen Rat hin) gekaufte Hängematte in ihrem kühl gestylten Appartement installierte, meinte sie zu mir: »Die habe ich mir schon als Kind gewünscht. Da bringt mich keiner mehr raus. Weißt du, dass ich darin auch schaukle?«

Neurotische Laternenanzünder, das sind wir alle mehr oder

weniger. »Du schaffst das nie!« Oder: »Tu das nicht, du bist viel zu klein dazu!« – »Reiß dich zusammen!« – »Ein Junge weint nicht!« – »Ein Mädchen tut das nicht!« – »Sei perfekt!« – »Mach's mir recht!« Das alles und noch viel mehr sind die Wegweiser unserer Bann-Botschaften. Sie treiben uns zu verblüffenden Leistungen wie alle Peitschenschläge des Neurotischen, aber sie führen oft in seelische Sackgassen. Durch das Drehbuch des neurotischen Lebensskripts verlernen wir die Fähigkeit, uns selbst zu leben und auf unsere innere Stimme zu achten. Auf nichts trifft Nietzsches Erkenntnis (in ›Der Wille zur Macht‹) besser zu als auf die Bann-Botschaften der neurotischen Laternenanzünderei: »Man muss die Moral vernichten, um das Leben zu befreien.«

Wer sich entwickeln will, der tut gut daran, die eigenen früheren Bann-Botschaften zu entschlüsseln. Natürlich gibt es auch neurotische Weisungen, die wir uns selbst, erwachsen geworden, erteilen: »Dazu bin ich zu alt, zu jung, zu dick, zu dumm, zu unattraktiv...« – »Es wird alles von allein besser werden.« – »Bei der oder dem hat das auch nicht geklappt.« – »Ich komme einfach nicht dazu.« – »Anderen geht es noch viel schlechter als mir.« – »Man kann schließlich nicht alles haben.« – »Die oder der kann das, aber ich doch nicht.«

Im depressiven Jammertal zu verweilen, das ist immer einfacher. Den Kurs zu ändern, endlich auf die eigenen Wünsche zu achten und sie gegen alle Widerstände durchzusetzen, das kostet Wut und Mut. Hinter unseren Lebenshemmungen stecken Bann-Botschaften, faule Ausreden, Ängste, oft auch ein Selbstboykott, falsche Grundverträge mit uns selbst, überholte Selbstbilder, die uns festlegen und uns dazu veranlassen, Teile unseres Selbst zu unterdrücken.

Wenn wir den Alltagstrott unserer enervierenden Laternenknipserei einmal verlassen, können wir das Verleugnete in uns wiedergewinnen: Begabung, Freiheit, Neugier, Sexualität, Wagnis. Statt zu stagnieren, schwimmen wir wieder kraftvoll im Lebensstrom. Wir treiben nicht nur, wir steuern auch neue Ziele an. Wo ich auch nur einen Schritt mache, ändere ich die Lebensrichtung insgesamt. Amerikanische Psychologen untersuchten 1996 das Verhalten von Versuchspersonen, die eine Zeit lang regelmäßig ein Fitness-Training absolvierten. Ergebnis: Sie zeigten sich an ihrem Arbeitsplatz energischer. Das ist nur ein banales, winziges Beispiel.

Wer auch nur einen kleinen Teil ändert, ändert mit diesem Aha-Erlebnis oft das ganze System. Plötzlich nehme ich mich selbst neu wahr. Ich bin gar nicht so konfliktscheu, schüchtern, angepasst, unerotisch oder abhängig, wie ich immer glaubte. Da entdecke ich plötzlich – wie in der russischen Puppe – in der Puppe der eigenen Persönlichkeit weitere Puppen, kurz, den ganzen Reichtum meiner noch nicht gelebten »Schattenpersönlichkeit« (C. G. Jung). Zu alledem brauche ich Willen und liebevolle Geduld mit mir. Wie sagt doch die amerikanische Psychoanalytikerin Karen Horney so schön: »Rückschläge sind Wachstumsschmerzen. Nach und nach werden die Rückschläge kürzer und weniger heftig, die guten Perioden dagegen eindeutig konstruktiver. Die Aussicht, sich wandeln und entfalten zu können, wird zur greifbaren Möglichkeit.«

Ich kann mich ändern. Nur Laternenanzünder bleiben stehen. Es ist widersinnig, in einem zellular sich ununterbrochen verändernden Körper seelisch stehen zu bleiben. Natürlich kann ich mich nicht beliebig ändern, aber ich kann die in mir angelegten Lebenskräfte erkennen und zur Entfaltung bringen. Dazu muss ich erkennen: Wer bin ich? Wer kann ich werden? Anstatt die an mir verübten Kränkungen als negative Botschaften an meine Kinder weiterzugeben und damit den neurotischen Stafettenlauf der Generationen zu verlängern, tue ich besser daran, meine Kinder in ihrem eigenen Weg zu bestärken und sie innerlich loszulassen.

Der libanesisch-amerikanische Dichter Khalil Gibran sagt dazu in seinem Poem ›Der Prophet‹:

Eure Kinder sind nicht eure Kinder.
Sie sind die Söhne und Töchter der Sehnsucht des Lebens
 nach sich selber.
Sie kommen durch euch,
aber nicht von euch.
Und obwohl sie mit euch sind, gehören sie euch doch nicht.
Ihr dürft ihnen eure Liebe geben,
aber nicht eure Gedanken.
Denn sie haben ihre eigenen Gedanken.
Ihr dürft ihren Körpern ein Haus geben,
aber nicht ihren Seelen.
Denn ihre Seelen wohnen im Haus von Morgen,
das ihr nicht besuchen könnt,
nicht einmal in euren Träumen.
Ihr dürft euch bemühen, wie sie zu sein,
aber versucht nicht, sie euch ähnlich zu machen.
Denn das Leben läuft nicht rückwärts,
noch verweilt es im Gestern.
Ihr seid die Bogen,
von denen eure Kinder als lebende Pfeile ausgeschickt werden.
Der Schütze sieht das Ziel auf dem Pfad der
 Unendlichkeit
und Er spannt euch mit Seiner Macht,
damit seine Pfeile schnell und weit fliegen.
Lasst euren Bogen von der Hand des Schützen auf Freude
 gerichtet sein.
Denn so wie Er den Pfeil liebt, der fliegt,
so liebt Er auch den Bogen,
der fest ist.

*Wonach misst sich die Freiheit bei Einzelnen wie bei Völkern?
Nach dem Widerstand, der überwunden werden muss,
nach der Mühe, die es kostet, oben zu bleiben?*

Friedrich Nietzsche: Götzen-Dämmerung

*Willensfreiheit ist das bewusste Begreifen des eigenen Lebens.
Frei ist, wer sich als lebendig begreift. Und sich als lebendig
begreifen heißt, das Gesetz seines Lebens zu begreifen,
heißt, danach zu streben, das Gesetz des eigenen Lebens zu
erfüllen.*

Leo N. Tolstoi: Tagebücher

Mut zur Angst – Mut zum Leben

Fragen

Am Meer, am wüsten, nächtlichen Meer
Steht ein Jüngling-Mann,
Die Brust voll Wehmut, das Haupt voll Zweifel,
Und mit düstern Lippen fragt er die Wogen:

»O löst mir das Rätsel des Lebens,
Das qualvoll uralte Rätsel,
Worüber schon manche Häupter gegrübelt,
Häupter in hieroglyphen Mützen,
Häupter in Turban und schwarzem Barett,
Perückenhäupter und tausend andere
Arme, schwitzende Menschenhäupter –
Sagt mir, was bedeutet der Mensch?
Woher ist er kommen? Wo geht er hin?
Wer wohnt dort oben auf goldenen Sternen?«

Es murmeln die Wogen ihr ewges Gemurmel,
Es wehet der Wind, es fliehen die Wolken,
Es blinken die Sterne, gleichgültig und kalt,
Und ein Narr wartet auf Antwort.
Heinrich Heine: Buch der Lieder

Es scheint, wie das grimmige Gedicht von Heinrich Heine illustriert, dass das Leben mit seinen Dunkelheiten und nie enden wollenden, »ewigen« Fragen uns Angst macht. »Es steht außer Frage«, konstatierte Freud, »dass das Problem der Angst ein Knotenpunkt ist, an dem die verschiedenen und wichtigsten Fragen zusammenfallen, ein Rätsel, dessen Lösung zwangsläufig eine Lichtflut auf unsere ganze geistige Existenz werfen würde« (›Vorlesungen zur Einführung in die Psychoanalyse‹).

Heute hat die Angst ein umfassendes gesellschaftliches Ausmaß angenommen. Gerade in Deutschland macht sie vor keinem Menschen Halt, vor keinem Menschen, ob er nun alt oder jung ist. Wir Älteren ängstigen uns vor den Folgen der Millionenarbeitslosigkeit, den unsicheren Perspektiven der Renten- und Gesundheitsversorgung, dem Sozialabbau und einer möglichen Inflation. Wohlhabend wie noch nie in der deutschen Sozialgeschichte, fürchten wir, den hohen Lebensstandard einzubüßen. Am stärksten ist bei der älteren Generation, wie alle Befragungen zeigen, die Angst vor Krankheit. Wir alle kennen das Paradox: Je mehr wir über Ärzte, Medikamente, Apparate und Krankenhäuser verfügen, desto kränker werden wir. Alkohol- und Nikotinmissbrauch, Übergewicht und Fehlernährung haben ruinöse Folgen, die unsere Angst vertiefen.

Besonders schlimm ist die Angst bei Jugendlichen. Viele befürchteten, dass rücksichtslose Technologie, Atomreaktoren und der großindustrielle Einsatz von Chemie die Umwelt unwiederbringlich zerstören werden. Zu den Kriegs- und Umweltängsten sind inzwischen die Sorgen um den Beruf, um einen Platz in der Gesellschaft getreten. Wen wundert das, wenn heute viele Jugendliche, statt wie früher einen Erfolg verheißenden Berufsantritt vor sich zu haben, sich erst einmal mit Jobs, Teilzeitstellen, Arbeitsbeschaffungsmaßnahmen, mit fragwürdigen Hospitanzen oder der Perspektivlosigkeit eines Endlosstudiums begnügen müssen. Im öffentlichen Bereich wird allerorten gekürzt, gestreckt und gestrichen, der Staat entpuppt sich als ein »closed shop« und die verantwortlichen Unternehmer und Politiker verweisen cool auf die »Globalisierung« der Wirtschaft als finalen Sachzwang...

Was tun mit der Angst? Darf ich Angst haben? Muss ich Angst haben? Oder ist die Angst vor der Angst das Problem?

Es gibt kaum eine Therapie, in der ich nicht den lähmenden Ängsten eines Menschen begegne. Aus meinem eigenen Leben weiß ich, dass ich immer dort in meiner Entwicklung stagnierte, wo ich vor meiner Angst weglief und zum Beispiel eine notwendige Trennung im Privaten oder im Beruflichen nicht vorzunehmen wagte.

Der dänische Philosoph Sören Kierkegaard hält in seinem Werk ›Der Begriff Angst‹ fest: »Kein Großinquisitor hält solche schrecklichen Qualen bereit wie die Angst, und kein Späher weiß den Verdächtigen geschickter anzugreifen in dem Moment, da er am schwächsten ist, oder Fallen zu stellen, in denen das Opfer sich fängt und windet, als die Angst es tut. Und kein scharfsinniger Richter kann den Angeklagten so gnadenlos verhören wie die Angst, die ihre Beute niemals entkommen lässt, weder durch Ablenkungsmanöver noch durch Lärm, weder bei der Arbeit noch beim Spiel, weder bei Tag noch bei Nacht.«

»Ich weiß«, so sagte einmal die zweiundvierzigjährige Sophie in meiner Sprechstunde, »dass ich diesen Mann, der mich demütigt und einschüchtert und meine Kinder lieblos behandelt, verlassen muss. Das ist mir im Kopf ganz klar. Alle meine Freunde reden mir zur Trennung zu. Ich bin sogar Beamtin und damit finanziell unabhängig. Aber ich spüre eine gnadenlose Angst, dass ich mit diesem Schritt mein ganzes Leben zerstöre und niemals wieder einen Mann finden werde. Ich habe Bestrafungsfantasien. Das Leben, denke ich, wird sich an mir rächen. Ich werde eine verbitterte, allein erziehende Frau ohne Mann, ohne Sexualität, freudlos.« Ein Jahr später hatte Sophie mit der geduldigen Unterstützung ihrer Freunde und etwa einem Dutzend gehaltvoller, jeweils zweistündiger Therapiesitzungen die Trennung hinter sich gebracht.

Zwei Jahre später sprach mich Sophie auf einer der großen, über tausendköpfigen Tagungen unserer Gesellschaft für Gesundheitsberatung GGB in der Stadthalle von Lahnstein wieder an. Sichtlich verjüngt und strahlend meinte sie: »Stell dir vor, ich habe die ersten Monate nach meinem Auszug mit den Kindern immer noch mit der Angst gekämpft, mein Leben lang allein zu bleiben. Ich konnte nicht glauben, dass sich je wieder ein Mann für mich interessieren würde. An einem Samstag

Abend erinnerte ich mich plötzlich an ein Wort von dir in der Therapie. Es ging damals um meine Attraktivität in Bezug auf Männer. Du hattest damals gesagt, ich solle nicht so viel theoretisieren, sondern es ausprobieren. Du fügtest das englische Sprichwort hinzu: ›The proof of the pudding is in the eating.‹ Ich musste lachen. Wenn ich rauskriegen will, ob die Männer mir noch schmecken und ob ich den Männern schmecke, muss ich es ausprobieren, dachte ich. Gesagt, getan. Ich zog mein kleines Schwarzes an und ging mit meiner Freundin in einer Szenekneipe zum Tanzen. Gleich an diesem Abend biss ein männlicher Karpfen an. Von da an ging's bergauf. Seit einem halben Jahr bin ich wieder verliebt. Es ist ein toller Mann. Meine Kinder mögen ihn. Wir bleiben zusammen!«

Angst gehört zu unserem Leben. Sie begleitet uns von der Wiege bis zur Bahre. »Ich stecke den Finger ins Dasein«, formuliert Sören Kierkegaard in ›Der Begriff Angst‹, »und es schmeckt nach nichts.« Schon der Geburtsvorgang ist ein Prozess der Angst und Qual. »Intra urinam et faeces nascimur«, sagt das römische Sprichwort: Zwischen Urin und Kot werden wir geboren. Erschöpft liegt das Neugeborene auf der Brust der noch erschöpfteren Mutter. Angst lösen die Schmerzen beim Zahnen aus, Angst bildend sind auch Hunger und Durst, wenn sie nicht sofort gelöscht werden. Das Aufrechtstehen und das Gehenlernen sind von einer Fülle schmerzhafter Stürze begleitet. Der Gang in den Kindergarten heißt, die Eltern zu verlassen und sich der Konkurrenz anderer Kinder zu stellen. Da wird ein Kind von anderen Kindern erstmalig auch geschlagen und hat Angst. Das kann die beste Erzieherin nicht verhüten. Angst bedeutet etwa, als ältestes Kind von einem nachgeborenen Geschwister entthront zu werden. Angst bedeutet es umgekehrt, die körperliche Überlegenheit eines älteren Geschwisters auszuhalten und schmerzhaft zu erfahren.

Ein fundamentales Angsterlebnis ist für viele von uns der Eintritt in die erste Klasse der Grundschule gewesen. Nicht umsonst gaben uns die Eltern auf diesen Weg ein mächtiges Antidepressivum mit, die obligatorische Schultüte mit ihren rauen Mengen schädlicher Fabrikzuckereien. Wer von uns hat nicht Angst vor Schularbeiten, Schulprüfungen, Schulklausuren und Schulnoten gehabt? Wir hatten Angst, keinen Freund zu finden und einsam in der Klasse dazustehen. Die Pubertät machte Angst. Vielleicht wollten wir noch gar keine Frau werden, vielleicht überforderte uns das künftige Mann-Sein. Als die Pubertät vorbei war, wurde die Angst oft noch größer.

Ich selbst kam mit achtzehn Jahren aus der zölibatären Strenge eines Jesuitenkollegs an ein normales, koedukatives Gymnasium und hatte mächtige Angst vor den Mädchen. Ob sie mich akzeptieren würden? Ob ich eine Freundin finden würde? Ob ich nicht viel zu hässlich war? Ob mir nicht alle anderen Jungen »mit den Weibern« weit voraus waren? Die Tanzstunde war für mich eine Tortur. Von meinen Mitschülern, die diese Art von Geschlechterinitiation bereits absolviert hatten, erfuhr ich, dass man seine Tanzstundenpartnerin spätestens auf dem dritten Heimweg zu küssen habe, sonst sei man für das Mädchen ein erotischer Flop. Das nahm ich mir zu Herzen. Exakt beim dritten Heimweg durch den Stadtgarten unternahm ich, von der Not getrieben, einen dünnlippigen Versuch. Das »Furchtbare« geschah: Bärbel, so hieß meine Tanzstundenpartnerin, ließ sich vor Schreck auf den Boden fallen ...

Wie viele Männer haben mir in der Therapie berichtet, welche bodenlose Angst sie empfanden, als sie zum ersten Mal in ihrem Leben mit einer Frau schlafen mussten (!). Einer erzählte mir, dass er am Vorabend dieser Welturaufführung in seiner Verzweiflung einen anatomischen Atlas zu Rate zog. Oder die Angst beim Abitur, bei den Ausbildungsprüfungen, bei der Führerscheinprüfung, im Staatsexamen, bei Vorstellungsgesprächen, die Angst vor den Eltern, die Angst vor Lehrern, die Angst vor Vorgesetzten, die Angst in der Krankheit, die Angst in der depressiven Verfassung, die Angst vor der Eheschließung und Familiengründung, die Angst beim Aufnehmen hoher Hypotheken für den Hausbau, die Angst bei beruflichem Wechsel, die Angst vor dem Alter.

Schließlich die Angst beim Eintritt in die zweite Lebenshälfte, die schon der Dichter Hölderlin in seinem Gedicht ›Hälfte des Lebens‹ erschütternd ins Bild rückte:

> Mit gelben Birnen hänget
> Und voll mit wilden Rosen
> Das Land in den See,
> Ihr holden Schwäne,
> Und trunken von Küssen
> Tunkt ihr das Haupt
> Ins heilignüchterne Wasser.
>
> Weh mir, wo nehm ich, wenn
> Es Winter ist, die Blumen, und wo
> Den Sonnenschein
> Und Schatten der Erde?
> Die Mauern stehn
> Sprachlos und kalt, im Winde
> Klirren die Fahnen.

Ein Leben ohne Angst gibt es nicht. Die Angst ist ein Existenzial, eine Grundbefindlichkeit des Lebens. Sie spiegelt unsere Abhängigkeit und das Wissen um unsere Sterblichkeit wider. Die gesamte Philosophie und Theologie, ja selbst Dichtung, Malerei und Musik sind letztlich Versuche, die Grundängste unseres ungesicherten Daseins zu bewältigen und zu überwinden. Der römische Dichter Lucrez formulierte bereits »Timor facit deos«: Die Angst lässt uns Götter erschaffen.

Wenn uns Politiker wie Hitler oder Gurus wie Ron L. Hubbard, der verstorbene Begründer der totalitären Sekte Scientology, Angstfreiheit versprechen und uns ins gelobte Land der absoluten Sicherheit führen wollen, sollten wir alle Skepsis unseres leicht verführbaren Herzens gegen die grandiosen Versprechungen der Angstfreiheit mobilisieren. Der Kirchenkritiker Karlheinz Deschner warnt in einem Aphorismus: »Prediger absoluter Wahrheiten sind immer absolute Lügner.«

Angst ist ubiquitär, sie ist allerorten vorhanden und begleitet uns von dem Tag an, als wir uns evolutionär aus dem Primaten zum bewussten Homo sapiens entwickelten. Jahrtausendelang haben wir uns vor Donner und Blitz, Sonnen- und Mondfinsternissen, Erdbeben und Flutwellen gefürchtet, weil wir deren wissenschaftliche Ursache nicht kannten.

Die Objekte der Angst haben sich historisch gewandelt. Heute fürchten wir uns nicht mehr vor der Pest, aber vor Aids, nicht mehr vor dem Kindbettfieber, wohl aber vor Alzheimer, Krebs und Verkehrsunfällen. Erstmalig in der Geschichte haben wir auch Angst vor den zerstörerischen Kräften, die wir selbst entfesselt haben, von der Atomspaltung bis zur Genmanipulation, vom Designfood bis zum Ozonloch. Erstmalig erleben wir kollektiv, dass der »Fortschritt« auch ein Rückschritt sein kann.

Hatten unsere Vorfahren Angst vor den Naturgewalten, so müssen wir Nachfahren, im Jahrhundert von Holocaust und Hiroshima, unsere eigene Gewalttätigkeit fürchten.

Unsere Angst hat jedoch immer zwei Gesichter. Sie ist notwendig oder irrational, sie kann uns aktivieren oder lähmen. Die Biologie hat uns mit einer notwendigen, instinktiven Angst ausgestattet. Ohne sie wären wir verloren. Wenn wir über keine Angstgefühle verfügten, so gingen wir auf dem Dachfirst spazieren. Wir schwämmen kilometerweit ins offene Meer. Wir kletterten ohne Sicherungsseil in jede Steilwand. Wir verhielten uns als Autofahrer im Verkehr lebensgefährlich. Wir überhörten die Signale unseres Körpers wie Schwäche, Unterkühlung, Überforderung. Wir wären hirnlos in unserer Tollkühnheit.

Angst lässt uns vor einer Gefahr zurückweichen, Angst lässt uns gefährliche Situationen vermeiden, kurz, Angst beschützt uns. Angst lässt uns zu vorbeugenden Maßnahmen greifen. Das ist die aktivierende Angst. Sie ist ein Signal, eine Warnung bei Gefahr. Sie enthält einen Handlungsimperativ. Wo wir sie annehmen, machen wir einen Entwicklungsschritt, ein Stück Reifung. Wir verarbeiten die Angst produktiv. Wir Therapeuten haben dafür den ungemütlichen, etwas holprigen Spruch: »Da, wo die Angst ist, geht es lang.«

Angst tritt in unserem Leben vor allem da auf, wo wir mit dem Neuen konfrontiert sind. Das Nicht-Kennen und Nicht-Können, das Unerprobte und erstmals zu Praktizierende macht uns Angst. Das Leben ist eine Mischung aus Repertoiretheater und Neuaufführungen. Wie Schauspieler zittern wir bei jeder Premiere. Das ist natürlich und angemessen. Der Mensch als »das nichtfestgestellte Tier« (Nietzsche) zahlt diesen hohen Preis für sein Bewusstsein.

Alte, vertraute Bahnen zu verlassen ist immer schwer. Wir suhlen uns lieber im alten, vertrauten seelischen Sumpf unserer Charaktermacken und Beziehungsverschrobenheiten. Es fällt uns so unglaublich schwer, einmal aufzustehen, das bisherige Milieu kritisch zu betrachten, es gegebenenfalls zu verlassen und hinter den sieben Bergen nach dem neuen Glück zu suchen.

Wo ich meine Angst nicht annehme, sie reflektiere und eine schöpferische Antwort auf sie finde, flüchte ich vor der Freiheit, die in der Angst wie eine Perle im Leib der Auster verborgen liegt. Sören Kierkegaard hat diesen Zusammenhang scharfsinnig erkannt: »In Grimms Märchen gibt es eine Erzählung von einem jungen Burschen, der auf Abenteuer ausging, um das Gruseln zu lernen. Wir wollen jenen Abenteurer seinen Weg gehen lassen... Dagegen will ich sagen, dass dies ein Abenteuer ist, das jeder Mensch zu bestehen hat: Sich ängstigen lernen, damit man nicht verloren ist, entweder weil man sich niemals geängstigt hat oder weil man in der Angst versunken ist; wer aber sich recht ängstigen lernte, der hat das Höchste gelernt.«

Kierkegaard begründet: »Wäre der Mensch ein Tier oder ein Engel, würde er sich nicht ängstigen können. Da er eine Synthese ist, kann er sich ängstigen, und je tiefer er sich ängstigt, umso größer der Mensch ... Die Angst ist die Möglichkeit der Freiheit ..., wer gebildet wird, der bleibt bei der Angst, er lässt sich nicht betrügen von ihren unzähligen Fälschereien ..., die Angst bleibt sein dienstbarer Geist, der wider Willen ihn dahin führt, wohin er will ... Er heißt sie willkommen, er grüßt sie festlich, wie Sokrates den Giftbecher schwang, er schließt sich mit ihr ein, er sagt wie der Patient zum Operateur, wenn die schmerzhafte Operation beginnen soll, nun bin ich bereit« (›Der Begriff Angst‹).

Kritisch wird die Angst da, wo wir vor ihr flüchten. Man kann erstarren in einer Ideologie oder der Zwanghaftigkeit seines eigenen Lebens. »Ich war völlig versteinert in dem Gedanken, nur als Mutter eines Kindes sei ich eine vollwertige Frau«, bekannte mir Maria, eine sechsundvierzigjährige Krankenschwester. »Als es dann in unserer Ehe mit einem Kind definitiv nicht klappte und mehrere Adoptionsversuche fehlschlugen, bekam ich Selbstmordgedanken. Das Leben erschien mir so sinnlos. Ich wollte doch irgendetwas aus meinem Fleisch und Geiste zurücklassen nach meinem Tod. Ein wunderbares Gespräch mit einem evangelischen Seelsorger, dem Pfarrer meiner Gemeinde, brachte mich weiter. Er sagte mir: ›Schaff dir andere Kinder, denen deine Liebe gilt.‹ Über diesen Satz habe ich so lange nachgedacht, bis ich ihn begriffen habe. Dann wechselte ich in die Hospizarbeit. Ich betreue nun in einem darauf spezialisierten Haus unheilbar kranke Menschen auf ihrem letzten Weg zum Tod. Das sind meine Kinder. Wenn ich einmal selbst sterben werde, weiß ich, wofür ich gelebt habe.«

Entwicklung bedeutet in unserem Leben fast immer auch

Angstüberwindung. Wie bereits beschrieben, ist jeder neue Lebensschritt zugleich auch eine Angstpassage. Laufen zu lernen, die haltende Hand der Mutter loszulassen, allein in den Kindergarten zu gehen, die neue Welt der Schule mit ihrer Konkurrenz und Herausforderung zu bestehen, zum ersten Mal ohne Eltern einen Aufenthalt im Schullandheim, viele hunderte Kilometer vom Heimatort entfernt, zu wagen, Fahrradfahren, Schwimmen, Schlittschuhlaufen zu lernen, vom Dreimeterbrett zu springen, einen großen Hund zu streicheln, die ersten Wirren der Sexualität und neuen Geschlechtsidentität zu durchstehen, die Angst vor dem anderen Geschlecht zu überwinden, sich endgültig für eine Berufsausbildung zu entscheiden, sich vom Elternhaus abzunabeln, die erste Bude zu suchen, erstmals das eigene Haushaltsbudget zu verwalten, den Heimatort zu verlassen, eine religiöse oder politische Einstellung zu verändern, ein Bewerbungsschreiben zu formulieren, sich auf die Arbeitswelt einzulassen, die erotischen Wanderungen im Fleische zu beenden und eine feste Bindung einzugehen, ein erstes, zweites oder drittes Kind in die Welt zu setzen, ein Haus mit Fremdfinanzierung zu bauen, als Frau in den Wechseljahren wieder in den Beruf einzusteigen, die eigenen Kinder loszulassen, aus dem Berufsleben sich souverän zu verabschieden, die Einschränkungen des Alters zu akzeptieren, sich mit dem eigenen Tod und den Erbangelegenheiten auseinander zu setzen, Phasen der Einsamkeit und Trauer zu überleben ... – das alles und noch viel mehr sind Entwicklungsängste. Wir brauchen uns ihrer nicht zu schämen.

Darüber hinaus gibt es eine Fülle individueller Ängste. Kierkegaard sprach von der Grundangst, die es kostet, »auszuhalten, ein Individuum zu sein«. Das ist es. Ich bin ein In-Dividuum, ein nicht mehr zu Teilendes. Ich bin ein Unikat, ein Solitär. So ist auch meine Angst anders als die des Partners. In der Therapie wie im Leben ist es deshalb wichtig, meine eigene Angst ausfindig zu machen.

Ich habe zum Beispiel viele Jahre meines Lebens Angst gehabt, zu verarmen und ein Fall fürs Sozialamt zu werden. Diese Angst war irrational. Das weiß ich heute. Keinen Augenblick stand ich vor der Gefahr des sozialen Absturzes. Ich vermute, dass ich diese Angst durch alle Poren von meinen Eltern aufgesogen habe, die als Ärzte Freiberufler waren und sich in frühen Jahren oft vor uns Kindern fragten, was mit ihnen und uns denn im Fall eines Herzinfarktes oder eines Unfalls passierte ...

Was ist deine verborgene Grundangst, liebe Leserin, lieber Leser? Ist es die Angst, über Nacht krank zu werden? Vom Partner verlassen zu werden? Dass die Kinder sterben? Dass du arbeitslos wirst? Dass du nicht mehr geliebt wirst? Dass dein Haus abbrennt? Dass die Depression dich übermannt? Dass du stirbst, bevor du dein Leben gelebt hast? Dass du »ungebildet« bist? Dass du lebensuntüchtig bist? Dass du gar kein Recht hast, den Sauerstoff dieser Welt zu verbrauchen? Dass du ein Scharlatan bist und die Menschen dir irgendwann einmal auf die Schliche kommen? Dass du körperlich unattraktiv bist? Dass du Angst vor geschlossenen Räumen, Menschenansammlungen, im Aufzug oder vor Schlangen, Spinnen oder Hunden hast?

Es ist wichtig, dass du dich dieser existenziellen Angst stellst. Bestimmt sie uns doch, wie Fritz Riemann es in seinem Klassiker ›Grundformen der Angst‹ beschrieben hat, bis in die kapillaren Verästelungen unserer Charakterbildung hinein, gleichgültig, ob ich ein schizoider (gefühlsverschlossener), depressiver (helfend-abhängiger), zwanghafter oder hysterischer (inszenierender) Charakter bin.

Wie stark diese Charakterformungen aus Angst in unseren Partner-, Familien- und Arbeitsbeziehungen gegenwärtig sind und sie oft neurotisch deformieren, habe ich in meinem Partnerbuch ›Das sprachlose Paar‹ detailliert geschildert. Ist es nicht die »Angst vor der Angst«, die uns stagnieren lässt?

Stimmt unsere Meinung denn überhaupt, dass wir immer angstfrei und fit wie ein Turnschuh sein müssen? Stimmt es, dass ich in dem Augenblick, in dem ich meine Angst zugebe, als Schwächling dastehe?

Ist es nicht umgekehrt so, dass die angeblich Furchtlosen gefühlsgehemmt und damit letztlich bedrohter sind, weil sie ihre Furcht unterdrücken? Gibt es nicht auch eine heilvolle Angst? »Weil ich Angst vor einem Fall-out hatte«, bekannte mir der erfolgreiche Geschäftsführer Roland, Mitte fünfzig, »habe ich mit dem Rauchen aufgehört, den Alkohol eingeschränkt und ernähre mich vollwertig wie meine Frau.«

Notwendig ist also – statt Angst vor der Angst – der Mut zur Angst. Natürlich bedroht die Angst erst einmal unsere Identität oder, um mit C. G. Jung zu sprechen, unseren positiven Ich-Komplex. Es ist die Todesangst, unsere Existenz zu verlieren, die uns dann treibt. Riemann meint: »Wir können nur versuchen Gegenkräfte gegen sie zu entwickeln: Mut, Vertrauen, Erkenntnis, Macht, Hoffnung, Liebe ... Jeder Mensch hat seine persönliche, individuelle Form der Angst, die zu ihm und zu seinem Wesen gehört, wie er seine Form der Liebe hat und seinen eigenen Tod sterben muss ... Jede Entwicklung, jeder Reifungsschritt ist mit Angst verbunden, denn er führt uns in etwas Neues, bisher nicht Gekanntes und Gekonntes.«

Noch fühlen wir uns dem Neuen nicht gewachsen. Wir erleben das Neue als Schatten, als das Fremde, das wir bisher in uns nicht leben lassen durften. »Ich hätte mir nie vorgestellt«, bekannte mir einmal der körperlich kleine Ex-Fabrikarbeiter Heinz, unehelicher Sohn einer Putzfrau, »dass ich je in meinem Leben den Mut besäße, aus dreitausend Meter Höhe mit dem Fallschirm abzuspringen. ›Giftzwerg‹, hänselten mich meine Schulkameraden, weil ich so klein und schüchtern war. Mein erster Chef verbannte mich in die Einsamkeit des Packlagers, weil er mich, wie er sagte, den Kunden nicht zumuten wollte. Jetzt springe ich nicht nur gelegentlich vom Himmel, sondern bin ausgebildeter Fallschirm- und Hängegleiter-Lehrer!« Der drahtige Heinz strahlte dabei über das ganze Gesicht, und ich alter Angsthase bewunderte ihn um seine mutigen Sprünge – das Dreimeterbrett im Schwimmbad ist bisher die absolute, mit Herzklopfen absolvierte Höchstleistung in meinem privaten Guiness-Buch der Rekorde.

Mut zur Angst heißt, seine positive Schattenpersönlichkeit anzuschauen und zu leben wagen. Um es metaphorisch zu formulieren: Das Fallschirmspringen zu lernen, das kann in einem Fall die Entscheidung sein, freiberuflich zu arbeiten, im anderen Fall, endlich die Kinder ihren Weg ziehen zu lassen und sich auf die eigenen Socken zu machen. Oder zu einer Liebesbeziehung zu stehen, Abneigung und Abgrenzung gegenüber Schwiegereltern zu leben, selbstbewusst aufzutreten, den Beruf zu wechseln, vor allem aber Neues zu lernen und ins Leben zu integrieren.

Im Dr.-Max-Otto-Bruker-Haus in Lahnstein machen viele Frauen zum Beispiel mit der Ausbildung zur Gesundheitsberaterin GGB den ersten Schritt in die Außentätigkeit und eigene Kompetenz und damit in jenes Selbstbewusstsein, das als verborgenes Potenzial schon lange in ihnen schlummerte. In jedem von uns steckt doch, positiv gesprochen, eine »multiple Persönlichkeit«. Mit vielen Facetten, Vorlieben, ungenutzten Potenzialen, Reserven und brach liegenden geistigen Ackerlandschaften ausgestattet. Warum nicht mit fünfzig Jahren noch Klavierspielen lernen, Jazz-Dance, medizinische Massage oder Telefonseelsorge?

Der österreichische Schriftsteller Robert Musil spricht in seinem Jahrhundertroman ›Der Mann ohne Eigenschaften‹ vom »Möglichkeitssinn«. Sein Held Ulrich mag sich mit dem erlernten Ingenieurberuf nicht zufrieden geben. Er spürt, er hätte auch Philosoph, Künstler, Arzt oder Psychologe werden können. Er spielt mit diesen Möglichkeiten. Er eignet sich ununterbrochen neue Erkenntnisse und Erfahrungen an. Seine vermeintliche Eigenschaftslosigkeit stellt sich am Ende als die multiple Kraft und kreative Fantasie einer fragmentarischen Persönlichkeit heraus, die von sich weiß, dass sie immer im Prozess ihrer Entwicklung ist und sich nie als vollendet definieren kann.

Mut zur Angst bedeutet, durch die Angst hindurch andere Formen der Identität ernsthaft wahrzunehmen, mit dem Fremden in wahrhaftigen Kontakt zu treten und die tiefe Freude an der Wandlung zuzulassen. »Ich hätte nie gedacht, dass ich mich so entwickeln könnte«, ist das Credo erfolgreicher Menschen, die durch viele Ängste hindurchgegangen sind. Warum habe ich denn zum Beispiel – und dazu muss ich kein Rechtsradikaler sein – Angst vor dem Ausländer? Antwort: Weil die türkische Frau oder der männliche Asylant aus Sri Lanka meine Identität, meine Glaubenssätze und Lebensvorstellung mit ihrer anderen Form von Lebendigkeit, Tradition und kulturellem Reichtum infrage stellen.

Ich werde nie das Gespräch mit einer türkischen Friseuse vergessen. Ich war erst reichlich maulfaul, als sie mir die Haare schnitt. Ich erwartete mir von dem Gespräch nichts. Als wir dann doch ins Reden kamen, geriet ich prompt mit ihr in Streit. Renan, so hieß sie, lobte die im islamischen Kulturbereich übliche Unterordnung der Frau unter den Mann so glühend, dass ich um meine – mühsam errungenen – feministischen Positionen fürchtete und Renan innerlich rasch als Fundamentalistin denunzierte. Doch dann musste ich, ob ich wollte oder nicht, aufhorchen.

Natürlich konnte man über ihre Position anderer Meinung sein. Aber was sie mir über das Ansehen und die Rolle der islamischen Frau in der Großfamilie berichtete, den bedingungslosen Schutz der Sippe, die Verbundenheit mit den Schwiegereltern, das Leben aus der Kraft der Familie, das belegte Punkt für Punkt das, was ich aus den Büchern des persischen Arztes und Psychoanalytikers Peseschkian, Vertreter der Positiven Psychotherapie, kenne: die Familie als emotionale Tankstelle und Ort der Gebundenheit anstelle des westlichen Single-Individualismus. Seitdem sehe ich, bei allen Vorbehalten, auch türkische Frauen mit Kopftüchern differenzierter.

Nicht anders erging es mir mit einem Asylanten aus Sri Lanka, dem ich beim Abendessen in einem Restaurant eine – wie immer schnell verwelkende – rote Rose abkaufte. Ich hielt ihn in meiner Arroganz für einen wenig artikulationsfähigen Hilfsarbeiter und für arbeitsunwillig obendrein. In Wahrheit entpuppte er sich als Lehrer und Angehöriger der verfolgten Minderheit. In fließendem Englisch erläuterte er mir seine Opposition zur herrschenden Oligarchie und formulierte präzise demokratische Alternativen. In wenigen Sätzen schilderte er mir die farbige Schönheit Sri Lankas. Hinter meinen Vorurteilen, so weiß ich seit damals, steckt die Angst vor dem Unbekannten, nicht zuletzt die Angst davor, mein manchmal so graues und provinzielles Deutschsein der Infektion exotischer Träume auszusetzen.

Wir haben die Chance, in der Angst neue Werte unseres Lebens zu entdecken, uns und die Umwelt zu ändern. Angst bedeutet Ungewissheit. Doch woraus soll sich neue Gewissheit entwickeln, wenn nicht aus einer Verunsicherung? Die griechische Philosophie entstand aus der Fähigkeit, sich zu wundern (»thaumazein« = sich wundern). Wer sich wundert, der hat noch Fragen. Wer sich produktiv ängstigt, der will erkennen, was ihn ängstigt. Wer konstruktiv hilflos ist, der sucht Hilfe. Wer mit seiner Angst umzugehen gelernt hat, der verbündet sich mit anderen Menschen. Er gibt seine Isolation auf, statt in Destruktion und in Aggression zu gehen.

Kurz nach dem Krieg hatte ich als Kind Angst, in einen Luftschutzbunker einzudringen. Nach etwa zehn Metern hätte ich schreien können vor Schrecken. Was tat ich? Ich tat das, was jedes aufgeweckte Kind in dieser Situation getan hätte. Ich ging zurück und holte meinen Freund Michael. Zu zweit und mit einer Taschenlampe bewaffnet, drangen wir bis in die letzten Tiefen dieses Bunkers vor.

Wo wir unsere eigene Angst zulassen, vermeiden wir auch die Gefahr, aus verdrängter Angst heraus destruktiv zu werden oder uns selbst und andere Menschen durch die Züchtung von Angst zu manipulieren. Die Ausländerhetze der Rechtsradikalen ist nichts anderes als eine aus der Angst vor Verlust von Arbeitsplätzen, Wohnungen und Sozialleistungen geborene Verunglimpfung von Nicht-Deutschen.

Jeder Fundamentalismus ist im letzten Kern der Zweifel an der eigenen Doktrin, der mit Aggression, Rechthaberei und Hass auf Abweichler kompensiert wird. Die amtskirchlichen Ordnungskräfte haben »Ketzer« wie Galileo Galilei oder Giordano Bruno, Ludwig Feuerbach, Hans Küng, Eugen Drewermann, den (amtsenthobenen!) französischen Armenbischof Gaillot oder den Befreiungstheologen Boff nicht zuletzt deshalb verfolgt, um ihre eigene Angst vor den neuen Wahrheiten zu bewältigen. Wie lautet doch ein Aphorismus Karlheinz Deschners: »In Jerusalem opferte sich – dem Vernehmen nach – jemand für andere. In Rom opfert man andere für sich.«

Angst wird durch Tun geheilt. Der jüdische Psychoanalytiker Bruno Bettelheim, dem KZ Buchenwald entronnen, beobachtete: »Je länger die Angst andauert und je mehr Energie verbraucht wird, um sie zu binden, desto mehr lebenswichtige Energie wird dem Menschen entzogen und desto weniger fühlt er sich imstande, aus eigenem Antrieb zu handeln. Je länger zu Beginn der deutschen Tyrannei eine Tat aufgeschoben wurde, desto geringer wurde die Fähigkeit, sich zu widersetzen. Lange Zeit waren viele davon überzeugt, dass sie beim nächsten Eingriff des Staates in ihre Autonomie, bei der nächsten Erniedrigung bestimmt etwas Entscheidendes unternehmen würden. Nur konnten sie dann nicht mehr handeln und mussten zu spät erkennen, dass die Straße ... zum Todeslager mit guten Vorsätzen gepflastert ist, die nicht zur rechten Zeit ausgeführt worden sind« (›Aufstand gegen die Masse‹).

Mut zum Leben heißt immer auch Mut zur Angst. Es ist aussichtslos, wenn ich mich nach Art des Zwanghaften gegen jede Unbill mit Präventivmaßnahmen und Versicherungsabschlüssen zu schützen suche. Mich erinnert das an einen ängstlichen Studienfreund. Er war ein – liebenswerter – Hypochonder, sein ganzes Denken kreiste um seine Gesundheit. Kurz vor dem Staatsexamen fuhr er in den Wintersportort St. Anton am Arlberg. Er hatte im Wortsinn Knochenangst, sich so kurz vor dem Examen den Fuß zu brechen.

Wochenlang wog er die Vor- und Nachteile dieser Exkursion ab, hier das Sportvergnügen, dort die Unfallgefahr. Er fand, wie er meinte, eine geniale, salomonische Lösung. Er nahm keine Ski mit, sondern einen, wie er dachte, harmlosen Schlitten. Alles ging gut. Als er am Abreisetag die Koffer bereits gepackt hatte, aber noch zwei Stunden bis zur Abfahrt überbrücken musste, rodelte er noch einmal mit dem friedlichen Vehikel den »Idiotenhügel« hinunter. Auf den letzten zehn Metern der Fahrt musste er einem gestürzten Kind ausweichen. Du lachst schon, lieber Leser, über die Pointe: Unser Freund verhakte sich mit der rechten, bremsenden Ferse. Er zog sich einen schweren Knöchelbruch zu. Dieser heilte nur mühsam. Unser Freund musste das Staatsexamen um ein Semester verschieben. Ich gestehe, wir haben geschrien vor Lachen.

Natürlich kann man auch wie der Junge, der im grimmschen Märchen auszog, das Fürchten zu lernen, sich wie ein Kontraphobiker verhalten und einfach seine Angst bei sich und anderen leugnen. Das ist lebensgefährlich. Hitlers Propagandaminister Joseph Goebbels war so ein krankhafter Angstunterdrücker. Als ich einmal mit erheblichem Kraftaufwand über Monate hinweg seine Tagebücher las, die sich fast vom Beginn der Weimarer Republik bis zu den Märztagen 1945 im Keller seines Ministeriums erstrecken, war ich entsetzt, wie dieser Mann, immerhin ein promovierter Germanist, selbst in den letzten Tagen der nicht mehr zu leugnenden Kriegsniederlage im Inferno des Bombenhagels und der sich nähernden russischen Artillerie schlicht weigerte, Angst zu empfinden.

Goebbels produzierte bis zur letzten Minute Siegeszuversicht, nicht nur für die Radiohörer des »Großdeutschen Reiches«, sondern auch für sich. Als es dann, wenige Wochen später, so weit war und an ein Entkommen aus dem so genannten Führerbunker nicht zu denken war, da tat der krankhafte Kontraphobiker Goebbels etwas Furchtbares: Er und seine Frau nahmen nicht nur sich das Leben, sondern sie töteten alle ihre sechs weizenblonden, »arischen« Kinder, indem sie den schlafenden Ahnungslosen Gift in den Mund schoben.

Indem wir Angst zulassen und angehen, entscheiden wir uns für das Leben. Erich Fried warnt in seinem Gedicht ›Angst und Zweifel‹ vor den hartnäckigen Angstverdrängern:

> Zweifle nicht
> An dem
> Der dir sagt
> Er hat Angst
> Aber hab Angst
> Vor dem
> Der dir sagt
> Er kennt keinen Zweifel

Längst geht es heute darum, die planetarische Angst zuzulassen, von der am Anfang des Kapitels zu lesen war. Der Philosoph Hans Jonas spricht in seinem fundamentalen Werk ›Prinzip Verantwortung‹ von den Beben und Fluten früherer Naturkatastrophen. Dagegen setzt er die moderne Gefahr, die wir an der Schwelle des 21. Jahrhunderts selbst produzieren. Hans Jonas: »Eine neuere und gefährlichere Flut rast jetzt und schießt zerstörend nach außen – die überschießende Kraft unserer Kulturtaten selber. Von uns her öffnen sich die Lücken, wir schlagen die Breschen, durch die sich unser Gift über den Erdball ergießt, die ganze Natur zur Kloake des Menschen verwandelnd. So haben sich die Fronten verkehrt. Wir müssen mehr den Ozean vor uns als uns vor dem Ozean schützen. Wir sind der Natur gefährlicher geworden, als sie es uns jemals war.«

Jonas kommt zu dem Schluss: »Am gefährlichsten sind wir uns selbst geworden, und das durch die bewundernswertesten Leistungen menschlicher Dingbeherrschung. Wir sind die Gefahr, von der wir jetzt umrungen sind – mit der wir hinfort ringen müssen ... Die nukleare, ökologische, bioethische, gentechnologische Debatte dieser Jahrzehnte bringt es unaufhörlich zu Wort.«

Mut zum Leben kann natürlich nicht einfältiger Optimismus sein. Dieser Mut nimmt uns in die Pflicht, uns umfassend über die Doppelbödigkeiten der Technik und des Fortschritts zu informieren und uns zu engagieren. Es geht nicht an, den Kopf in den Sand zu stecken und Vogel-Strauß-Politik zu praktizieren. Der Spruch »Politik ist ein schmutziges Geschäft« ist allzu oft ein Alibi für unsere Faulheit und Ignoranz. Bürgerinitiativen, Demonstrationen, die Arbeit in einer Partei an der Basis, Flugblätter verteilen, Leserbriefe schreiben, im kleinsten Lebensbereich Alternativen setzen, und sei es nur die Einrichtung einer Solar- oder biologischen Wasserkläranlage, das sind die »Mühen der Ebene« (Brecht).

Verstecken wir uns auch nicht hinter so fragwürdigen Phrasen wie: »Der Mensch ist schlecht.« Die Natur des Menschen ist, soweit man von so einer anthropologischen Ausstattung überhaupt sprechen kann, offen für Gut und Böse. Es gibt keine eindeutige Natur des Menschen. Er ist weder an sich gut noch an sich schlecht. Beides gehört zu seinem Wesen.

Der Mensch kann und muss jedoch von der Vergangenheit lernen, was der Mensch sein kann, Engel oder »homo homini lupus«, als Mensch dem Menschen ein Wolf. Das 20. Jahrhundert hat zwei Weltkriege mit rund siebzig Millionen (!) Toten hervorgebracht, aber auch einen Albert Schweitzer, einen Johannes Paul XXIII., einen Mahatma Gandhi, einen Albert Einstein, eine Lady Diana, eine Mutter Teresa. Jeder von uns ist eine Mixtur von Himmel und Hölle. »Der Mensch«, schrieb der Philosoph Voltaire im 18. Jahrhundert einem Briefpartner, »ist wie alles, was wir sehen, aus Gut und Böse gemischt, aus Vergnügen und Kummer. Er ist mit Leidenschaft versehen, um zu handeln, mit Vernunft, um seine Wirksamkeit zu lenken. Und das, was Sie Widersprüche nennen, sind die notwendigen Bestandteile des Menschen, der wie die übrige Natur ist, was er sein muss.«

Mut zum Leben bedeutet auch Absage an den Zynismus. Wo wir zynisch sind, agieren wir aus der Erbitterung. Oft sind wir dabei innerlich schon ein Stückchen tot. Eine Prise Galgenhumor hilft uns allemal besser über die Runden der Lebensgeisterbahn. »Der Mensch, der von einem Kirchturm herunterfällt«, spottete Voltaire einmal vergnügt, »der sich in der Luft ganz munter fühlt und sich sagt: ›Schön, wenn es nur so weitergeht‹, der Mann bin ich.«

Ich werde, wie Heines Gedicht über den verzweifelten »Narren« am Anfang dieses Kapitels deutlich macht, damit leben müssen, die »letzten Fragen« der Natur und des Geistes nicht beantwortet zu bekommen. Da können wir noch so viele genial konstruierte Sonden auf den roten Planeten Mars schicken und nach Wasser forschen. Diese kosmische und existenzielle Angst müssen wir aushalten.

Wir dürfen uns aber auch an die Freude halten, Mensch und Mitmensch zu sein.

Heinrich Heine hat dieses enthusiastische Gefühl der Empathie mit dem Menschlichen an einer Stelle seines Reiseberichtes ›Die Stadt Lucca‹ mitreißend beschrieben: »In meiner Brust aber blüht noch jene flammende Liebe, die sich sehnsüchtig über die Erde emporhebt, abenteuerlich herumschwärmt in den weiten, gähnenden Räumen des Himmels, dort zurückgestoßen wird von den kalten Sternen und wieder heimsinkt zur kleinen Erde und mit Seufzen und Jauchzen sehen muss, dass es doch in der ganzen Schöpfung nichts Schöneres und Besseres gibt als das Herz der Menschen. Diese Liebe ist die Begeisterung, die immer göttlicher Art (ist), gleichviel, ob sie törichte oder weise Handlungen verübt.«

Wo ich mir diesen Lebensbiss bewahre und gleichsam in einem alchemistischen Prozess die Angst zum lebensbejahenden Mut umschmelze, da vermag ich mit dem Trommelschlag meines Herzens auf die Welt und auf Menschen neu zuzugehen und radikale Kursänderungen meines Lebens vorzunehmen. Ich habe mir einmal an einem einzigen, allerdings außergewöhnlichen Sprechstundentag notiert, wie sechs Frauen und Männer Angst und Verdrängung ablegten und sich für ihren Mut zum Ich entschieden.

Hermann, ein bienenfleißiger, erfolgreicher Unternehmer und liebenswerter Mann sagte mir: »Ich habe es jetzt kapiert. Ich bin nicht ein bisschen dick, sondern ich kann in Wahrheit mein Essen nicht kontrollieren. Ich bin esssüchtig. Ich gehe jetzt in die Suchtklinik, deren Adresse du mir gegeben hast.«

Hella, eine Ehefrau knapp über sechzig, erklärte: »Es hat keinen Sinn, dass ich noch länger auf meinen zehn Jahre älteren Mann warte. Er ist in seinen Beruf verliebt. Wir haben ein luxuriöses Wohnmobil. Damit erkunde ich weiterhin Deutschland von Bayern bis Mecklenburg. Weil ich manchmal ein bisschen Angst habe, als Frau allein im Wagen zu nächtigen, schaffe ich mir einen Hund an.«

Anette, eine junge Frau mit Kindern, die an der Seite eines völlig auf seinen Beruf fixierten Mannes zu verdorren drohte, kündigte mir an: »Ich will nicht länger leiden. Das Reiten ist meine Lebensleidenschaft. Das werde ich pflegen und künftig ein grundsätzlich eigenes Leben führen.«

Mathilde, wohlsituiert und im Rentenalter, hatte in mehreren Sitzungen bewegt Klage geführt, dass ihr Mann ihr aufopferungsvolles Hausfrauendasein schlecht belohne. Er habe seit Jahren eine Freundin und denke nicht daran, von dieser zu lassen. Jetzt betrat Mathilde auf einmal in einem edlen Fummel mein Sprechzimmer: »Ich habe mir«, erklärte sie energisch, »über ein Eheanbahnungsinstitut einen Freund geangelt. Er ist zwar, glaube ich, noch nicht der Richtige, aber ich bleibe am Ball. Ich bin es leid, zu warten und dabei zu versauern.«

Johanna wiederum, die an einem schweren Tinnitus (»Ohrengeklingel«) leidet und streckenweise gefährdet war, ihr gerade erlangtes Pensionärsdasein suizidal zu beenden, »weil doch alles keinen Sinn mehr hat«, sagte mir an diesem Tag: »Stell dir vor, nach über einem Jahr kann ich jetzt erstmals wieder richtig Bücher lesen. Ich bin so stolz. Jetzt mache ich mich auch wieder an meine Übersetzertätigkeit!«

Da war schließlich Friedrich, ein knapp fünfzigjähriger Mann, der, wie er im Verlauf seines Therapieprozesses erkannte, seine Angst vor Nähe und Bindung durch eine langjährige erotische Schaukelpolitik und Vermeidungsstrategie konserviert hatte. Stets schwankte sein Herz zwischen zwei, manchmal sogar drei Freundinnen. Dabei war er eigentlich ein grundanständiger Mensch. Jetzt verkündete er plötzlich in der abendlichen Schlussstunde dieses aufregenden Sprechstundentages: »Ich habe mich entschieden. Ich gehe zu der Freundin mit den zwei Kindern. Mit ihr werde ich meine Zukunft teilen. Aber ich fühle mich nicht zur Vaterrolle berufen. Ich brauche auch ein Stück Distanz. Also werde ich meine Wohnung aufrechterhalten.« Friedrich strahlte.

Natürlich ist nicht jeder Sprechstundentag so entscheidungsschwanger. Manchmal sind Sitzungen zäh wie Tischlerleim. Sie sind halt wie das Leben, bald aufregend, bald lahm. Aber eines begreifen meine »Gäste«, wie ich meine Klienten nenne, und ich selbst bei dieser Seelenarbeit fast immer: dass man seinen

Hintern lüften muss. Dass man der Zaghaftigkeit der Angst sein Wissen und seine unerschöpfliche Lebensenergie, sein privates und öffentliches Engagement entgegensetzen muss. So, wie es Heinrich Heine in einem seiner schönsten Gedichte, dem Poem ›Doktrin‹, pulstreibend formuliert, wobei die französische Vokabel »reveiller« erwachen, wecken bedeutet:

> Schlage die Trommel und fürchte dich nicht,
> Und küsse die Marketenderin!
> Das ist die ganze Wissenschaft,
> Das ist der Bücher tiefster Sinn.
>
> Trommle die Leute aus dem Schlaf,
> Trommle reveille mit Jugendkraft,
> Marschiere trommelnd immer voran,
> Das ist die ganze Wissenschaft.
>
> Das ist die Hegelsche Philosophie,
> Das ist der Bücher tiefster Sinn!
> Ich hab sie begriffen, weil ich gescheit
> Und weil ich ein guter Tambour bin.

Es kommt einzig auf den Mut an. Er geht auch dem Tapfersten oft verloren, dann neigen wir zum Suchen nach Programmen, nach Sicherheiten und Garantien. Der Mut bedarf der Vernunft, aber er ist nicht ihr Kind, er kommt aus tieferen Schichten.

Hermann Hesse

Das Hohelied der Sexualität

7. Gebot

*Lieber Gott,
Ich hab dich wirklich
Noch nicht oft um was gebeten.
Darf ich eines der Gebote
mal ein bisschen übertreten?*

*Du, der Mann von meiner Freundin,
Mit dem würd ich gern mal wollen ...
Was, das geht nicht? Ach, ich merk schon,
Hätte dich nicht fragen sollen.*

Sonja Marlin: Lieber Gott, du alter Schlingel

Eigentlich wollte ich über dieses Kapitel die Überschrift »Mut zur Sexualität« setzen. Denn je mehr die Menschen mich mit ihren sexuellen Sehnsüchten und Unerfülltheiten, Fragen und Ängsten konfrontieren, desto mehr wird mir bewusst, auch aus meinem eigenen Leben, wie gefährlich Sexualität ist.

Wir brauchen Mut dazu, weil sie uns mit dem Kern unserer Persönlichkeit konfrontiert – unseren tiefen Wünschen, aber auch unserer gut oder schlecht ausgeprägten Fähigkeit, für uns etwas zu fordern und diese Holschuld des Lebens in die Tat umzusetzen. »Lust«, sagt Nietzsche, »ist durstiger, herzlicher, hungriger, schrecklicher, heimlicher als alles Weh.« Glück und Elend liegen in der Sexualität ganz nahe nebeneinander.

In meinen Selbsterfahrungsgruppen in Lahnstein pflege ich den Teilnehmern einen Abend Raum für das Nachspüren ihrer Sexualität zu geben. Sie sitzen dann unter dem überlebensgroßen Bild der Künstlerin Barbara Heinisch mit dem Titel ›Ekstase‹. Die bekannte Malerin stellt hier einen entrückt tanzenden Mann dar, der – auch im Bild – seinen Kopf verloren hat und in sichtbar phallischer Lust steht. (»Das ist der Teufel«, ergrimmte sich einmal eine Frau in meiner Praxis, und es war wohl kein Zufall, dass die Auseinandersetzung mit ihrer unterentwickelten Sexualität das Grundthema ihrer Therapie wurde.) Die Gruppenteilnehmer bitte ich dann darum, auf einem Zettel ihre gegenwärtige Sexualität zu benoten und ihre persönlich drängendste Frage für die anschließende Kleingruppenaussprache zu formulieren. Wie viel Ratlosigkeit sich in unserem Sexualleben verbirgt, das wird deutlich aus einigen willkürlich herausgegriffenen Zetteln der letzten Seminare.

Da schreibt ein Mann, Sexualität »ungenügend«: »Ich habe seit circa sechs Jahren keinen sexuellen Verkehr mit meiner Frau, obwohl ich ansonsten unsere Ehe als gut bezeichne. Geht das überhaupt?« Er fügt hinzu: »Ich habe sehr oft Wunschträume, die sich aber schlussendlich auf meine Frau beziehen.« Und: »Ich bin auf Sexualität stark ansprechbar.« Aber er hungert wie ein Asket.

Eine Frau, die sich über die Qualität ihrer Sexualität ausschweigt, gesteht: »Ich wünsche mir auf einer sonnigen Insel einen Urlaub mit einem sinnlichen Mann!« Man kann sich die Talsohle ihres erotischen Lebens leicht vorstellen.

Mit der Note sieben, also wohl zu übersetzen mit »schrecklich ungenügend«, klassifiziert ein Mann sein erotisches Eheleben. Verwirrt schreibt er die Frage auf den Zettel: »Ist es normal, trotzdem seinem Partner treu zu bleiben?« In die gleiche Richtung gehen zwei weitere, weibliche Notate: »Ich kann mir nicht vorstellen, dass die Sexualität nach fünfundzwanzig Jahren Ehe so sein kann wie in früheren Jahren. Ich finde es schwer, in die Stimmung zu kommen.« Eine andere: »Auf Dauer geht einer Beziehung die Erotik verloren, ist das normal?«

»Wie durchschaue ich das«, fragt ein Mann, »ob mir meine Frau den Orgasmus vorspielt?« Eine Frau, Sexualität »befriedigend«, will von den anderen Seminarteilnehmerinnen wissen: »Was haltet ihr von außerehelichen Beziehungen?«

Eine andere Frau, Sexualität »ungenügend«, fragt konsterniert: »Wie ist es, wenn man mit seinem Partner gemeinsam einen Orgasmus hat?« Offensichtlich hat sie dies noch nie erlebt.

Ein Mann, Sexualität »ungenügend«: »Warum habe ich nicht öfter als einmal pro Woche Sex?« Ein anderer, Sexualität »genügend bis ungenügend«: »Wann empfinden Frauen so etwas wie Geilheit?«

Eine Frau, Sexualität »sehr gut«, richtet die Frage an den Mann schlechthin: »Wie wichtig ist die Zärtlichkeit beim Lieben für dich?« Eine Frau, Sexualität »absolut ungenügend«: »Wie reizvoll kann Reizwäsche sein?«

Ein Mann, Sexualität »sehr gut«, braucht Informationen: »Wie geht's, dass der Penis beim In-der-Frau-Sein groß wird, ohne gleich zum Höhepunkt zu kommen?«

Ein anderer Geschlechtsgenosse, Sexualität »genügend«, empfindet sich unter weiblichem Druck: »Meine Frau ist unzufrieden mit unserem bisherigen Sexualleben. Sie möchte jetzt immer ihren Orgasmus. Da fühle ich mich unter Leistungsdruck und mache mir meine Lust kaputt.«

Eine Frau, Sexualität »gut«, fühlt sich angesichts der öffentlichen Sexualitätsdiskussion in ihrer Identität infrage gestellt: »Ist es normal«, will sie wissen »wenn man keine außerehelichen Beziehungen will?«

Ein Mann, Sexualität »gut«, bekennt sein Dilemma: »Obwohl ich mit meiner Frau glücklich bin, habe ich manchmal das Bedürfnis, mit anderen Frauen (jüngeren) zu schlafen. Ich könnte aber hinterher meiner Frau, ohne dass ich es ihr sagen würde, nicht in die Augen schauen.«

Fast möchte man angesichts dieser Kalamitäten mit Nietzsche (in ›Die Unschuld des Werdens‹) seufzen: »Die Ehe ist die verlogenste Form des Geschlechterverkehrs.«

Wir brauchen Mut zur Sexualität. Denn Sexualität funktioniert auf Dauer nicht von selbst. Nichts lassen wir uns schneller abhandeln, aberpressen und stehlen wie den Eros. Dabei stellen wir uns oft selbst die mörderischsten Fallen. Wir lassen die vier Hauptfeinde der Sexualität wie Diebe in unser Haus: Alkohol, Fernsehen, Arbeitssucht, unstimmige Beziehung.

Nach hunderten von Paargesprächen, in denen ich hartnäckig gebohrt habe, bin ich über den verborgenen und verharmlosten Alkoholabusus (Missbrauch) vor allem bei uns Männern entsetzt. Nach einem anstrengenden Arbeitstag »brauche ich einfach ein Bierchen und die Glotze, um abzuspannen«, räumen viele Männer ein. Was sie nicht sagen, ergänzen ihre verbitterten Ehefrauen: Aus dem ursprünglichen »Bierchen« sind längst zwei bis drei Flaschen Bier und oft noch eine kräftige, hochprozentige Zugabe geworden. Das ist, wie der amerikanische Professor Jellinek schon vor Jahrzehnten in seiner berühmten Suchttafel belegte, die schleichende Alkoholabhängigkeit. Sie tötet die Sexualität so sicher, wie wenn man einen Schmetterling in Spiritus legt.

Es kommt der stumpfsinnige TV-Konsum dazu. Ich gehöre nicht zu den Menschen, die das Fernsehen abschaffen wollen. Die Wahrheit ist komplizierter. »Fernsehen«, so sagt ein Medienspruch, »macht Dumme dumm und Kluge klug.« Die Frage ist, ob ich mich hinter die »Glotze« flüchte, den Dialog mit dem Partner verweigere, seit Jahren mit den Kindern nicht mehr spiele und meine tiefe Bedürftigkeit medial narkotisiere.

Ein Todfeind der Sexualität und oft ein unbewusster Vorwand, der Nähe auszuweichen, ist weiterhin die männliche und die weibliche Arbeitssucht. Hier geht es letztlich um Prioritäten: Ist es wichtiger, den letzten Bürokram oder die Wäsche erledigt zu haben oder sich Stunden fürs Kuscheln zu nehmen und einmal lustvoll wie die Raubtiere übereinander herzufallen?

In letzter Konsequenz geht jede sexuelle Störung, wie ich das ausführlicher in meinem Buch ›Das sprachlose Paar‹ ausgeführt habe, auf eine Beziehungsstörung zurück. Die gilt es zu klären.

Wenn zum Beispiel aus der Ehe eine »Kinderzuchtanstalt« geworden ist, so desertiert der Sex oft. Das Kind zieht libidinöse Energien ab, der Mann findet sich von der Mutter-Kind-Symbiose ausgeschlossen, die Leidenschaft geht flöten.

Die Geburt eines Kindes ist ein tiefer Eingriff in die Zweierbeziehung. Oft bleibt die ganze Arbeit mit den Kindern an der Frau hängen, umgekehrt stürzen sich die Männer voller Existenzangst in den Beruf. Sie kämpfen um ihren Posten wie ums Überleben. Der Berufskampf ist heute hart. Das schlägt nicht selten auf die Potenz. Die Frauen wiederum bunkern in ihrer Überforderung zähen Groll, der jahrelang vor sich hin schwelt. Wenn in dieser Situation aggressiver Langeweile eines Tages ein Dritter, eine Dritte auftauchen, dann explodiert dieser Außenkontakt nicht selten zum riskanten »Seitensprung«, nach Nietzsche (in ›Also sprach Zarathustra‹): »Wohl brach ich die Ehe, aber zuerst brach die Ehe – mich!«

Der Partner zieht dann ein langes Gesicht. »Seitdem ich einen Geliebten habe«, gestand mir eine knapp vierzigjährige Hausfrau und Mutter von zwei Kindern, »fühle ich mich zwar schuldig, aber ich fühle mich auch irrsinnig lebendig. Das habe ich, verdammt noch einmal, endlich verdient. Gegen unsere Ehe ist ja eine Schlaftablette noch ein Aufputschmittel!« Wen eine faire Betrachtung des Themas »Seitensprung« interessiert, für den habe ich das Buch ›Außenbeziehung – Ende oder Neubeginn der Liebe‹ geschrieben.

Kann man denn nach langer Funkstille im Bett überhaupt wieder zusammenfinden? Ich glaube schon. Über die Inszenierung mittels Champagner, Kerzen und Strapsen läuft es allerdings auf die Dauer nicht, so spritzig das von Fall zu Fall auch sein mag. Die Partner selbst müssen sich interessant finden.

Alte Ehen beziehungsweise Lebenspartnerschaften degenerieren leicht zu Bruder-Schwester-Beziehungen. Beide beschützen sich kreuzbrav, teilen alles miteinander, wissen alles voneinander und langweilen sich zu Tode. Der Sex schmeckt wie eingeschlafene Füße. Um den Sex interessant zu machen, müssen wir uns selbst wieder füreinander spannend machen. Das heißt, wir müssen die Distanz organisieren, raus aus den eigenen vier Wänden gehen, die Außenwelt in die Beziehung einfließen lassen, auch einmal ohne den Partner mit Freunden Urlaub machen, allein Theater- und Kinobesuche absolvieren, kurz, sich und den anderen in Spannung halten. »Gute Ehen«, beobachtet Nietzsche, »wären häufiger, wenn die Ehegatten nicht immer beisammen wären.«

Natürlich brauchen wir die Intimität und jahrelange Vertrautheit, aber wir brauchen ebenso die Spannung und Individualität, die Fremdheit und Neugier in der Partnerschaft. Darüber hinaus braucht Sexualität ein Maß an Aggression, Überwältigung und »heiliger Rücksichtslosigkeit«. Zärtlichkeit ist unendlich wichtig, und vor allem wir Männer haben sie zu lernen, anstatt unsere armseligen genitalen Blitzkriege im Ehebett zu führen. Aber Kuscheln allein ist auf die Dauer ein Anti-Erotikum. Da kann ich mir auch einen Teddybären ins Bett nehmen.

Oft höre ich von älteren Paaren, sie seien glücklich, weil sie den Sex »hinter sich« haben. Ich bin da eher skeptisch. Zu oft habe ich es erlebt, dass einer der beiden plötzlich den Steppenbrand der Leidenschaft außerhalb der Ehe fand und dass dann plötzlich beide bei der Beratung unendlich viel Trauer über ihr bisher ungelebtes erotisches Leben fühlten. Die Tränen wollten gar nicht mehr aufhören. Voraussetzung für gute Sexualität sind Partner, die annähernd gleich stark und selbstbewusst sind, auf eigenen Beinen stehen, die sich Freiheit und Neugier auf sich, den Partner und andere bewahrt haben.

Wir sind als Paar oft einfach, um es einmal unverblümt zu formulieren, zu faul dazu, erotische Fantasie zu entwickeln, uns selbst zu schmücken und um den anderen aufreizend und witzig zu werben. Stattdessen meinen wir, Sex sei ausschließlich eine Sache des Unterleibs. Weit gefehlt. Der amerikanische

Theologe Sam Keen (›Feuer im Bauch‹) betont: »Das Problem der Sexualität liegt nicht in unseren Genitalien, sondern in unseren Köpfen, unserer Lebensphilosophie.«

Wenn wir ununterbrochen aneinander klammern, wie können wir dann erotisch aufeinander zugehen? Wo wir festhalten, blockieren wir unsere Hände und unsere Energien. Lassen wir unsere Zweierbeziehungen nicht oft an ihrer Ausschließlichkeit ersticken? Wird, wenn ich mich als Frau von allen anderen Männern, als Mann von allen anderen Frauen abwende, die eheliche Zweisamkeit nicht langfristig zum Gefängnis? Ist es nicht so, dass Menschen einfach einander anziehen, einander gefallen, dass sie emotionalen und erotischen Appetit aufeinander haben? Ist es nicht so, dass für die meisten Menschen sexuelle Treue über Jahrzehnte ein Problem darstellt? Seriöse Befragungen ergeben immer wieder, dass nur rund zwanzig bis dreißig Prozent aller Menschen in ihrer Ehe auch monogam bleiben! Wollen wir uns weiter um solche Fakten herumlügen?

Ist Enthaltsamkeit nicht eher Mangel an Mut oder, um mit Goethe zu sprechen, »Mangel an Gelegenheit«? Ist sexuelle Treue eine gegenseitige »Eigentumsgarantie«, die Untreue eine »Eigentumsverletzung«? Ist eine Außenbeziehung »Einbruch und Diebstahl«? Die Kalten Krieger der Liebe schätzen das ultimative Entweder-Oder, die »klaren Verhältnisse«, den »reinen Tisch«. Was verteidigen sie damit? Die Treue oder doch nur einen Besitz und die Verlustangst? Wenn wir aufhörten, *einander* zu gehören, könnten wir dann nicht besser *zueinander* gehören?

Macht sich der Begriff Treue wirklich an der Sexualität oder nicht vielmehr an dem emotionalen Vertrauen, der Verlässlichkeit und der Verbundenheit fest? Darf Sexualität nur in der standesamtlich oder kirchlich zugewiesenen Zweierzelle stattfinden, oder könnte sie nicht auch die Begegnung unter Ebenbürtigen und Mündigen sein, ohne dass Partner gleich sterben vor Eifersucht? Haben die so genannten persönlichen Ehekrisen nicht außerordentlich viel zu tun mit der Krise der Ehe? Ist es in diesem Zusammenhang nicht auch bezeichnend, dass wir diese überforderte Zweierbeziehung Ehe mit ihrem ausschließlichen Einander-Gehören im Zweifelsfall genauso endgültig alternativlos und böse beim Einander-Verlassen wie mit einem chirurgischen Schnitt beenden?

Das sind schmerzhafte und schneidende Fragen, die jeder nur für sich selbst beantworten kann und die er vielleicht zu verschiedenen Zeitpunkten seines Lebens unterschiedlich lösen wird. Eines ist jedoch sicher: Ich darf mir den Mut zur Sexualität nicht nehmen lassen. Ich habe ein Recht auf Sexualität. Für meine Sexualität bin ich selbst verantwortlich. Wenn ich sie nicht habe, dann genügt es nicht, dem Partner die Schuld zu geben und damit die eigene Verantwortung zu delegieren. Das tun wir oft, weil wir Angst vor dem Konflikt haben. Weil wir es nicht gewohnt sind, für uns selbst einzutreten. Man kann so viele Arrangements für die Sexualität finden, aber man muss darüber sprechen, sich gegenseitig erkunden, Vereinbarungen treffen, Experimente wagen, auch einmal Grenzen überschreiten.

Als ich zum zweiten Mal ein weltbekanntes sexualkundliches Werk las, die ›Psychopathia sexualis‹ von Richard von Krafft-Ebing, das erstmals 1886 erschien und in alle Weltsprachen übersetzt wurde, war ich verblüfft, was vor über hundert Jahren noch alles unter den Begriffen »Perversionen« und »Aberrationen« (Abweichungen vom Normalen) rangierte. Für die von dem Psychiater Krafft-Ebing genannten sadistischen, masochistischen und fetischistischen Praktiken, die über die Hälfte seines medizinischen Standardwerks ausmachen, stehen heute die gut ausgestatteten Salons der Dominae, erotische Fachmessen und Beate-Uhse-Shops zur Verfügung. Leder- und Latexpärchen frequentieren frohgemut einschlägige Spezialpartys. Sexuell promiskuitive Menschen, die früher noch Forschungsgegenstand der Sexualwissenschaftler waren, bedienen sich heute, ob Hilfsarbeiterin oder Bankdirektor, ohne einen Anflug von Schuldgefühlen der zahllos vorhandenen Swinger-Clubs und kommerzieller Wochenendtreffs.

Das mag ich schätzen oder nicht, aber ich komme nicht umhin zu akzeptieren, dass zuallererst ich selbst meine Sexualität definieren und mit dem Partner vereinbaren muss. Es gibt keine äußeren Autoritäten für unsere Ethik mehr, schon gar nicht für unsere Schlafzimmermoral.

Wen interessiert es heute noch allen Ernstes, ob der Papst in seiner »Unfehlbarkeit« daran festhält, dass der Samen nur zwecks Fortpflanzung auf die Reise geschickt werden darf! An die Stelle kirchlicher, staatlicher und familiärer Moral und Normen ist die Konsensmoral getreten, die zu erzielende Übereinstimmung zwischen zwei vernünftigen und mündigen Menschen. Erlaubt ist, was gefällt. Oder wollen wir etwa amerikanische Verhältnisse, bei denen heute noch in rund der Hälfte der US-Bundesstaaten etwa der Oralverkehr gesetzlich verboten ist? Da lachen ja die Hühner.

Die unterdrückte Sexualität richtet viel mehr Not an, als es die scheinbar unbegrenzt tolerante öffentliche Diskussion vermuten lässt. Freud ist heute aktueller denn je. Der Wiener Revolutionär der Psyche wollte uns helfen, uns von den neurotischen Folgen unserer ungelebten und gefürchteten Sexualität zu befreien, damit wir liebesfähig und liebenswert werden. Sonst verharren wir in einem Zynismus, einer Mischung aus Wahrheit und Fälschung, wie sie der Arzt und Schriftsteller Gottfried Benn in einem Brief einmal, allerdings extrem mannbetont, formulierte: »Liebe und Ehe! Ein seltsames Kapitel ... Die Ehe ist doch eine Institution zur Lähmung des Geschlechtstriebes, also eine christliche Einrichtung, Abraham und Odysseus litten nicht an ihr. Für den Mann gibt es doch nur die Ehelegalität, die Unzucht, den Orgasmus, alles, was nach Bindung aussieht, ist doch gegen die Natur. Eine Banalität!« Und: »In der Ehe gibt es Wirtschaftsfragen, Essensfragen, Geselliges,

›gemeinschaftliche Interessen‹ – alles Torpedierungen des Sexus. Die menschliche Bindung an die Gattin lähmt das Gemeine, Niedrige, Kriminelle, das in jedem echten Koitus für den Mann zugrunde liegt, er wird impotent ...«

»Der Kampf um die Lust«, befindet Nietzsche, »ist der Kampf ums Leben.« In meinem Sprechzimmer steht, dem Bild der ›Lust‹ gegenüber, das Monumentalwerk ›Der Sturz‹ von Barbara Heinisch: ein Mensch vor schwarzem Hintergrund, der in drei Konfigurationen wankt, zusammenbricht, auf den Boden stürzt. Wie wir in der polaren Gegensätzlichkeit von Nähe und Distanz stehen, so befinden wir uns auch immer wieder zwischen den Polen ekstatischer Lebenslust einerseits und des Absturzes und der Depression andererseits. Oft bitte ich einen Gast – die Begriffe »Klient« (Kunde) und »Patient« (Leidender) liebe ich nicht – sich einmal, seiner gegenwärtigen Situation entsprechend, den passenden Platz zwischen den Bildern auszusuchen.

Sibylle, soeben geschieden, grau gewandet, aber purpurrot geschminkt, positionierte sich nahe dem Bild ›Der Sturz‹. Aber ihr Blick war weder auf das Bild noch auf den Boden gerichtet. Sie blickte im Gegenteil auf den leuchtend roten Mann der ›Lust‹. Daraufhin von mir befragt, meinte sie kess: »Ich bin ja noch ganz unten. Aber mir schwirrt da so ein bestimmter Mann im Kopf herum. Ich freue mich auf Sex mit ihm. Damit werde ich aus meinem schwarzen Loch wieder herauskrabbeln.«

Wo wir uns das Hohelied der Sexualität verbieten lassen, verlieren wir uns selbst. Sexualität gehört zum Schönsten, aber auch zum Abgründigsten des Menschseins. In der Sexualität machen wir Erfahrungen, die wir nirgendwo anders schöpfen können. Die französische Psychoanalytikerin Christiane Olivier sieht in der sexuellen Vereinigung eine Wiederholung der Urszene Mutter-Kind: »Jeder sexuelle Akt erlaubt uns, unserer Einsamkeit einen Augenblick lang zu entkommen und das ursprüngliche ›Einssein‹ wiederzufinden. Das Einssein, die Negation der Angst, der Ort der Regression, an dem wir endlich ein wenig ausruhen können von unserem schweren Menschsein ... Unglücklich der Mensch, der nicht ohne Gefahr bis zur Mutter regredieren (zurückgehen – M.J.) kann, unglücklich der, der sein Leben nicht nach rückwärts durchleben kann.«

Zum Schwierigsten einer langen Liebesbeziehung zählt es, den Appetit nicht zu verlieren und beider Hunger zu stillen. Wir brauchen dazu Mut und noch mal Mut. Den Mut vor allem zur Differenz. »Du bist du, und ich bin ich.« Kontakt ist die Anerkennung von Unterschieden. Wenn ich es nicht gelernt habe, ich zu sein, und wenn ich nicht gelernt habe, mich satt zu machen, so werde ich auch in der Beziehung emotional und sexuell nicht satt werden.

Elisabeth und Wolfram hatten es beide nicht gelernt. Als sie zum ersten Mal zu mir kamen, ließ sie sich in einer schlecht bezahlten Position bei der Caritas ausbeuten und leistete unbezahlte Überstunden. Wolfram arbeitete in einem Architekturbüro ohne Aufstiegschancen. Beide waren aggressionsgehemmt und konfliktscheu. Die Sexualität war entschlafen. Wegen dieses erotischen Defizits kamen sie in meine Paarberatung. Sie waren, wie sie mir später verrieten, anfangs verstimmt, dass ich, wie sie es formulierten, »ständig auf den Berufskonflikten herumritt«, statt die ersehnten »sexuellen Tipps« zu geben.

Ich wusste, was ich tat. Als Elisabeth und Wolfram nämlich endlich im Verlauf der Paar- und Einzeltherapie, getrennt voneinander und gemeinsam ihre lähmende, verborgene Wut über ihre »berufliche Galeerenarbeit« (Wolfram) erkannten und ihren Zorn in Kündigungen und zwei erfolgreiche berufliche Neuanfänge umsetzten, da kehrte, welch Wunder, über Nacht die Sexualität, unternehmungslustig wie ein streunender Kater, in ihr frisch durchgelüftetes Seelenhaus zurück.

Fazit: Eine langjährige Beziehung darf selbstverständlich

auch Flauten haben. Ebenso wenig wie beim Segeln gibt es in der Sexualität Dauerwindstärke. Das will uns eine oberflächliche Konsumideologie einreden. Aber wo das sexuelle Desaster chronisch wird, da empfiehlt es sich dringend, endlich einmal kritisch zu prüfen, was hinter der nicht enden wollenden Windstille steckt. Dafür gibt es zum Beispiel die Rituale des Zwiegesprächs und der Vereinbarungen, wie ich sie in ›Das sprachlose Paar‹ beschrieben habe. Ich darf, nein, ich muss kämpfen. Auch um Sexualität. Ich darf sogar gehen, wenn die Misere anders denn nicht zu heilen ist.

Wir behandeln Sexualität oft so lieblos. Wir tun sie achselzuckend ab. Sie ist uns, bemerken wir resigniert, »irgendwie abhanden gekommen«. Früher, das gestehen mir die meisten Paare mit leuchtenden Augen, »da war unser Sex wundervoll«. Sex ist erfrischend und persönlichkeitsstützend. Die amerikanische Schriftstellerin Sallie Tisdale notiert in ihrer intimen Philosophie des Sex ›Talk dirty to me‹: »Viel zu oft vergessen wir die erstaunlichen Heilkräfte und den lebensbestätigenden Zauber sexuellen Genusses. Sex kann uns helfen, uns selbst zu lieben und in uns eine seelische Großzügigkeit zu entdecken. Er kann uns helfen, uns der Welt zu öffnen und einfach lebendig zu sein.«

Gute Sexualität heilt. Sally Tisdale meint: »Vielleicht ist allein schon das Sprechen über Sex ... die halbe Heilung. Die Heilung von was? Vom Es, dem Verlust, der Sehnsucht, der Leere im Innern, dem kleinen Tod der Passivität und Verzweiflung, der Einsamkeit, der Angst vor dem Älterwerden, vor dem Sterben, vor dem Verlassenwerden ...«

Nicht gelebte Sexualität macht uns oft intolerant, kleinkariert, mitleidlos und spröde. Wie meinte doch La Rochefoucauld: »Die moralische Entrüstung besteht in den meisten Fällen aus zwei Prozent Moral, achtundvierzig Prozent Hemmungen und fünfzig Prozent Neid.« Das kenne ich von mir selbst. Kommt mir die Lust abhanden, werde ich schnell moralisch, mimosenhaft und zickig. Ich kenne die Symptome des sexuellen Entzugs bei vielen Patienten.

Nina war so eine Frau, die mir in einer Paarbesprechung auffiel. Sie klagte und klagte über ihren Mann. Helmut saß wie ein braver, zotteliger Bär daneben und nickte ergeben. Nach Ninas Worten war er der Schurke und Versager schlechthin. Es schien, als brauche der schlimme Helmut einen Bewährungshelfer. Von Sexualität war keine Rede. Mir fiel allerdings Ninas metallisch scharfe Stimme auf. Da war kein gefühlshaftes Timbre, keine Weichheit, keinerlei mitfühlendes Schwingen. Ihren Körper hatte Nina in ein steifes Cordkostüm fast wie in Packpapier eingeschlagen. Ihre weiblichen Formen waren nur zu erahnen. Nina verströmte den Charme eines Bundeswehrpanzers. Ich merkte, ich geriet in eine negative Gegenübertragung und gelangte hinter meine Aversion. »Nina«, fragte ich völlig zusammenhangslos in ihre gereizte Suada hinein, »hast du eine gute Sexualität?«

Nina verstummte schlagartig. Ihr Gesicht wurde schmerzerfüllt und weich vor Überraschung, dass da endlich jemand ihr inneres Drama ansprach. »Nein«, antwortete sie wahrheitsgemäß. Plötzlich bildete Helmut nicht länger das Zentrum ihrer Gedanken und Anschuldigungen: »Meine Mutter stellte mit den Wechseljahren die Sexualität mit meinem Vater ein. Das berichtete sie mir stolz. Die Männer seien doch nur Tiere, meinte sie voller Abscheu. Mich ermahnte sie, ›mich für den richtigen Mann aufzusparen‹. Als ich meine erste Regel bekam, gab mir meine Mutter angewidert eine Monatsbinde und bemerkte, sie selbst habe ja Gott sei Dank ›die Sache‹ hinter sich.«

Ninas einzige sexuelle Begegnung mit einem Mann vor ihrer Ehe verlief schäbig: Sie wollte nicht recht, der Freund drängte rabiat. »Das Ganze tat nur weh«, erinnerte Nina sich, »und weil wir gar nichts über Verhütung wussten, zitterte ich anschließend vor Angst, dass ich schwanger geworden sein könnte.« In ihrer über zehnjährigen Ehe hatten Helmut und Nina nicht ein einziges Sachbuch über Sexualität in der Hand gehabt, geschweige denn ein literarisches Erotikon wie zum Beispiel Boccaccios ›Decamerone‹ gelesen. Ausgerechnet aus einem Artikel über die Klitorisverstümmelung in den muslimischen Staaten, den Nina der ›Bild‹-Zeitung (!) entnahm, erhielt sie zum ersten Mal Informationen über den weiblichen Orgasmus.

Unbewusst hatte sich Nina den sexuell antriebsschwachen, aggressionsgehemmten Helmut zum Partner gewählt, der sie als Frau erotisch nicht forderte. Damit konnte sie die Konfrontation mit ihrer verkümmerten Sexualität nicht nur vermeiden, sondern im gleichen Atemzug ihre Verantwortung an den Partner und dessen erotische Passivität abgeben. Ihre längst chronische sexuelle Unbefriedigtheit kompensierte Nina, ohne es auch nur zu ahnen, mit Dominanzgebaren, Nörgelei und Perfektionismus. Als Nina diese psychischen Zusammenhänge in der anschließenden Einzeltherapie zu begreifen begann, war auch der Zeitpunkt gekommen, die »Kollusion« dieses Paares, das trübe und unbewusste seelische Zusammenspiel, zu analysieren und weitgehend aufzulösen.

Sigmund Freud hält in seinen ›Bemerkungen über die Übertragungsliebe‹ den entscheidenden Gesichtspunkt der Sexualität fest: »Unzweifelhaft ist die geschlechtliche Liebe einer der Hauptinhalte des Lebens und die Vereinigung seelischer und körperlicher Befriedigung im Liebesgenusse geradezu einer der Höhepunkte desselben. Alle Menschen bis auf wenige verschrobene Fanatiker wissen das und richten ihr Leben danach ein; nur in der Wissenschaft ziert man sich, es zuzugestehen.«

In der Sexualität werden wir in den Ausnahmezustand geworfen. Wir werden durchgeschüttelt. Unvorhergesehenes, Verrücktes, Infantiles und Erwachsenes geschieht mit uns. Nicht ich habe die Sexualität, die Sexualität hat mich. Vom »One-Night-Stand« und »Quicky« bis zur Lebensbindung mit ihren

»ehelichen Pflichten« ist es ein weites Feld. »Aus der Liebe«, so bringt Nietzsche (in ›Der Wille zur Macht‹) den Widerspruch auf den Begriff, »aus der Liebe lässt sich keine Institution machen.«

In seinem weit gespannten wissenschaftlichen Werk ›Sexualität und Bindung‹ rät der Wuppertaler Professor Heinz Meyer zum Realismus, was Beziehung und Eros angeht: »Für das Ideal der monotropen (beschränkt anpassungsfähigen – M.J.) Dauerbindung ist der Mensch nur begrenzt veranlagt: Ein anderes Ideal lassen seine Dispositionen ihn freilich ebenfalls nicht erreichen. Der Mensch orientiert sich meist an der Idee der monotropen Dauerbindung, scheitert aber häufig beim Versuch ihrer Verwirklichung.« Die volle Realisierung des Glücks in der Sexualität und in der Bindung zugleich könnte, vermutet der Sexualwissenschaftler, nur bei einem Menschen gelingen, der genetisch und psychologisch anders disponiert wäre. Meyer nüchtern: »Der derzeit existierende Mensch muss sich wohl damit abfinden, ein Ideal zu wollen, dieses aber nur unvollkommen erreichen zu können und unter diesem Dissens sinnlos zu leiden.«

Das braucht uns nicht zu entmutigen. Es kann uns im Gegenteil etwas mutiger und barmherziger gegenüber uns selbst wie gegenüber dem Partner machen. Am Ende seines faszinierenden Grundsatzwerkes zieht Heinz Meyer den überraschenden Schluss: »Das Wissen um die mehrdeutigen Dispositionen (der menschlichen Sexualität – M.J.) könnte weiter zu der Bereitschaft beitragen, das Versagen und den Fehltritt als ›menschlich‹ anzusehen, nämlich als das Resultat einer Neigung, die sich weder absichtlich noch direkt gegen den Partner wendet, auch wenn sie diesen verletzt. Das wachsende Verständnis könnte die übliche Reaktion der Zuweisung von moralischer Schuld sowie deren Verbissenheit reduzieren.«

Mir sind diese Zeilen aus der Seele gesprochen. In meinem Buch ›Das sprachlose Paar‹ habe ich unter anderem ausführlich die Psychodynamik der Außenbeziehung, des gefürchteten und meist mit moralischen Verdammungsurteilen bestraften »Seitensprungs«, zu erhellen versucht. Meist zerstört die Außenbeziehung, so führe ich dort aus, nur das, was ohnehin zerstört ist, das dürre Geflecht der Unlebendigkeit, der verborgenen Lügen und Langeweile. Daran sind beide Partner beteiligt.

Als Therapeut werde ich den Teufel tun, den »treuen« Partner, der mir seine moralische Empörung wie ein Hund sein Stöckchen vor die Füße legt, aus der Haftpflicht zu entlassen. Wer in dieser Krisensituation die Moral für sich pachtet und rein formal auf dem Ausschließlichkeitsanspruch der Ehe insistiert, der verbaut sich selbst die Möglichkeit, *seinen* Anteil an der Beziehungshavarie und damit die Chancen seiner und der gemeinsamen Entwicklung wahrzunehmen. Den anderen zum Sündenbock zu machen (»Du hast mich betrogen mit diesem Strolch/mit dieser Schlampe, du Schwein!«) bedeutet meist, Eigenverantwortung auf den anderen abzuwälzen.

Information und Reflexion über unsere Bindung und Sexualität sind sozusagen unser modernes Nachtgebet. Heinz Meyer plädiert in ›Sexualität und Bindung‹ dafür: »Möglicherweise kann solches Wissen und Nachdenken auch etwas von der Besinnung leisten, die früher durch das tägliche Beten und die ihm entsprechende ›Gewissensforschung‹ erreicht wurde. Wissen und Nachdenken lassen sich nämlich als funktionale Äquivalente der zuvor von religiösen Institutionen propagierten ... Tätigkeiten des Geistes verstehen – funktionale Äquivalente in einer entzauberten Welt und für ein entzaubertes Bewusstsein, das sich selbst ebenso wie die weiteren menschlichen ›Organe‹ in ihrer ›natürlichen‹ Evolution sowie in ihrer ›bio-logischen‹ Funktion zu begreifen beginnt.«

Mut zur Sexualität bedeutet Mut zur Differenz, zum Unterschied, Mut zum unauslotbar Fremden in mir wie im Partner. »O heilgs Blechle«, stöhnte einmal ein schwäbischer Ehemann in meiner Sprechstunde, »so ganz werd i des Weib nie verstehe.« Die zehn Jahre jüngere Frau hatte nämlich in der Sitzung erstmals errötend gestanden, dass ihr der Kuschelsex zum Hals heraushänge und sie »eigentlich« und gelegentlich den harten Sex vorziehe ...

Beschließen wir unser Hohelied der komplizierten Sexualität mit dem Toleranzappell der Sexphilosophin Sally Tisdale. Es gebe einen Abgrund an Unwägbarkeiten, sagt sie, wenn wir über die Sexualität sprechen: »Wer davon überzeugt ist, dass seine Vorstellung von Wahrheit und Schönheit die einzig richtige ist, hält nicht viel von Toleranz ... Wer Sexualverhalten um eines höheren Ziels willen reglementieren und bestrafen will, ist davon überzeugt, dass ich, je mehr meine Meinung von seiner abweicht, umso mehr von dieser profitieren würde und seiner rettenden Gnade bedürfe.«

Sally Tisdale rät uns zu Integration und schöpferischer Unruhe in Sachen Sexualität: »Der einzige Ausweg besteht in der Vereinigung. Niemals im Ausschluss. Nicht im Einzäunen, in Flucht, Abgrenzung oder Zerstörung, weil diese Dinge uns nicht zur Ruhe kommen lassen, uns zugrunde richten.« Die Schlussfolgerung? Sally Tisdale: »Es liegt Frieden im Chaos der Sexualität, weil sie ein Ort ist, an dem wir uns in uns selbst und unser Selbst ineinander finden können.«

Die Ehe ist eine Institution.
Reichen die Mitarbeiter auch aus?

Stanislaw Jerzy Lec: Unfrisierte Gedanken

Lob der Einsamkeit

»*Um ungehorsam zu sein, muss man den Mut haben, allein zu sein ...*«
Erich Fromm:
Der Ungehorsam als ein psychologisches und ethisches Problem

Einsamkeit, das wissen wir alle, kann schrecklich sein. Ausgerechnet Bismarck, der »Eiserne Kanzler«, der 1871 das Deutsche Reich mit »Blut und Eisen« nach dem und durch den deutsch-französischen Krieg zusammenschmiedete, bekannte zehn Jahre später in einer Rede: »Wer von uns hat nicht in seinem Leben den Eindruck gehabt, dass man nirgends einsamer ist als in einer Stadt von ein paar Mal hunderttausend Einwohnern, von denen man keinen Menschen kennt! Man ist im einsamsten Walde nicht so einsam.«

Wenn ich völlig allein, weil isoliert bin, so fühle ich mich unglücklich. Ich gerate seelisch aus der Fassung. Dauert der Zustand lang an, so kann ich wie beim Fehlen von Nahrung oder Wasser sterben. Eine scheinbar unüberbrückbare Kluft hat sich zwischen meinem Selbst und der Welt aufgetan. Einsamkeit ist oft die Wurzel aller psychischen Probleme. Ich bin unfähig, tieferen Kontakt zu anderen zu pflegen. Ich habe den liebenden Kontakt mit mir selbst verloren.

Mein Selbstwertgefühl ist auf den Nullpunkt gesunken. In solchen Situationen bin ich möglicherweise anfällig für die suggestiven Versprechen von Gurus und politischen Heilslehrern, die mir zurufen: »Komm zu uns, dann bist du nie wieder alleine. Der Einzelne ist nichts, die Gruppe ist alles.« Wird die Einsamkeit allzu drückend und ist das Geflecht meiner Beziehungen brüchig geworden, kann aber auch der Gedanke, das Leben zu beenden, wie eine Erlösung erscheinen.

Negative Einsamkeit ist uns als ein Zwang auferlegt. Nichts daran ist freiwillig, nichts daran ist erfreulich. Die Zeit, so scheint es, ist stehen geblieben. Erich Kästner hat in seinem Gedicht ›Kleines Solo‹ diese schwer aushaltbare Einsamkeit als bittere Prüfung beschrieben:

> Einsam bist du sehr alleine.
> Aus der Wanduhr tropft die Zeit.
> Stehst am Fenster. Starrst auf Steine.
> Träumst von Liebe. Glaubst an keine.
> Kennst das Leben. Weißt Bescheid.
> Einsam bist du sehr alleine –
> und am schlimmsten ist die Einsamkeit zu zweit.
> ...
>
> Schenkst dich hin. Mit Haut und Haaren.
> Magst nicht bleiben, wer du bist.
> Liebe treibt die Welt zu Paaren.
> Wirst getrieben. Musst erfahren,
> Dass es *nicht* die Liebe ist ...
> Bist sogar im Kuss alleine.
> Aus der Wanduhr tropft die Zeit.
> Gehst ans Fenster. Starrst auf Steine.
> Brauchtest Liebe. Findest keine.
> Träumst von Glück. Und lebst im Leid.
> Einsam bist du sehr alleine –
> und am schlimmsten ist die Einsamkeit zu zweit.

Negative Einsamkeit ist ein unsichtbares Gefängnis für meine Seele. Der Arzt Paracelsus nennt sie ein »tückisches Gift«, die Dichterin Annette von Droste-Hülshoff ein »irdisches Fegefeuer«. Meist schämen wir uns unserer Einsamkeit. Einsamkeit ist ein Tabu in der modernen »Erlebnis-Gesellschaft« (Gerhard Schulze). Schulze kommentiert: »Der Homo ludens (der Spieler-Mensch – M. J.) spielt mit zunehmender Verbissenheit.« Wir verstecken oder überspielen die Einsamkeit. Manchmal fällt sie uns einfach an oder sie ist grundsätzlich vorhanden. Der existenzialistische Schriftsteller Albert Camus spricht von einem »Blick in den Abgrund«: »Ein Mensch, der nachts aufwacht und begreift, dass er sterblich ist, fühlt seine Verlassenheit als jähen Schmerz bis ans Herz.«

Trennung, Scheidung, Tod, der Verlust des Arbeitsplatzes, der geliebten Wohnung, der heimatlichen Landschaft, das alles vermag uns in schwere Einsamkeit zu stürzen. Aber auch die Diagnose einer schlimmen Krankheit, Krebs, Aids oder Arteriosklerose, lässt Menschen vor plötzlicher innerer Einsamkeit frieren. Mit einem Mal tut sich ein Weg auf, der letztlich allein ausgehalten werden muss. Wie eine Glaswand schiebt sich die Einsamkeit zwischen das Ich und die Welt.

Eine Frau, nennen wir sie Helma, wurde nach zwanzigjähriger Ehe buchstäblich über Nacht von ihrem Mann verlassen. Er hatte sich in eine Kollegin im Alter seiner Tochter verliebt. Helma weinte bitterlich in meiner Sprechstunde. Sie war für Trost und Reflexion zunächst nicht zu erreichen. »Die Einsamkeit ist grausam«, klagte Helma, »meine Wohnung ist tot, die Welt draußen erscheint mir Lichtjahre entfernt, und ich höre meine Küchenuhr ticken.« Hier ist es wichtig, zu kapitulieren und endlich, wie Helma es erfolgreich tat, einmal Hilfe von Freunden, Familie oder auch professionellen Helfern zu akzeptieren.

Demgegenüber gibt es eine positive Einsamkeit, die der lateinische Begriff »solitudo« ausdrückt. Zwar meint das Wort »solitudo« Einsamkeit, Einöde, Wildnis, Verlassenheit, Hilflosigkeit, aber es beinhaltet auch das Wort »solus«. Das kann »allein«, »einzig«, ja auch »einzigartig« bedeuten.

Jede Lebensphase besitzt ihre eigene, spezifische Art der Einsamkeit. Schon Kleinkinder brauchen Rückzüge, winzige Verstecke – unter der Treppe, auf dem Speicher, in einem Kinderhäuschen, in einem großen Karton, in einem Baumhaus –, wohin sie sich zurückziehen und unbeobachtet sein können.

Selbst Kleinkinder wollen nicht nur gehalten sein. Der englische Psychologe Donald W. Winnicott spricht davon, dass es für ein Kind notwendig ist, »in Gegenwart eines anderen allein zu sein«. Das ist offensichtlich eine prägende Kindheitserfahrung, auf der später die Fähigkeit des erwachsenen Menschen, mit sich allein zu sein, beruht.

In Michael Endes Roman ›Die unendliche Geschichte‹ zieht sich der kleine Bastian auf den Dachboden seiner Schule zurück, um sich auf die für ihn lebensnotwendige Reise der Fantasie zu begeben. In der Jugend brauchen wir ein Zimmer, das wir hinter uns abschließen können. Am Arbeitsplatz ist es ein köstliches Privileg, nicht in einem Großraumbüro zu arbeiten, sondern ein Zimmer für sich zu besitzen. In unserer Wohnung benötigen wir ein Eckchen für uns, möglichst einen Raum, den die Familie respektiert. Vor allem Mütter, die von den Kindern wie Vampire ausgesaugt werden, brauchen so eine Art seelischen Tresor.

»Manchmal«, so vertraute mir Birgit, Mutter von vier Kindern und teilzeitbeschäftigte Zahnarzthelferin an, »könnte ich meine ganze Familie erschießen, einen nach dem anderen. Ich habe mir unseren gesamten Dachraum als Refugium ausgebaut. Dabei waren mir zwei Dinge am wichtigsten: der BKS-Schlüssel, mit dem ich meine Bude da oben vor meinen geliebten Scheusalen abschließen kann, und die große Hängematte, in der ich Orgien der Faulheit feiere.«

Positive Einsamkeit ist eine Art Lebenselixier, eine Art Medium jeglicher Persönlichkeitsentwicklung. Auch wenn der Anlass oft schmerzhaft ist, gibt mir die Einsamkeit Raum zum Nachdenken. Wie viele Frauen haben mir schon gestanden, dass sie das »leere Nest« beim Auszug der Kinder in der Lebensmitte zwang, sich mit unausweichlichen Fragen über sich selbst und ihre Partnerschaft zu konfrontieren. Künstlerinnen und Künstler, Denker und Erfinder brauchen Orte der Abgeschiedenheit, Ateliers, Dachstuben, Ferienhäuser. In der

Einsamkeit transzendiere, übersteige ich meinen gegenwärtigen Seinszustand. »Alles Große, das Menschen je geleistet«, beobachtet der Dichter Peter Rosegger, »geht aus der Einsamkeit, aus der Vertiefung geistigen Schauens hervor.«

Mönche, Einsiedler, Heilige suchten in ihren Klöstern oder Einöden spirituelle Erleuchtung. Helden sind einsame Gestalten, ob es sich dabei um Herkules, Superman oder Philipp Marlowe handelt, den einsamen Detektiv im Dschungel der amerikanischen Großstadt, den Humphrey Bogart so hinreißend spielte. Als Gegenpol zur Geselligkeit brauchen wir die Einsamkeit. Wo wir in uns ruhen, da tut sie uns gut und entbindet in uns schöpferische Energien.

Einsamkeit ist wie eine Medizin. Ob sie gut oder schädlich ist, darüber entscheidet die Dosis. »Die Einsamkeit«, konstatiert der Denker Vauvenargues (1715-1747), »ist dem Geiste, was dem Körper Diät ist: tödlich, wenn sie zu lange dauert, obgleich notwendig.«

Nahezu tödlich endete der Versuch der zweiunddreißigjährigen Französin Veronique Le Guen, in einer zweiundachtzig Meter tiefen Höhle völlig isoliert von der Außenwelt die seelischen Folgen der Einsamkeit über Monate hinweg zu studieren. Anfangs ging noch alles gut. Veronique schlief in einem Zelt, ernährte sich von Konserven und las unter künstlichem Licht. Ihr Alleinsein vertrieb sie sich mit Geschichtenerzählen und Singen. Dann überfiel sie die Einsamkeit, wie sie berichtete, »wie ein kalter Wind«, später »wie Frost«. Veronique verstummte. Sie schrie nach ihrem Mann. Sie begann ihre Identität zu verlieren und rief deshalb ihren Namen in die folternde Stille.

Veronique erlebte das, was Psychologen die »sensorische Deprivation«, den Verlust jeglicher stimulierender Außenreize, nennen. Bald fühlte sich die Forscherin dem Tod nahe: »In den schlimmsten Augenblicken war ich überzeugt, nie mehr eine Antwort zu bekommen. Die Stille umschloss mich wie ein

Verlies, in dem furchtbare Dämonen hausten.« Am 111. Tag kletterte Veronique früher als geplant aus der Höhle, »um nicht wahnsinnig zu werden«.

Moses zog sich allein auf den Gipfel des Berges Sinai zurück, um im einsamen Dialog mit dem alttestamentarischen Gott die Zehn Gebote zu empfangen. In Indien verließ der Fürstensohn Buddha die opulente Schönheit seines Palastlebens, um sechs Jahre lang das asketische Leben eines Wandermönchs zu führen. Schließlich wählte er neunundvierzig Tage Einsamkeit unter dem Bodhi-Baum, um daraufhin als »Erleuchteter« in die Welt zurückzukehren. Die Religionsgeschichte ist nicht ohne Grund mit sich ähnelnden Bildern der Einsamkeit erfüllt. Im Christentum ist es Jesus, der sich vierzig Tage lang in die Wüste zurückzieht und fastet. Er wird, wie es in der Bibel heißt, »vom Teufel versucht«. Das bedeutet wohl die Begegnung mit der eigenen »Schattenpersönlichkeit«, dem Dunklen, Gefährlichen und Gefährdenden der eigenen Seele, vielleicht auch mit dem bislang Ungelebten.

Denn exakt damit konfrontiert die Einsamkeit nicht nur die Heiligen, sondern auch uns gewöhnliche Alltagsmenschen. Die Einsamkeit zwingt uns zum Innehalten, zur Zwischenbilanz, zur neuen Positions- und künftigen Wegbestimmung. In der Einsamkeit sehen wir unsere ganze Situation plötzlich neu. Das ist so, als wenn wir, von einer langen Reise zurückgekehrt, mit einem einzigen Blick plötzlich die Schönheit und die Mängel unserer Wohnung erkennen.

In Saint-Exupérys Werk ›Der kleine Prinz‹ ist es der Pilot, der die Einsamkeit braucht, weil er nicht nur physisch, sondern auch psychisch notgelandet ist. Im kleinen Prinzen begegnet er seinem Alter Ego (dem anderen Ich), dem verschütteten Kind in sich selbst und dessen wahrhaftigen Fragen nach Leben, Tod, Freundschaft, Liebe. Erst nachdem er in der Einsamkeit der Wüste diese Seite in sich erfahren hat, ist er wieder heil und kann sich, den kleinen Prinzen im Herzen, wieder in die Lüfte schwingen. Mit Nietzsches Zarathustra könnte der Pilot sagen: »O Einsamkeit, du meine Heimat Einsamkeit! Wie selig und zärtlich redet deine Stimme zu mir!«

Nietzsche spricht in diesem Zusammenhang von der »schmerzlichen Lust der Einsamkeit«. Tatsächlich ist sie eine Art Innenphase und Inkubation zugleich. Indem ich ganz bei mir bin, brüte ich wie eine Glucke etwas Neues aus. Ich entferne mich von der Welt und den anderen Menschen, um mir Fragen zu beantworten, die ich nur selbst lösen kann. Ich gehe in eine Erfahrung, die mir die Außenwelt nicht bieten kann. Eigentlich mache ich es wie die Helden meiner Kindermärchen. Einsam zogen sie aus, um mit den Riesen zu kämpfen, verzauberte Prinzessinnen zu befreien, Ängste zu überwinden und Schätze zu gewinnen. Allein schritten sie, wie Eisenhans oder Rapunzel, von Prüfung zu Prüfung, um ihre eigene, unverwechselbare Subjektivität und Reife zu gewinnen. Hätten meine Märchenhelden die Einsamkeit verweigert, hätten sie sich um ihre Entwicklung gebracht. Manchmal mussten sie in die Einsamkeit förmlich gestoßen werden.

Viele von uns haben als Kinder besonders das Märchen ›Hänsel und Gretel‹ geliebt. Grausam werden die beiden Kinder von der bösen Stiefmutter – in Wahrheit wohl dem dunklen Persönlichkeitsanteil ihrer leiblichen Mutter – in die Welt gestoßen. Das Ende der Kindheit ist da. Jetzt heißt es, das Haus der so lange heilen Familie zu verlassen. Hänsel und Gretel sträuben sich mit Haut und Haaren. Mit List schaffen sie es, noch einmal zurückzukehren. Dann wird es ernst. Nun sind sie wirklich im Wald des Lebens allein. Eigentlich wollen sie noch gar nicht erwachsen werden. Sie haben Angst davor. Prompt fallen sie dann auch auf die Versprechungen der Hexe herein. Sie stillen ihre ungebremste kindlich-orale Verwöhnungsgier am Lebkuchenhaus. Es muss ziemlich dicke kommen und der Leidensdruck ihnen unter den Füßen brennen – Hänschen droht buchstäblich im Magen der hexischen Frau zu landen –, bis sie entschlossen die Verführungen der Kindheit im Backofen verbrennen.

Ohne Einsamkeit können wir nicht leben. Sie ist eine Realität unseres Lebens. Sie ist der Rahmen für die wichtigsten Reifungsprozesse. Wo wir dem schneidenden Schmerz der Einsamkeit ausweichen, da verharren wir als Nesthocker in der Familie, da bleiben wir an einer nicht mehr lebbaren Liebesbeziehung kleben. Da sind wir selbst die Hexe, die uns nicht gehen lassen will. In der Einsamkeit haust das »principium individuationis«, das Gesetz der Ich-Werdung. In letzter Instanz bin ich allein und muss meine existenzielle Einsamkeit – vor allem in großen Entscheidungen – annehmen. Hermann Hesse beschwor, wie ich in meinem Buch ›LebensFluss‹ anhand einer tiefenpsychologischen Interpretation seiner Meistererzählung ›Siddharta‹ zeige, die Einsamkeit als Grundbefindlichkeit des Lebens:

> Der Weg ist schwer, der Weg ist weit,
> Doch kann ich nicht zurück;
> Wer einmal dein ist, Einsamkeit,
> Dem bist du Tod und Glück.

In der heutigen Erlebnisgesellschaft ist Einsamkeit wenig gefragt. Bis in den »Club Méditerranée« verfolgen uns die Angebote der Animateure. Wir lassen uns rund um die Uhr von Radio und Fernsehen berieseln, beschallen und mit Bildern zustopfen. Dabei kommt uns oft das Ich abhanden.

Wie oft ertappe ich mich, dass ich gedankenlos nachquatsche, was ich gerade im letzten ›Spiegel‹ gelesen oder in der ›Tagesschau‹ gehört habe. Manchmal ist es dann eine fremde Stimme, die aus mir spricht. Meine eigene entdecke ich erst auf einem langen Spaziergang beim Nachdenken.

Einsamkeit ist eine Erholung für meine Sinne und meine kleinen grauen Zellen im Gehirn. Einsamkeit ist Rückzug auf mich selbst. In der Einsamkeit entwickle ich Distanz zu allem Vorgegebenen. Einsamkeit macht auch ein bisschen frech. Ich bin nicht mehr bereit, alles zu schlucken, was man mir vorsetzt. Der Psychoanalytiker Erich Fromm konstatiert in seinem legendären Aufsatz ›Der Ungehorsam als ein psychologisches und ethisches Problem‹ (1963): »Um ungehorsam zu sein, muss man den Mut haben, allein zu sein.« Und: »Nur wenn ein Mensch sich vom Schoß der Mutter und den Geboten des Vaters befreit hat, nur wenn er sich als Individuum ganz entwickelt und dabei die Fähigkeit erworben hat, selbstständig zu denken und zu fühlen, nur dann kann er den Mut aufbringen, zu einer Macht Nein zu sagen und ungehorsam zu sein.«

Ziviler Ungehorsam setzt Mut zur Einsamkeit gegenüber der herrschenden Meinung voraus. Das war immer so. Erich Fromm bringt es in Erinnerung: »Ebenso wie im alttestamentlichen Mythos von Adam und Eva geht auch nach dem griechischen Mythos die gesamte menschliche Zivilisation auf einen Akt des Ungehorsams zurück. Dadurch, dass Prometheus den Göttern das Feuer stahl, legte er die Grundlage für die Entwicklung des Menschen. Ohne das ›Verbrechen‹ des Prometheus gäbe es keine Geschichte der Menschheit. Genau wie Adam und Eva wird auch er für seinen Ungehorsam bestraft. Aber er bereut ihn nicht und bittet nicht um Vergebung. Ganz im Gegenteil sagt er voll Stolz: ›Ich möchte lieber an diesen Felsen gekettet, als der gehorsame Diener der Götter sein.‹«

Nur durch Akte des Ungehorsams entwickeln wir uns weiter. In der Geschichte der Menschen jedoch wurde meist Gehorsam verlangt und Ungehorsam mit Sünde gleichgesetzt. Das ist schon beim Kirchenvater Augustinus (354–430) so. Er forderte von den Christen, wie ich es in meinem Buch ›Augustinus. Das Drama von Glauben und Vernunft‹ analysiere, strikte »disciplina«, Zucht! Die Menschen wurden zur Herde zusammengetrieben und auf eine herrschende Meinung verpflichtet, die die Meinung der Herrschenden war. So geiferte ein Martin

Luther im Deutschen Bauernkrieg (1524) gegen die Bauern, die sich von Mecklenburg bis ins Allgäu, von Sachsen bis ins Elsass gegen ihre barbarischen adeligen Ausbeuter auflehnten, mit den Worten: »Darum soll hier erschlagen, würgen und stechen, heimlich oder öffentlich, wer da kann, und daran denken, dass nichts Giftigeres, Schädlicheres, Teuflischeres sein kann als ein aufrührerischer Mensch; (es ist mit ihm) so, wie man einen tollen Hund totschlagen muss: Schlägst du (ihn) nicht, so schlägt er dich und ein ganzes Land mit dir.«

Ähnlich wütete der – sonst so geistesrebellische – Kirchenmann 1543 gegen die Juden in seiner antisemitischen Kampfschrift ›Von den Juden und ihren Lügen‹. Ob der Papst oder die Fürsten, ob der Staat, konservative Universitäten oder die Schulen – sie alle wollten den kleinen Mann mundtot machen und ihn unterwerfen. Sie fürchteten die Selbstbesinnung des Menschen aus seiner einsamen Besinnung. Denn sie wissen, wie Sartre in seinem Drama ›Die Fliegen‹ sagt: »Wenn einmal die Freiheit in einer Menschenseele ausgebrochen ist, können die Götter nichts mehr gegen die Menschen.«

Das Lesen zum Beispiel ist eine der schönsten und produktivsten Formen erlernter Einsamkeit. Lesen ist eine Kulturtechnik von unvergleichlichem Reiz. Wenn du, liebe Leserin, lieber Leser, in diesem Augenblick die Zeilen dieses Buches geistig durchwanderst, dann wirst du manchmal ärgerlich auf mich sein, manchmal freust du dich über einen Gedanken. Bald stimmst du überein, bald setzt du mir deine Position entgegen. Du bist in dieser Einsamkeit, in der dich Partner oder Familie in Ruhe lassen, in Wahrheit nicht allein. Du korrespondierst mit Geistern von Kant bis Freud. Du liest Gedichte und Aphorismen. Du unterstreichst vielleicht den einen oder anderen Satz. Du assoziierst, du verbindest das Gelesene mit deinen eigenen Erfahrungen. Du hast vielleicht Aha-Erlebnisse. Du begreifst Komplikationen deines eigenen Lebens. Du genießt deinen scharfen Intellekt beim Lesen. Vielleicht fällst du aufgrund des Leseerlebnisses sogar einen Entschluss. Was ist das alles für ein aufregendes Geschehen! Wie arm wärst du ohne die »Einsamkeit« des Lesens!

»Einsamkeit«, sagte der Modeschöpfer Karl Lagerfeld einmal in einer Talkshow, »ist Luxus. Einsamkeit ist nur dann ertragbar, wenn sie kreativ ist.« Und: »Einsamkeit ist lebenswichtig. Ich stimuliere mich mit Einsamkeit.« Lesende Einsamkeit ist schiere Produktivität, Kommunikation und Freude an der Veränderung durch Information. Wie sagt Mephistopheles in Fausts Studierzimmer so hübsch:

> Zwar ist's mit der Gedankenfabrik
> wie mit einem Webermeisterstück,
> wo ein Tritt tausend Fäden regt,
> die Schifflein herüber-, hinüberschießen,
> die Fäden ungesehen fließen,
> ein Schlag tausend
> Verbindungen schlägt.

In der Einsamkeit habe ich die Chance, frei fühlen und frei denken zu lernen. Meinen Mut zum Ich kann ich nicht zum Aldi-Preis erwerben. Ich muss mich auf das Experiment des Rückzugs, der Selbstbesinnung und des Denkens einlassen. Der englische Philosoph Bertrand Russell (1872–1970) erkannte: »Die Menschen haben vor dem Denken mehr Angst als vor irgendetwas sonst auf der Welt – mehr als vor dem Ruin, ja selbst mehr als vor dem Tod. Das Denken ist umstürzlerisch und revolutionär, destruktiv und schrecklich; das Denken kennt keine Gnade gegenüber Privilegien, fest begründeten Institutionen und bequemen Gewohnheiten; das Denken ist anarchisch und gesetzlos, gleichgültig der Autorität gegenüber und rücksichtslos gegen die erprobte Weisheit von Jahrhunderten.«

Bertrand Russell kannte die Einsamkeit. Noch als fast Neunzigjähriger ging er für seinen Protest gegen die Verbrechen der

USA in Vietnam ins Gefängnis. Dort las und schrieb er viel. Einsam war er, doch nicht allein, sondern mit sich und vielen Menschen draußen verbunden. Bertrand Russell endet sein Loblied auf die einsame Kraft des Denkens mit den Worten: »Das Denken blickt hinab in die Tiefe der Hölle und fürchtet sich nicht. Es sieht den Menschen, ein schwaches Fleckchen umgeben von unergründlichen Tiefen des Schweigens; aber es hält sich stolz aufrecht, so ungerührt, als wäre es Herr des Universums. Das Denken ist groß und behände und frei; es ist das Licht der Welt und der höchste Ruhm der Menschen.« Lob der Einsamkeit!

Fast jeder Mensch will heutzutage die Quadratur des Kreises erreichen: Er möchte ganz geborgen (wie ein Kind im Mutterleib) und gleichzeitig ganz für sich allein sein und tun und lassen dürfen, was er will. Das Gleichgewicht zwischen Nähe und Distanz muss erarbeitet werden, wenn man in einer Beziehung leben will.

Wolf Dieter Wiest: Außer mir

Mündigkeit: Kant oder Der aufrechte Gang

Der Mensch ist frei geboren,
und doch liegt er überall in Ketten.
Jean-Jacques Rousseau

Der Spruch des französischen Philosophen stimmt heute nicht mehr so umfassend, seit die Demokraten, beginnend mit der Französischen Revolution 1789, ihr Schicksal selbst in die Hand genommen haben. Psychoanalytisch betrachtet, müsste man heute für unsere Breitengrade eher formulieren: »Der Mensch ist frei geboren, und doch legt er sich überall selbst in Ketten.« Wenn ich mündig werden will, muss ich zuallererst die Ketten sprengen, die ich aus Furcht, Gedankenlosigkeit oder Uninformiertheit bis zur heutigen Stunde dulde.

Maria Franziska, die nach zwölf Jahren aus einem Orden ausgetreten war, erklärte mir auf meine Frage nach den Motiven ihres früheren Eintritts: »Ich stamme aus einem engen katholischen Elternhaus. Meine Eltern waren Kleinbauern, für die jedes Wort der Kirche Evangelium war. Trotzdem ließen sie mir als jüngstem von fünf Kindern die Berufswahl frei. Sie wollten meinem Glück nicht im Weg stehen. Ich war ein kluges und, glaube ich, auch ein hübsches Mädchen. Ich hätte durchaus die höhere Schule besuchen, das Abitur machen und studieren können. Aber ich meinte – und das ist mir sehr viel später klar geworden – meinen Eltern mit meinem Ordenseintritt die größte Freude ihres Lebens bereiten und sie mit ihrem harten Leben versöhnen zu können. Außerdem war ich schüchtern. Ich hatte Angst vor Männern. Ich glaubte, den umfassenden Schutz der Religion und einer religiösen Gemeinschaft für mein schwaches Ich unbedingt zu benötigen.«

Zwar mag eine unbewusste Elternbotschaft in Richtung klösterlicher »Erhöhung« der Tochter bei der Entscheidung im

Spiel gewesen sein, aber die Therapie brachte in einem ebenso schmerzhaften wie befreienden Prozess doch zutage, dass Maria Franziska sich die Ketten ihres Weltrückzugs im Wesentlichen selbst angelegt hatte. Ein wichtiges Indiz sprach hierfür: Auch nach ihrem Ordensaustritt, den sie als qualvoll empfand, geriet sie prompt und für längere Zeit in die Fänge einer religiösen Laiensekte. Diese bestätigte ihr erneut, dass sie, wenn sie allein ihr Gottesheil suchte, »dem Teufel ins Garn« gehe.

Nichts war für Maria Franziska schwerer, als endlich zu lernen, sich zu ihrem eigenen Weg, möglicherweise auch mit Sackgassen und Widersprüchen, zu bekennen. Wiederholt war sie drauf und dran, erneut einem »geistlichen Führer«, bald einem evangelikalen Prediger, bald einem New-Age-Esoteriker, nachzulaufen. Ich selbst musste mich dagegen wehren, von Maria Franziska nicht zum neuen Papst ihrer inneren Kirche inthronisiert zu werden. Als sie es endlich wagte, sich ihres eigenen, scharfen Verstandes zu bedienen, ohne normative Anleihen bei anderen Menschen zu nehmen, da war sie bei sich angelangt. Jetzt konnte sie, zu ihrem und meinem Entzücken, das therapeutische Laufställchen fröhlichen Herzens verlassen.

Womit wir bei Immanuel Kant angelangt sind. Wer sich mit den moralischen und psychologischen Ketten seiner Persönlichkeit beschwert fühlt, wer Theologen, Politikern und Doktoren immer noch mehr glaubt als seiner eigenen inneren Stimme, dem empfehle ich, einmal eine ganz kleine, nicht mehr als acht Seiten umfassende Altersschrift des Königsberger Philosophen zu studieren. Dazu braucht es keine Vorbildung und keine Philosophie. Die Schrift heißt ›Was ist Aufklärung?‹. Kant beantwortete mit ihr ein Preisausschreiben der Königlichen Preußischen Akademie in Berlin.

Kant, der »Allzermalmer der Metaphysik«, also der philosophische Zertrümmerer fundamentalistischer kirchlicher Jenseitsdoktrinen, beginnt diesen Aufsatz, der im Dezember 1784 in der ›Berlinischen Monatsschrift‹ erschien, mit der schonungslosen Bilanz der allgemeinen Dummheit und Duckmäuserei. In Sätzen, die wie in Stein gemeißelt sind, definiert er die Begriffe »Unmündigkeit«, »Mut« und »Aufklärung«: »Aufklärung ist der Ausgang des Menschen aus seiner selbst verschuldeten Unmündigkeit. Unmündigkeit ist das Unvermögen, sich seines Verstandes ohne Leitung eines anderen zu bedienen. Selbstverschuldet ist diese Unmündigkeit, wenn die Ursache derselben nicht am Mangel des Verstandes, sondern der Entschließung und des Mutes liegt, sich seiner ohne Leitung eines anderen zu bedienen. Sapere aude! (Habe Mut, dich deines eigenen Verstandes zu bedienen!) ist also der Wahlspruch der Aufklärung.«

Kant denunziert nicht. Wer nie die Chance hatte, sich Bildung anzueignen, dem darf nicht der Vorwurf der Unmündigkeit gemacht werden. Wer keine geistige Substanz hat, woher soll der den Mut zur Selbstbestimmung nehmen? Kant dogmatisiert auch nicht. Aufklärung ist für ihn weder Doktrin noch Lehrgebäude, weder Parteienangelegenheit noch eine bestimmte Weltanschauung. Aufklärung ist der Ausgang des Menschen aus der Unmündigkeit durch das eigene Denken. Hier hält es Immanuel Kant mit dem von ihm verehrten französischen Denkerkollegen Voltaire und dessen Diktum: »Der Verstand ist das Schicksal, das uns leitet.«

Kant, der einmal gesagt hat, dass der Mensch aus einem krummen Holz geschnitzt sei, weiß jedoch, wie es mit dem Mut eines jeden von uns bestellt ist. Er schreibt: »Faulheit und Feigheit sind die Ursachen, warum ein so großer Teil der Menschen, nachdem sie die Natur längst von fremder Leitung freigesprochen..., dennoch gerne zeitlebens unmündig bleiben; und warum es anderen so leicht wird, sich zu deren Vormündern aufzuwerfen. Es ist so bequem, unmündig zu sein.«

Der Mut zum Ich, der Mut, der Allgemeinheit seine eigene Position entgegenzusetzen, ist ungemütlich. Selbst in der eigenen Partnerschaft hält man oft genug das Maul, weil man sich vor der Zugluft einer streithaften Auseinandersetzung fürchtet. Deshalb hat auch jede Beziehung so viele Leichen im Keller. Ein leichter Modergeruch erinnert uns von Zeit zu Zeit daran. Es ist halt, um mit Kant zu sprechen, bequem, unmündig zu sein.

Kant beschreibt unsere Denk- und Handlungsfaulheit mit schneidenden Worten: »Habe ich ein Buch, das für mich Verstand hat, einen Seelsorger, der für mich Gewissen hat, einen Arzt, der für mich die Diät beurteilt usw., so brauche ich mich ja nicht selbst zu bemühen. Ich habe nicht nötig zu denken, wenn ich nur bezahlen kann; andere werden das verdrießliche Geschäft schon für mich übernehmen.«

Da lese ich, modern gesprochen, meinen Murphy, beschränke mich darauf, »positiv zu denken«, und praktiziere nach Art tibetanischer Gebetsmühlen die Wiederholung »positiver Einstellungssätze«, wie das in den Zwanzigerjahren schon der Altmeister Coué gelehrt hat, und verändere mich bei diesem, wie die Psychologie formuliert, »zudeckenden Verfahren« keinen Deut. Die Welt um mich herum mag im industriellen Dreck ersticken, die Dritte Welt verhungern und die Massenarbeitslosigkeit wie ein Krebs im sozialen Organismus metastasieren – ich beschwöre mit fernöstlicher Gelassenheit mein stumpfsinniges Mantra: »Alles ist gut, alles ist gut...« Andere werden das verdrießliche Geschäft der schmutzigen Politik und Alltagsrealitäten ja schon für mich übernehmen. Vielleicht lachen »die anderen«, wie Kant vermutet, in Wahrheit über mich: »Dass der bei weitem größte Teil der Menschen... den Schritt zur Mündigkeit außer dem, dass er beschwerlich ist, auch für sehr gefährlich hält: Dafür sorgen schon jene Vormünder, die die Oberaufsicht über sie gütigst auf sich genommen haben.«

Auf einer Tagung der GGB in Lahnstein meldete sich nach einer engagierten, zur politischen Mitwirkung aufrufenden Rede der Politikerin und promovierten Juristin Herta Däubler-

Gmelin eine junge Frau am Saalmikrofon. Es sei doch alles hoffnungslos, klagte sie, man könne sich politisch doch gar nicht einmischen, in den Parteien gehe man als einfaches Mitglied unter, der Stimmzettel bewirke nichts, ja selbst Leserbriefe würden nicht abgedruckt. Das über tausendköpfige Auditorium protestierte. Die Diskutantin berief sich angesichts dieser Publikumsreaktion erst recht auf ihre kläglichen Erfahrungen. Vielleicht sollte sie die folgenden Sätze Kants über die Dreistigkeit vieler politischer Vormünder aber auch über die Chance der Gegenwehr einmal gründlich lesen:

»Nachdem sie ihr Hausvieh zuerst dumm gemacht haben und sorgfältig verhüteten, dass diese ruhigen Geschöpfe gar keinen Schritt außer dem Gängelwagen, darin sie sie einsperreten, wagen durften: So zeigen sie ihnen nachher die Gefahr, die ihnen droht, wenn sie es versuchen, allein zu gehen. Nun ist diese Gefahr zwar ebenso groß nicht, denn sie würden, durch einige Mal Fallen, wohl endlich gehen lernen; allein ein Beispiel von derart macht doch schüchtern und schreckt gemeiniglich von allen ferneren Versuchen ab.«

Allen Widerständen zum Trotz forderte der hundertvierundfünfzig Zentimeter kleine, rachitisch verwachsene Philosoph Kant, Sohn eines armen Sattlermeisters und seiner wundervollen Frau Regina, etwas Entscheidendes: Zivilcourage. Sie tut weh. Jeder von uns hat sie schon unzählige Male verraten, wenn es galt, in einer Straßenbahn für einen Ausländer, am Arbeitsplatz für einen Schwulen oder in einer zotigen Männerrunde für die Sache der Frau den Mund aufzumachen. Ich kann bis heute nicht vergessen, wie ein unbeherrschter Chef vor vielen Jahren meinen Arbeitskollegen Wilhelm schamlos und ehrverletzend zur Sau machte. Es hätte genügt, wenn ich mit einem einzigen Satz über diese indiskutable Demütigung den eleganten Konferenzraum verlassen hätte. Ich tat es nicht. Ich blieb feige schweigend sitzen. Ich schäme mich heute noch.

Kant: »Es ist also für jeden Menschen schwer, sich aus der

ihm beinahe zur Natur gewordenen Unmündigkeit herauszuarbeiten. Er hat sie sogar lieb gewonnen und ist von der Hand wirklich unfähig, sich seines eigenen Verstandes zu bedienen ... Daher gibt es nur wenige, denen es gelungen ist, die eigene Bearbeitung ihres Geistes, sich aus der Unmündigkeit herauszuwickeln, und dennoch einen sicheren Gang zu tun.«

Dennoch ist der aufrechte Gang möglich. Aufklärung ist allerdings immer sowohl eine private als auch eine öffentliche Angelegenheit. Wo ich mich nicht in meiner privaten Sphäre nach den Maximen meines eigenen Verstandes richte, werde ich auch im Öffentlichen nichts bewirken; es wird mir der Mut dazu fehlen. Das Private ist in diesem Sinn eminent politisch. Wenn ich ein Kind schlage, statt mit ihm zu diskutieren, wenn ich ein Kind anbrülle, statt ihm zuzuhören, dann werde ich auch unfähig zum toleranten, argumentationsstarken politischen Diskurs sein.

Umgekehrt kann ich nicht politisch Wasser predigen, aber privat Wein trinken. Dann geht es mir wie jenem amerikanischen General Cohen, der 1997 mit strikter Unerbittlichkeit die Bestrafung einer Bomber-Pilotin wegen »Ehebruchs« forderte und dann selbst im puritanischen Amerika nicht Oberkommandierender werden durfte, weil er zehn Jahre zuvor, wie viele hohe Militärhaudegen, eine außereheliche Affäre gepflegt hatte.

Unsere Mündigkeit gewinnen wir nicht nur im Alleingang, sondern in der Verbundenheit mit Mitstreitern, also im öffentlichen Raum. Kant ist durchaus optimistisch in seiner Aufklärungsschrift: »Dass aber ein Publikum sich selbst aufkläre, ist eher möglich; ja, es ist, wenn man ihm nur Freiheit lässt, beinahe unausbleiblich. Denn da werden sich immer einige Selbstdenkende, sogar unter den eingesetzten Vormündern des großen Haufens finden, welche, nachdem sie das Joch der Unmündigkeit selbst abgeworfen haben, den Geist einer vernünftigen Schätzung des eigenen Werts und des Berufs jedes Menschen, selbst zu denken, um sich verbreiten werden ... Zu dieser Aufklärung aber wird nichts erfordert als Freiheit; und zwar die unschädlichste von allem, was nur Freiheit heißen mag, nämlich die: von seiner Vernunft in allen Stücken öffentlich Gebrauch zu machen.«

An anderer Stelle betont Kant: »Selbst denken heißt: den obersten Probierstein der Wahrheit in sich selbst, das ist in seiner eigenen Vernunft suchen; und die Maxime, jederzeit selbst zu denken, ist die Aufklärung.« Und: »Der Gerichtshof ist im Innern des Menschen aufgeschlagen.«

Wir mögen in manchem heute pessimistischer sein als Kant, dieser Leuchtturm der Aufklärung. Gegen die amtskirchliche Lehre von der Erbsünde des Menschen verteidigt der Humanist Kant in seiner Abhandlung ›Ideen zu einer allgemeinen Geschichte in weltbürgerlicher Absicht‹ im gleichen Jahr 1784 die These vom Fortschreiten des Menschengeschlechtes. Er hält die Errungenschaften der bürgerlichen Freiheit und Demokratie für kostbar und sieht fünf Jahre später seine Grundeinsicht vom aufrechten Gang des Menschen und seiner Möglichkeit, für die öffentlichen Anliegen mutig einzutreten, glänzend und unwiderlegbar bestätigt: in der Französischen Revolution. Sechs Jahre vor seinem 1804 vollendeten Leben notiert Kant in der Schrift ›Der Streit der Fakultäten‹ zur Französischen Revolution: »Die Revolution eines geistreichen Volkes, die wir in unseren Tagen haben vor sich gehen sehen, mag gelingen oder scheitern, sie mag mit Elend und Gräueltaten angefüllt sein ... Diese Revolution, sage ich, findet doch in den Gemütern aller Zuschauer ... eine Teilnehmung dem Wunsche nach, die nahe an Enthusiasmus grenzt.«

Das mag in unserem Zusammenhang etwas weit hergeholt erscheinen, aber Kant entwickelt bei seiner Ablehnung der Theologie des »Sündenfalls« und des menschlichen Jammertals ein modernes Bild der Persönlichkeit und der Gesellschaft. Was wäre denn passiert, befragt Kant den biblischen Mythos, wenn die kluge Eva brav geblieben wäre und mit dem Apfel zugleich die Chance der Erkenntnis von Gut und Böse ausgeschlagen hätte? Kant antwortet: »In einem arkadischen Schäferleben würden bei vollkommener Eintracht, Genügsamkeit und Wechselliebe alle Naturtalente des Menschen auf ewig in ihren Keimen verborgen bleiben: Die Menschen, gutartig wie die Schafe, würden ihrem Dasein kaum größeren Wert verschaffen, als das Haustier hat; sie würden die Leere der Schöpfung nicht ausfüllen.«

Kant geht noch einen Schritt weiter. Ohne blasphemisch sein zu wollen, rühmt er: »Dank sei also der Natur für die Unvertragsamkeit. Der Mensch will Eintracht, aber die Natur weiß besser, was für seine Gattung gut ist: Sie will Zwietracht.« Gerade die nichtparadiesische Natur mit ihren Mängeln, Unberechenbarkeiten und Katastrophen reizt den Menschen unablässig zur »neuen Anspannung der Kräfte«, stimuliert ihn zu »vermehrter Entwicklung seiner Naturanlagen«. Dies, so Kant, verrate guten Sinn, »nicht etwa die Hand eines bösartigen Geistes, der in des Schöpfers herrliche Anstalt hineingepfuscht und sie ihm neidischer Weise verderbt habe«. Ohne Evas Apfel säße Adam immer noch antriebslos, ohne Problem- und Handlungsbewusstsein im trügerischen Paradies ewiger Stagnation. Kant drastisch: »Die Natur hat den Schmerz zum Stachel der Tätigkeit in ihn gelegt, dem er nicht entrinnen kann: um immer zum Besseren fortzutreiben.«

Mit Kant nimmt die Philosophie definitiv Abschied von einer idealistischen, harmonisierenden Sicht der Gesellschaft, die heute noch oft in unseren Köpfen spukt und uns, weil sie sich immer wieder als falsch erweist, moralischen Katzenjammer bereitet. Der Mensch, konstatiert Kant, sei nicht nur gesellig und beziehungsfähig, er sei auch ein wahrhaft ungeselliger Igel. Aber auch das sei wiederum nur die halbe Wahrheit. Wie jeder Igel brauche der Mensch auch die Geselligkeit. Kant spricht daher von einer »ungeselligen Geselligkeit des Menschen«. Aus diesem Antagonismus entstehen Gesetze, Kultur und Gesellschaft. Exakt dieser menschliche Widerspruch des »sacro egoismo«, des heiligen Egoismus, einerseits und der unentrinnbaren sozialen Verbundenheit andererseits macht die Spannung und Entwicklung des Lebens aus.

Kant folgt auch in seinem nüchternen Realismus dem geistigen Freund Voltaire, der sozusagen den »Mut zum Ich« als Vehikel der allgemeinen Wohlfahrt definierte. Voltaire: »Gerade die Eigenliebe ist es, die uns zur Nächstenliebe verhilft. Gerade durch unsere wechselseitigen Bedürfnisse sind wir dem Menschengeschlecht nützlich. Das ist die Grundlage allen Handelns, das ist das ewig dauernde Band der Menschen. Ohne Eigenliebe keine Kunst, keine Erfindung, keine Gesellschaft. Die Eigenliebe hat jedes Tier von der Natur mitbekommen, die Eigenliebe überzeugt uns, die der Mitmenschen zu achten.«

Kant hat deutlich gemacht, dass Glück etwas ist, wozu ich meinen Teil beisteuern muss. Ich habe, modern formuliert, mit dem Erwerb des Führerscheins gelernt, mein Auto zu lenken. Bin ich zu träge, mich selbst zu lenken? Um glücklich leben zu können, muss ich viel lernen, sagt Kant. Die Erlaubnis zu leben, kann eine einzige Instanz auf der Welt mir erteilen: ich selbst. Ich bin dazu verdammt, von meiner Entscheidungsfreiheit auch Gebrauch zu machen. Tatsächlich bin ich mir selbst oft der schlimmste Feind. Will ich mich ändern, muss ich erst einmal tief in mich hineinschauen und erkennen, was ich falsch mache. Dabei muss ich Mitgefühl mit mir haben, mir meiner eigenen Leistung bewusst sein und mich selbst mögen. Kant sagt in der ›Metaphysik der Sitten‹: »Selbstschätzung ist Pflicht des Menschen gegen sich selbst.«

Wenn ich mich selbst nicht ausstehen kann, woher soll ich dann die Kraft nehmen, andere zu mögen? Wer sich selbst nicht liebt, kann Liebe nicht weitergeben. »Die meisten Menschen sind Mörder«, sagt der polnische Aphoristiker Stanislaw Jerzy Lec: »Sie töten einen Menschen. In sich selbst.« Mit Selbstverleugnung entwerte ich meine schwache Persönlichkeit noch vollends. Umgekehrt beginnt mein Erwachsenwerden damit, dass ich den Mut aufbringe, Neues zu wagen und das Frühere aufzugeben. Deshalb verleugne ich mein früheres Selbst nicht. Ich gebe allerdings etwas auf, das ich nicht mehr brauche. Ich mache mich auf die Suche nach etwas Besserem, etwas Notwendigerem. Dieses Wachsen tut weh. Warum? Das hängt tiefenpsychologisch mit der Ablösung von unseren Eltern zusammen.

Jedes Mal, wenn ich mein Leben selbst in die Hand nehme, dann scheint es so, als nähme ich es gleichsam meinen Eltern aus der Hand. Darf ich denn das einfach, mein eigenes Leben leben? Ich brauche Mut, meine kindliche Abhängigkeit und Sehnsucht nach totaler Sicherheit aufzugeben. Mag mir nach kühnen Lebensentschlüssen die Welt auch nie mehr so sicher erscheinen – doch wie viel freier atme ich in dem Gefühl meiner Selbstständigkeit. Erst jetzt beginnt mein Leben als erwachsener Mensch. In jedem Augenblick meines Lebens habe ich die Wahl zwischen meiner herkömmlichen Anpassung und dem aufrechten Gang eines bewusst gelebten Lebens zu treffen.

Genau das tat zu meiner Verblüffung Anton, ein von seiner Schulbehörde mit achtundvierzig Jahren in die Pension geschickter Lehrer. Ich hatte anfangs Angst um ihn, weil Anton den Zwangseingriff in sein Leben als böse Kränkung erlebte. Es sah für mich so aus, als ob er all seine Kraft in einem jahrelangen Rechtsstreit um seine Wiederanstellung verausgaben und sich selbst dabei aus den Augen verlieren würde.

Doch es kam anders, als ich dachte. Zwar kämpfte Anton eine Zeit lang erbittert. Aber dann fand er den aufrechten Gang wieder. Das hat er mir – wie viele andere – erlaubt, an dieser Stelle unter anderem Namen zu berichten. Er hatte als Student Gitarre in einer Band gespielt und die wilden Jahre genossen. Jetzt reaktivierte er die alte Gruppe und probt jede Woche. Sie treten öffentlich auf. Das macht Spaß. Anton hockt nicht mehr, wie zu Beginn der nachschulischen Leidensstrecke, zu Hause herum.

Dann lernte er Spanisch und flog auf seine Trauminsel, die Dominikanische Republik. Dort fand er in einem ausgewanderten Deutschen einen Freund. Der baut in den Kordilleren der Insel eine Landkommune auf. Anton wird, mit Zustimmung seiner großzügigen Frau, zukünftig einige Monate jährlich dort arbeiten. »Außerdem«, gestand er mir fröhlich, »habe ich noch einen Traum: mit meinem Freund für ein Vierteljahr einen Streifzug durch Lateinamerika zu machen.« Heute ist Anton wieder ein glücklicher Mensch. Er lebt, anstatt herumzujammern, sein neues Leben mit seinen überraschenden Möglichkeiten bewusst. Mit dem Dichter Eugen Roth kann Anton von sich sagen: »Ein Mann blickt in die Zeit zurück. Er sieht: Sein Unglück war sein Glück.«

Gerade wenn ich neue Entscheidungen in die Tat umsetze, muss ich als reifer Mensch das Gefühl des Alleinseins ertragen lernen. Dann endlich vermag ich mir auch einmal selbst zuzuhören. Jedes Kind lauscht auf seine innere Stimme. Ein Baby weiß, wann es Hunger hat und wann ihm etwas weh tut. Groß geworden, sind für mich die Stimmen der anderen Menschen so viel lauter und wichtiger als meine eigene geworden. Es ist für mich einfacher zu tun, was diese anderen sagen. In dieser Fremdbestimmung habe ich mich Lichtjahre von mir selbst und meinem inneren Kind entfernt.

In den Selbsterfahrungsgruppen in Lahnstein ermuntere ich jede Frau und jeden Mann, das kleine Mädchen, das Bübchen, das sie einmal waren, wieder liebevoll wahrzunehmen, es in die Arme zu schließen, seine Stimme wieder zu vernehmen und seine Bedürfnisse zu leben. Dann lernt man endlich wieder, sich selbst sein bester Freund zu sein. Es ist dann so, als entdecke man ein Bankkonto, von dem man noch nichts abgehoben hat. Ich habe damit einen Freund fürs Leben gewonnen, der mich nie verlässt.

Womit wir wieder bei Kant angelangt sind. Friedrich Schiller brachte die psychologische Quintessenz dieses erstaunlich aktuellen Denkers auf den Punkt, wenn er rühmte: »Es ist gewiss von einem sterblichen Menschen noch kein größeres Wort gesprochen worden als dieses Kantische, was zugleich den Inhalt seiner ganzen Philosophie ausmacht: Bestimme dich aus dir selbst!«

Ganz in diesem Sinn der Persönlichkeitsentfaltung aus dem Zentrum eines oft schwankenden, aber im Kern mutigen Ich formuliert der Lyriker Ulrich Schaffer sein Bekenntnis:

Ich wage ...

Ich wage Neues,
weil ich im Alten
nicht mehr leben will.

Ich wage mich vor
in das Fremde und Ungewohnte
mit seinem Schmerz und seinem Glück.

Ich will mich den Veränderungen
mit ihrer Not und Unsicherheit
bewusst aussetzen.

Ich stelle mich den Herausforderungen,
kämpfe mit meiner Angst
und aktiviere meine Fantasie.

Ich entfalte mich
und wage zu entdecken,
was noch alles in mir schlummert.

Mehr Zeit für mich

*Da Zeit das Kostbarste,
weil unwiederbringlichste Gut ist,
über das wir verfügen,
beunruhigt uns bei jedem Rückblick
der Gedanke etwa verlorener Zeit.
Verloren wäre die Zeit,
in der wir nicht als Mensch gelebt,
Erfahrungen gemacht, gelernt, geschaffen,
genossen und gelitten hätten.*
Dietrich Bonhoeffer

In Michael Endes philosophischem Kinderroman ›Momo‹ gibt Meister Hora der kleinen Heldin Momo ein Rätsel zu knacken:

Drei Brüder wohnen in einem Haus,
die sehen wahrhaftig verschieden aus,
doch willst du sie unterscheiden,
gleicht jeder den anderen beiden.
Der erste ist nicht da, er kommt erst nach Haus.
Der zweite ist nicht da, er ging schon hinaus.
Nur der dritte ist da, der kleinste der drei,
denn ohne ihn gäb's nicht die anderen zwei.
Und doch gibt's den dritten, um den es sich handelt,
nur weil sich der erst' in den zweiten verwandelt.
Denn willst du ihn anschauen, so siehst du nur wieder,
immer einen der anderen Brüder!
Nun sage mir: Sind die drei vielleicht einer?
Oder sind es nur zwei? Oder ist es gar – keiner?
Und kannst du, mein Kind, ihre Namen mir nennen,
so wirst du drei mächtige Herrscher erkennen.
Sie regieren gemeinsam ein großes Reich –
und sind es auch selbst! Darin sind sie gleich.

Du hast es, liebe Leserin, lieber Leser, vermutlich gleich erraten. Der Bruder, der zuerst nach Haus kommt, ist die Zukunft. Der zweite, abwesende Bruder, der bereits hinausging, ist die Vergangenheit. Der dritte, der kleinste der drei, der das Haus hütet, ist die Gegenwart. Ohne ihn gäbe es weder die Vergangenheit noch die Zukunft.

Womit wir wohl alle Probleme der Zeit gelöst hätten? Fehlanzeige! Noch nie hatten wir so viele Konflikte mit der Zeit wie heute. Das Leben könnte so schön sein, wenn wir endlich Zeit hätten, seufzen wir. Wir alle rasen durch die Zeit. Unser Problem ist: keine Zeit. Der Job, die Kinder, die Pflichten fressen uns auf. Dabei hatten wir noch nie so viel Freizeit wie heute. Unsere Vorfahren im 19. Jahrhundert schufteten noch rund achtzig Stunden die Woche, wir genießen in vielen Zweigen der Wirtschaft bereits die gewerkschaftliche Errungenschaft der Fünfunddreißig-Stunden-Woche. Im Haushalt spart chromblitzende Technik Zeit, das Auto bringt uns wundersam schnell wie ein fliegender Teppich an unser Ziel, wir definieren uns soziologisch als »Freizeitgesellschaft«.

Zwischen hundert und hundertfünfzig Milliarden Euro geben wir hierzulande dafür aus, die Wochenend- und Ferienfreizeit mit tausend Formen organisierter Betriebsamkeit totzuschlagen. Das Paradoxe ist, wir machen uns dabei noch mehr Stress. »Alles steht bereit für ein Leben in Bequemlichkeit, mit Tempo und Spaß«, registriert der amerikanische Schriftsteller Saul Bellow: »Aber dann gibt es etwas in uns allen, das fragt: Und was jetzt? Und was dann? Da sitzt man also im Club Méditerranée – aber was dann? Nirgends mehr gibt es einen Ruhepunkt. Wir erleben eine Form des Leidens, das wir gar nicht mehr als Leiden erkennen, weil es in der Gestalt von Vergnügungen auftritt.«

Was ist also dieses komplizierte Phänomen Zeit? Der Kirchenlehrer und Philosoph Augustinus seufzte bereits im vierten nachchristlichen Jahrhundert: »Solange mich niemand danach fragt, ist es mir, als wüsste ich es: Doch fragt man mich, und soll ich es erklären, weiß ich es nicht.« Aristoteles und Newton glaubten noch an eine absolute Zeit. Veränderung, meinte der griechische Philosoph, vollziehe sich schneller und langsamer, »doch von der Zeit gilt das nicht. Schnell und langsam werden vielmehr an der Zeit gemessen.« Zweitausend Jahre später meinte Isaac Newton dies bestätigen zu können: »Die absolute, wahre mathematische Zeit verfließt an sich und vermöge ihrer Natur gleichförmig und ohne Beziehung zu irgendeinem Gegenstand.«

Dieses Konstrukt der absoluten Zeit brachte Albert Einstein mit seiner Relativitätstheorie zu Fall. Nach ihr muss die Zeit in der Nähe eines massiven Körpers wie der Erde langsamer verstreichen. Einsteins Erkenntnis blieb keine reine Theorie. 1962 fixierte man zwei präzise Uhren oben und unten an einem Wasserturm. Tatsächlich stellten die Forscher fest, dass die Uhr am Fuße des Turms, also näher an der Erdmasse, langsamer ging. Natürlich waren es winzige Zeitdifferenzen, und doch hatte die Erkenntnis der unterschiedlichen Gangart von Uhren in verschiedenen Höhen der Erde reale Bedeutung für all jene Navigationssysteme, die von Satellitensignalen gesteuert werden. Würde man hierbei die Erkenntnisse der Relativitätstheorie ignorieren, ergäben sich bei den Positionsberechnungen Fehler von mehreren Kilometern.

An dem Phänomen Zeit sind die Philosophen schier verzweifelt. Der immens gebildete deutsche Universalphilosoph Gottfried Leibniz etwa behauptete im 17. Jahrhundert, Gott habe das Universum vor einer begrenzten Zeit erschaffen. Mit dieser Aussage geriet Leibniz in einen philosophischen Widerspruch, der ihm selbst keine Ruhe ließ. Warum sollte sich Gott, zu dessen Wesensattributen Vollkommenheit und Unveränderlichkeit zählen, sich gleichsam über Nacht entschließen, die Welt in einem bestimmten Augenblick, nicht vorher und nicht nachher, zu erschaffen. Leibniz räsonierte: »Denn weil Gott nichts ohne Grund tut und weil kein Grund genannt werden kann, warum er die Welt nicht eher geschaffen hat, folgt daraus entweder, dass er überhaupt nichts schuf oder dass er die Welt vor jeder zurechenbaren Zeit schuf, das heißt, dass die Welt ewig ist.«

Immanuel Kant griff die ungelöste Frage hundert Jahre später wieder auf. Ihm erschienen sowohl Leibniz' These, dass Gott überhaupt nichts geschaffen habe, als auch seine Antithese, dass die Welt ewig sei, gleich unlogisch, philosophisch gesehen. Wenn das Universum eine unbegrenzte Vergangenheit besäße, argumentierte Kant, dann hieße dies, dass eine unendliche Reihe von Ereignissen abgelaufen sein müsse. Der Definition nach könne jedoch Unendlichkeit durch »sukzessive Synthesis (Zusammenfügung – M. J.) niemals vollendet sein«, also sei die Hypothese eines ewigen Universums falsch. Wenn umgekehrt das Universum in einem bestimmten Augenblick in der Zeit geschaffen worden sei, dann müsse es eine Zeit gegeben haben, bevor das Universum existierte. Eine solche »leere Zeit« sei jedoch ein Widerspruch in sich.

Hinter Kants Überlegung stand ein Problem, das bereits die mittelalterlichen Philosophen der Scholastik beschäftigte, ohne dass sie zu einer Lösung gelangt wären: Kann ein Gott, der zeitlos ist, in irgendeiner Beziehung zur Zeit einer sich wandelnden Welt stehen? Gott kann schlecht sowohl innerhalb als auch außerhalb der Zeit existieren...

Die Zeit hat alle Denker von den Frühkulturen bis zur Moderne beschäftigt. Die alten Griechen ersannen den Gott Kronos, der seine eigenen Kinder fraß. Die europäischen Aufklärer und Deisten stellten sich, ganz im Banne der Mechanikgesetze Newtons, das Universum als gigantisches Uhrwerk und Gott als einen Uhrmacher vor, der diese wundersame Maschine des Kosmos ersonnen, gebaut, aufgezogen und sie dann ihrem Geschick überlassen hatte.

Das Zeitmaß ergab sich jahrtausendelang aus den Rhythmen

der Natur, aus der regelmäßigen Wiederkehr des Gleichen: Tag und Nacht, Frühjahr, Sommer, Herbst und Winter, Ebbe und Flut, Morgendämmerung und Sonnenuntergang, Höchst- und Niedrigststand der Sonne, den Mondphasen. Die Ägypter hatten drei Jahreszeiten: Überschwemmung, Aussaat, Ernte. Homer rechnete die Zeit nach Morgenröten, Cäsar nach Nachtwachen, die Ordensbrüder der Klöster nach Gebets- und Essenszeiten, die Bauern nach Fütterungs- und Melkzeiten. Man stand mit dem ersten Hahnenschrei auf und ging »mit den Hühnern« zu Bett. Der Übergang von diesem natürlichen und zyklischen Zeitmaß zu einem abstrakt-maschinellen Zeitverständnis bildete eine der tiefsten Umwälzungen der Menschheitsgeschichte. Es war eine Revolution, die sich als ebenso effizient wie rücksichtslos erwies.

Ausgangspunkt der Zeitrevolution war die Erfindung der mechanischen Uhr, die die temporalen Hilfsmittel der Sand-, Sonnen- und Wasseruhren ablöste. Unabhängig von den Witterungsverhältnissen oder Materialeinflüssen prägten die Präzisionsuhren der spätmittelalterlichen Handwerker die neue Epoche. Immer mehr wurden die handwerklichen Produktionsformen in den Städten durch die mechanische Zeit statt durch den Rhythmus des Menschen oder der Natur bestimmt.

Die Zeit, so erweist sich heute, ist in einem zweifachen Sinn relativ. Einmal hängt sie, im Sinne Einsteins, von der Bewegung und der Schwerkraft ab. Die Erde umkreist die Sonne, die Sonne umkreist unsere Galaxie, und die Galaxie bewegt sich mit benachbarten Milchstraßen mit atemberaubender Geschwindigkeit. Die galaktischen Haufen selbst streben mit Lichtgeschwindigkeit auseinander. Darüber hinaus besitzen die astronomischen Körper eigene, gewaltige Gravitationskörper, die die Zeit »krümmen«. Von einer kosmischen Einheitszeit kann also keine Rede sein. Die Bonner Atomsekunde zum Beispiel definiert sich nicht mehr als der 86 400. Teil eines Tages, sondern entspricht 9 192 631 770 Schlägen eines Zäsiumatoms.

Handelt es sich dann um den Pulsschlag des Atoms, um die Zeit des Universums oder um unsere Zeit? Wie verhält es sich mit der Zeit auf einem Planeten »am anderen Ende« des Kosmos?

Zum anderen ist die Zeit durch ihre mechanische Messung entnatürlicht, sie ist kontingentierte, rationierte und kalkulierbare Zeit. Sie hat ihren Sitz an der städtischen Turmuhr oder auf dem Zifferblatt der tragbaren Uhr. Sie lässt sich berechnen, planen und damit bewirtschaften, oder, wie der geniale Amerikaner Benjamin Franklin formulierte: »Zeit ist Geld.« Die Zeit hat somit ihre Unschuld verloren. Fazit: Wir können das Problem drehen und wenden, wie wir wollen, wir wissen nicht definitiv, was Zeit ist.

Eines spüren wir aber stärker als je zuvor: Wir sind Sklaven der Zeit. Die Frage ist nur: Versklavt die Zeit uns, oder terrorisieren wir die Zeit? Eines ist sicher: Die Räderuhr, die uns eine von den Tages- und Nachtgestirnen emanzipierte und damit »eigene« Zeit kreierte, beschleunigte das Lebenstempo der Menschen seit dem Spätmittelalter immens. Der Rhythmus der Maschinen verdrängte den Gang der Natur. Die Uhr bestimmte die Arbeitszeit, den Wert der industriellen Ware und der menschlichen Ware Arbeitskraft. Unbarmherzig kontrollierten die Unternehmer bereits in den Manufakturen, den Vorläufern der späteren Fabriken, die Arbeitszeiten, kürzten Arbeitspausen und straften mit Lohnabzug. Die gängige Methode der »Kapitalisten« war es, die Arbeiter morgens und abends durch Vor- und Nachstellen der Uhren um den kostbaren Rohstoff Arbeitszeit zu betrügen. Und den Arbeitern wurde verboten, eigene Uhren zu benutzen.

Der »Protestantismus als Geist des Kapitalismus« (Max Weber) machte die Zeitdisziplin zur höchsten, Gott wohlgefälligen Profitmaxime. »Ach! Lehre mich den Wert der Zeit«, mussten die Gläubigen in der Kirche singen, »dass ich sie nicht verschwende/dass ich mit weiser Tätigkeit/zum Guten sie verwende.« Von der Kanzel donnerte es: »Ein Tagdieb ist ein Ärgernis vor Gott und für den Menschen«, oder: »Müßiggang ist aller Laster Anfang«.

Zeitvergeudung wurde zur Sünde. Es dauerte mehrere Jahrhunderte, bis es Kirche und Staat, Handel, Industrie, Großagrariertum und Kommunalbehörden gelang, den Menschen den Zeitluxus des Mittelalters auszutreiben. Vor allem der Feiertagsrhythmus des katholischen Kalenderjahres war den »Zeitdieben« der Moderne ein Dorn im Auge. Die Auseinandersetzung dauerte zum Teil noch bis in das 20. Jahrhundert. Der Romanist Victor Klemperer beobachtete vor dem Ersten Weltkrieg (in seinem Lebensbericht ›Curriculum Vitae‹) als Student die besondere Situation in Bayern: »Wenn man mich damals gefragt hätte, was ich für die auffälligste Eigenschaft des Katholizismus nähme, dann hätte ich ohne Besinnen geantwortet: die Masse der Feiertage. Denn sämtliche Feiertage wurden damals von der Universität noch eingehalten, es gab wenige Wochen, die nicht durchlöchert waren von Heiligenfesten, und (ich kann es nicht anders ausdrücken) die Löcher hatten eine heftige Tendenz, ineinander zu schmelzen. Wenn etwa ein Fest auf den Freitag fiel – wer hätte der Versuchung widerstanden, eine Gebirgsfahrt vom Freitag Morgen bis zum Sonntag Abend zu unternehmen? Und wenn das Fest auf den Dienstag fiel? Gewiss, am Montag wurde den ganzen Tag Kolleg gehalten; aber war man am Montag nicht ohnehin müde von der Sonntagswanderung, und war es nicht allzu verlockend, ganze vier zusammenhängende Tage für das Gebirge zu gewinnen?«

Derlei retardierende Tendenzen waren allerdings nur Widerstandsnester, Partisanen gegen den Zeitgeist. Zeitdisziplin wurde, wie Benjamin Franklin drohte, Pflicht: »Seitdem unsere Zeit einem Einheitsmaß unterworfen ist und des Tages Goldbarren zu Stunden gemünzt werden, wissen die Fleißigen aller Berufe jede Minute zu ihrem Vorteil zu nutzen. Wer aber seine

Zeit sorglos vertändelt, ist in Wahrheit ein Geldverschwender.«

Tatsächlich entwickelten Philosophen, Wissenschaftler, Unternehmer, Kaufleute und Politiker das »Projekt Moderne«, ohne natürlich diesen Begriff zu kennen. Marianne Gronemeyer hat diesen umwälzenden Prozess in ihrem Buch ›Das Leben als letzte Gelegenheit‹ meisterhaft analysiert. Der französische Philosoph René Descartes, sagt die Wissenschaftlerin, habe mit seinem Existenzbeweis »cogito ergo sum« (Ich denke, also bin ich) den Imperativ der Neuzeit beschworen. Weil der Mensch ein denkendes Wesen ist, kann er sich zum »Herrn und Meister der Natur« (Descartes) erheben. Voraussetzung ist, dass er die Natur so nüchtern wie eine Maschine analysiert und benutzt und eine rigorose Zeitökonomie einhält.

Bezeichnenderweise richtete sich Descartes' Interesse auf eine Lebenszeitverlängerung des Menschen in Richtung Unsterblichkeit. Eine auf »unfehlbaren Beweisen erbaute Medizin«, eine seelenlose, reparative, auf Physik, Chemie, Statik und Mathematik gestützte Schulmedizin sollte diesem Ziel dienen, »wie ein Uhrmacher den komplizierten und gefährdeten Mechanismus einer Uhr im Griff hat«.

Wo als Ziel die Herrschaft über Leben und Tod anvisiert wurde, da geriet der Mensch philosophisch aus der Haltung der Geduld. Der mittelalterliche Mensch – ohne hiermit eine Wertung auszusprechen – akzeptierte den Tod als den von Gott verhängten Abschluss des Lebens, hinter dem Himmel oder Hölle sich verbarg. Dem Menschen des Mittelalters war hiermit, wenn man so will, eine unendliche Zeitstrecke gegeben, eine kleine hier auf Erden, eine unendliche in der Transzendenz.

Als das neuzeitliche Individuum sich emanzipierte und sein Dasein im Wesentlichen als die Spanne zwischen Punkt A, der Geburt, und Punkt B, dem Tod, definierte, sah es sich plötzlich und mit tödlicher Dringlichkeit mit einer extrem begrenzten Lebensspanne konfrontiert. Wie nie zuvor erlebte der Mensch von jetzt an den Widerspruch zwischen dem Überangebot der Welt einerseits und der Zeitknappheit andererseits.

Was sollte er tun? Wenn das Versprechen der individuellen Unsterblichkeit mehr als brüchig geworden ist – und fast alle modernen Philosophen von Voltaire über Kant bis Feuerbach, Marx, Nietzsche, Heidegger und Sartre reflektieren diesen Verlust der früheren Heilsgewissheit –, so muss die Verknappung der Zeit damit kompensiert werden, dass die Lebensschnelligkeit erhöht wird.

Marianne Gronemeyer sagt dazu: »In den Wettlauf mit der Zeit konnte der Mensch erst eintreten, als er über mehr als seine leibeigenen Kräfte verfügte. Ohne maschinelle Unterstützung hätten ihn seine Beschleunigungsabsichten nicht weit gebracht. Seiner Selbstmobilisierung waren durch seine schwache Konstitution enge Grenzen gesetzt. Weder konnte er sein Fortbewegungs- noch sein Arbeitstempo von sich aus nennenswert verbessern. Mit dem Anbruch des Maschinenzeitalters wurden die Kräfte entfesselt, die die Umdrehungsgeschwindigkeit des Laufs der Dinge Schwindel erregend steigerten. Kraft und Antriebsmaschinen vervielfältigten die zur Verfügung stehenden Kräfte, und die Arbeitsteilung brachte Zeit sparende Ordnung und Routine in die Arbeit.«

Die Moderne bescherte dem Menschen so einen Triumph über die Langsamkeit. Der Zeitgewinn wurde jedoch zugleich mit einem Schwund der natürlichen Welt bezahlt. Das macht die Janusköpfigkeit des Fortschrittes aus: Er ist zugleich Gewinn und Verlust. Mit der Postkutsche brauchten unsere Vorfahren von Rügen bis Konstanz ungefähr zwei Wochen, mit dem Auto schaffen wir das heute problemlos in einem Tag. Aber um diesen sensationellen Zeitgewinn zu realisieren, benötigen wir zuvor eine von uns präparierte, künstliche, ja geschundene Welt.

Marianne Gronemeyer nennt den Preis: »Die Beschleunigung der Fortbewegung war ohne Raubbau an fossilen Brennstoffen, ohne Ausplünderung anderer Rohstofflager, ohne Hinterlassung dicker Luft, die man fast nur noch in Scheiben atmen kann, ohne Durchsäuerung des Bodens, die immer mehr Bäume zum Aufgeben zwingt, ohne Schädigung von Tausenden von Tier- und Pflanzenarten, ohne flächendeckenden Lärm rund um die Uhr nicht zu haben.«

Wo die Beschleunigung regiert und uns im Alltag schier die Luft wegnimmt, gewinnt ein panischer Gedanke von uns Besitz: die Angst, etwas zu versäumen. Verzweifelt bemühen wir uns, die Zeit in den Griff zu bekommen. Seminare für Zeitmanagement haben Konjunktur. Zeitknappheit ist ein gesellschaftliches Statussymbol: Je weniger Zeit ich habe, desto angesehener bin ich. Vorbei ist die Zeit, als der deutsche Romantiker Joseph von Eichendorff (1788–1857), salopp gesprochen, einen Bestseller auf dem Markt platzierte mit dem provozierenden Titel ›Aus dem Leben eines Taugenichts‹. »Das waren noch glückliche Zeiten«, sagte Sacha Gouitry, »als man nach dem Kalender lebte – jetzt lebt man nach der Uhr.«

Autos, Eisenbahnen und Flugzeuge werden immer noch schneller, im Nachrichtenmagazin ›Focus‹ schrumpfen die Artikel für die hektische und leseunfähige Konsumentenschaft zu kleinen Appetithäppchen zusammen. Mikrowellengeräte, Fertigprodukte und Fast-Food-Lokale (»Schnell-Essen«), Wäschetrockner und automatische Küchengeräte, Lifts und Computer sorgen dafür, dass wir keine Zeit verlieren. Wir schneuzen uns sogar in ein »Tempo«-Taschentuch. »Stiehl mir nicht meine Zeit«, ist unser gehässigstes Schimpfwort. Je mehr Zeit wir sparen, das ist das Paradox, desto weniger Zeit haben wir. Glücklicher werden wir dabei nicht.

In Michael Endes klugem Roman über diese Zeitmisere, ›Momo‹, heißt es einmal: »Niemand schien zu merken, dass er, indem er Zeit sparte, in Wirklichkeit etwas ganz anderes sparte. Keiner wollte es wahrhaben, dass sein Leben immer ärmer, gleichförmiger und immer kälter wurde. Deutlich zu fühlen jedoch bekamen es die Kinder, denn auch für sie hatte nun niemand mehr Zeit. Aber Zeit ist Leben. Und das Leben wohnt im Herzen. Und je mehr die Menschen daran sparten, desto weniger hatten sie.«

Was hatten die Menschen in früheren Jahrhunderten noch für ein starkes Bewusstsein von der unsichtbaren Kraft der Zeit, zu zerstören und zu heilen! Die Sprichwörter geben eine Ahnung davon: »Die Zeit ist der beste Arzt.« – »Die Zeit heilt alle Wunden.« – »Kommt Zeit, kommt Rat.« Aber auch: »Die Zeit hat Zähne mit scharfen Kanten, sie zerreibt Kiesel und Diamanten.« Oder: »Die Zeit ist ein Gut, von dem der Arme so viel besitzt als der Reiche.«

Es sieht so aus, als ob wir, um einen berühmten Romantitel des deutschen Schriftstellers Sten Nadolny zu verwenden, die »Entdeckung der Langsamkeit« einüben müssen. Das braucht Mut, sich gegen den »Zeitgeist« zu stemmen. Er hat uns tief geprägt. Vielleicht können wir von den Kindern lernen. Kinder schwimmen gleichsam in der Zeit wie in einem Fluss, sie lassen sich tragen von ihr. Sie weigern sich, unsere Hetze mitzumachen.

In ›Momo‹ schäumen die »Zeitdiebe« vor ohnmächtigem Zorn über die Opposition der Kinder: »Kinder sind unsere natürlichen Feinde. Wenn es sie nicht gäbe, so wäre die Menschheit längst ganz in unserer Gewalt. Kinder lassen sich sehr viel schwerer zum Zeit-Sparen bringen als andere Menschen.« Statt uns an den Kindern ein Beispiel zu nehmen, treiben wir sie ganz schnell unter die unbarmherzigen Normen des Zeitdiktats. Wir schaffen einen ausgeklügelten Stundenplan für sie, der alles enthält, die Klavierstunde und das Tennistraining, die Nachhilfestunde und den Inspektionstermin beim Zahnarzt. Sogar die Schulstunden laufen im 45-Minuten-Takt rund um die Uhr. Wenn ein Kind beim vorgelegten Tempo nicht mithalten kann, bleibt es sitzen, das heißt, es wird mit einem

Jahr »Zeitverlust« bestraft. Haben wir vergessen, dass Jean-Jacques Rousseau es die »größte, wichtigste und nützlichste Regel jeglicher Erziehung« nannte, »Zeit zu verlieren und nicht zu gewinnen«?

Frage dich einmal selbst, liebe erwachsene Leserin, lieber erwachsener Leser, wann du zum letzten Mal ohne Uhr aus deiner Wohnung gegangen bist.

Wir verlieren die meiste Zeit damit, dass wir Zeit gewinnen wollen. Wir verlieren damit aber auch oft das Wesentliche. In Saint-Exupérys ›Der kleine Prinz‹ sagt der Fuchs zu seinem außerirdischen Besucher: »Bitte ... zähme mich.« Der kleine Prinz antwortet: »Ich möchte wohl, aber ich habe nicht viel Zeit. Ich muss Freunde finden und viele Dinge kennen lernen.« Da erteilt ihm der Fuchs eine unvergessliche Lektion: »Man kennt nur die Dinge, die man zähmt. Die Menschen haben keine Zeit mehr, irgendetwas kennen zu lernen. Sie kaufen sich alles fertig in den Geschäften. Aber da es keine Kaufläden für Freunde gibt, haben die Leute keine Freunde mehr. Wenn du einen Freund willst, so zähme mich.« Als sich der kleine Prinz nach dem Vorgang der Zähmung erkundigt, erfährt er dessen Geheimnis: Es ist die Zeit, die eine Freundschaft braucht.

Ein weiteres Mal stolpert der kleine Prinz über die Schnelligkeit. Als er beim Anblick einer Rosenplantage entdeckt, dass seine geliebte Rose auf dem Planeten B 612 den fünftausend Rosen dort wie ein Ei dem andern gleicht, ist er kreuzunglücklich. Da enthüllt ihm der Fuchs ein weiteres Geheimnis: »Die Zeit, die du für deine Rose verloren hast, sie macht deine Rose so wichtig.« Der kleine Prinz ist perplex. »Die Menschen haben diese Wahrheit vergessen«, sagt der Fuchs.

Eilen wir nicht oft, ohne anzukommen? Auch dieses dritte Geheimnis enthüllt sich dem kleinen Prinzen. Die Episode ist so hübsch, dass ich sie hier ganz zitieren möchte:

»Guten Tag«, sagte der kleine Prinz.

»Guten Tag«, sagte der Weichensteller.

»Was machst du da?«, sagte der kleine Prinz.

»Ich sortiere die Reisenden nach Tausenderpaketen«, sagte der Weichensteller. »Ich schicke die Züge, die sie fortbringen, bald nach rechts, bald nach links.«

Und ein lichterfunkelnder Schnellzug, rollend wie der Donner, macht das Weichenstellerhäuschen erzittern.

»Sie haben es sehr eilig«, sagte der kleine Prinz. »Wohin wollen sie?«

»Der Mann von der Lokomotive weiß es selbst nicht«, sagte der Weichensteller. Und ein zweiter blitzender Schnellzug donnerte vorbei, in entgegengesetzter Richtung.

»Sie kommen schon zurück?«, fragte der kleine Prinz ...

»Das sind nicht die gleichen«, sagte der Weichensteller. »Das wechselt.«

»Waren sie nicht zufrieden dort, wo sie waren?«

»Man ist nie zufrieden dort, wo man ist«, sagte der Weichensteller.

Und es rollte der Donner eines dritten funkelnden Schnellzuges vorbei.

»Verfolgen diese die ersten Reisenden?«, fragte der kleine Prinz.

»Sie verfolgen gar nichts«, sagte der Weichensteller. »Sie schlafen da drinnen oder sie gähnen auch. Nur die Kinder drücken ihre Nasen gegen die Fensterscheiben.«

»Nur die Kinder wissen, wohin sie wollen«, sagte der kleine Prinz. »Sie wenden ihre Zeit an eine Puppe aus Stofffetzen, und die Puppe wird ihnen sehr wertvoll, und wenn man sie ihnen wegnimmt, weinen sie ...«

»Sie haben es gut«, sagte der Weichensteller.

Wir leben im Eilzugtempo. Der Zeitforscher Prof. Martin von Held registrierte in seinem Werk ›Ökologie der Zeit‹: »Wir leben nicht einfach zu schnell, sondern vor allem nicht mehr im Einklang mit den Rhythmen der Natur. Wir ignorieren zunehmend die inneren und äußeren Rhythmen, ja, teilweise verdrängen wir geradezu, dass auch wir als Menschen vom Puls des Lebens durchdrungen sind.« Wir müssen, sagt der Wissenschaftler, unsere Verwobenheit mit der Welt der Pflanzen und Tiere akzeptieren und wieder unsere Einbindung in die Rhythmen des Lebens lernen.

Müssen wir im Sommer Ski fahren, im Januar Weintrauben essen, benötigen wir in jedem Fall nächtliche Schichtarbeit, das Arbeiten bei künstlichem Licht, Klimaanlagen, Frühstücksfernsehen und, wie bereits gefordert, Ladenöffnungszeiten an Sonn- und Feiertagen?

Vermehren wir nicht mit unserer Hetzerei die Statistik der Herzinfarkte und Magengeschwüre? Ist es nicht endlich Zeit, uns zu Zeitpionieren der Verlangsamung zu entwickeln? Müssen wir die Zeit »im Griff haben«? Oder sollte nicht die Zeit uns wieder natürliche Strukturen geben? Martin Held meint: »Wir werden die tiefe ökologische Krise nicht überwinden, wenn wir die Zeit nicht als einen entscheidenden Faktor bei allen Lebensvorgängen, einschließlich des menschlichen Lebens, erkennen und daraus die Konsequenzen ziehen.«

Mehr Zeit für mich – das ist Lebensqualität und Zentrierung um mein eigenes Ich. Walter, ein Internist, brauchte, wie er mir erzählte, erst einen Herzinfarkt, um einen selbstbewussteren Umgang mit der Zeit zu lernen. Der vierundvierzigjährige Mediziner gab seine Einzelpraxis auf, wechselte in eine Gemeinschaftspraxis und genießt jetzt seine Halbtagstätigkeit. Walter: »Ich spiele praktisch jeden Tag Fußball (!) mit meiner Tochter (!!), ich spaziere viel und habe die Numismatik (Münzenkunde) als Hobby entdeckt.«

Hartmut, ein Ingenieur Mitte dreißig, hat, zunächst schweren Herzens, das Auto abgeschafft. Hartmut verblüffte mich mit der Aussage: »Jeden Tag warte ich an der Bushaltestelle. Du wirst es nicht glauben, aber inzwischen liebe ich dieses Warten. Oft sinniere ich einfach so vor mich hin. Manchmal stehe ich auch einfach nur da und denke an gar nichts. Gelegentlich schwätze ich auch ein bisschen mit einem anderen wartenden Fahrgast.«

Helga, achtundvierzigjährig, im gehobenen Kirchendienst tätig, stand vor einer wichtigen Beförderung, die jedoch viel mehr Arbeit mit sich gebracht hätte. Helga lehnte ab. Ich war verblüfft. Helga sagte mir: »Ich habe seit dem Abitur noch nie Zeit genug für mich gehabt. Das Studium war sehr anstrengend, weil ich es mir weitgehend selbst verdienen musste. Dann musste ich meinen Karrieremann versorgen und drei Kinder, dazwischen noch den todkranken Schwiegervater bis zum Ende pflegen. Jetzt, wo die Kinder aus dem Haus sind, möchte ich endlich einmal abbremsen. Ich habe sogar die Standuhr meines Großvaters aus meinem Arbeitszimmer entfernt. Oft ließ ich mich durch meine Eitelkeit und angebliche Unersetzbarkeit dazu verführen, Vorträge und Konferenzleitungen zu übernehmen. Jetzt merke ich erstaunt: Es geht auch ohne mich.«

Indem ich mir mehr Zeit für mich nehme, entdecke ich mich selbst. Ich pflege mich. Ich halte mich für wertvoll und regenerierungsbedürftig. Ich stecke viel Zeit in meinen Erhalt. So, wie ich einem schönen alten Haus viel Zeit widme. Das stärkt mein Ich. Damit setze ich meiner Endlichkeit die Qualität jeder gelebten Stunde entgegen.

Der römische Philosoph und Staatslenker Seneca schrieb an seinen Freund Lucilius über den Wert der Zeit die schönen Sätze: »Wen kannst du mir nennen, der einigen Wert auf die Zeit legt, der den Tag schätzt, der einsieht, dass er täglich stirbt? Denn darin irren wir, dass wir den Tod nur als etwas Zukünftiges erwarten: Er ist zum großen Teile schon vorüber; alles, was von unserem Lebensalter hinter uns liegt, hat der Tod in Händen.«

Seneca riet Lucilius: »Halte deine Stunden zusammen; du wirst dann weniger von dem Morgen abhängen, wenn du das Heute erfassest. Indem man das Leben verschiebt, eilt es vorüber. Alles, mein Lucilius, ist fremdes Eigentum; nur die Zeit ist unser. Nur diese eine flüchtige und leicht entschlüpfende Sache hat uns die Natur zu Eigen gegeben, und doch vertreibt uns daraus, wer da will.«

Zeit zu genießen ist das beste Mittel gegen Resignation und Depression, Selbstabwertung und Frust. Gelebte Zeit ist Glück. »Es gibt ein großes und doch ganz alltägliches Geheimnis«, heißt es in ›Momo‹: »Alle Menschen haben daran teil, jeder kennt es, aber die wenigsten denken je darüber nach. Die meisten Leute nehmen es einfach so hin und wundern sich kein bisschen darüber. Dieses Geheimnis ist die Zeit. Es gibt Kalender und Uhren, um sie zu messen, aber das will wenig besagen, denn jeder weiß, dass einem eine einzige Stunde wie eine Ewigkeit vorkommen kann, mitunter kann sie aber auch wie ein Augenblick vergehen – je nachdem, was man in dieser Stunde erlebt. Denn Zeit ist Leben. Und das Leben wohnt im Herzen.«

Goethe sagt es im ›West-östlichen Divan‹ poetisch: »Mein Erbteil, wie herrlich, weit und breit!/Die Zeit ist mein Besitz, mein Acker ist die Zeit.« Wenn ich mir mehr Zeit für mich nehme, betrete ich wieder kindliche Paradiese. Ich löse mich zugleich von der lächerlichen Wahnvorstellung, das Leben gehe ohne mich nicht weiter. Zeit zu haben, zu pausieren bedeutet in einem tieferen Sinne, mich auf die Zeit nach dem Tode vorzubereiten, in der es mich nicht mehr geben wird. Das ist die letzte philosophische Dimension des wahren Umgangs mit der Zeit.

Wann hast du, liebe Leserin, lieber Leser, das letzte Mal ein ganzes Wochenende im Bademantel verbracht? Wann einen Sonnenuntergang zeitentrückt bewundert? Wann bist du das letzte Mal auf einem sonnigen Grasfleckchen eingeschlummert? Kurz, wann hast du das letzte Mal die Zeit vergessen?

Auf einer Expedition durch den südamerikanischen Dschungel, so las ich einmal, weigerten sich die indianischen Gepäckträger eines Tages, das Lager, das jeden Abend aufgeschlagen wurde, zur Weiterreise zu verlassen. Zur Rede gestellt, was dies zu bedeuten habe, erklärte der Anführer der Träger: »Ihr weißen Männer seid in so großer Eile und Hast vorwärts geeilt, dass unsere Seelen nicht nachgekommen sind. Jetzt müssen wir warten, bis sie uns wieder eingeholt haben.«

In Klagenfurt haben Österreicher einen »Verein zur Verzögerung der Zeit« gegründet. Die über tausend Mitglieder sind ernsthafte Menschen. Ihr Ziel ist die Anpassung der Arbeits- und Lebensprozesse an biologische Rhythmen und die Abwehr von Eingriffen in den Tag-Nacht-Wechsel. Sie treffen sich, um Langsamkeit zu trainieren. Eine Übung ist etwa die Aufgabe, sich für hundert Meter eine halbe Stunde Zeit zu lassen ... In Deutschland hat sich inzwischen ein Verein gegründet, der die Interessen der Spätaufsteher vertritt, die sich nicht länger als Nichtsnutze denunzieren lassen wollen.

Zeit ist nicht nur Arbeit. Zeit ist gelebtes Leben. Dazu gehören das Reden und das Lächeln, das Schwimmen und das Stricken, das Umgraben im Garten, die Albernheit, das Spiel mit Kindern, das Spazierengehen, das Bummeln im Badezimmer, die Versenkung in ein Buch, der Kinobesuch mit Freunden, das Flanieren durch die Fußgängerzone, das Straßencafé, die Hängematte, das Briefmarkensammeln, die Begegnung mit Menschen, das Bei-sich-Verweilen. »Verloren wäre die Zeit«, bekannte der von den Nazis ermordete protestantische Theologe Dietrich Bonhoeffer, »in der wir nicht als Mensch gelebt, Erfahrungen gemacht, gelernt, geschaffen, genossen und gelitten hätten.«

Während ich das schreibe, sitze ich auf einer Terrasse hoch über dem Lago Maggiore. Die Sonne brennt hernieder, ein wolkenloser Himmel spannt sich über dem azurblauen See. Halva, meine Neufundländerin, schläft leise schnarchend neben mir. Da auch ich ein Zeitpionier werden will, gönne ich mir jetzt zwei, drei faule Stunden im Liegestuhl. Damit mein jesuitengeschultes Über-Ich mir nicht doch noch einen Streich spielt und mir ein schlechtes Gewissen macht, schenke ich dir, liebe Leserin, lieber Leser, und mir zum Abschluss des Kapitels das schöne Zeit-Gedicht von Uli Michler:

Ich wünsche dir Zeit

Ich wünsche dir nicht alle möglichen Gaben.
Ich wünsche dir nur, was die meisten nicht haben:
Ich wünsche dir Zeit, dich zu freun und zu lachen,
und wenn du sie nützt, kannst du etwas draus machen.

Ich wünsche dir Zeit für dein Tun und dein Denken,
nicht nur für dich selbst, sondern auch zum Verschenken.
Ich wünsche dir Zeit – nicht zum Hasten und Rennen,
sondern die Zeit zum Zufriedenseinkönnen.
Ich wünsche dir Zeit – nicht nur zum Vertreiben.
Ich wünsche, sie möge dir übrig bleiben
als Zeit für das Staunen und Zeit für Vertraun,
anstatt nach der Zeit auf der Uhr zu schaun.

Ich wünsche dir Zeit, nach den Sternen zu greifen,
und Zeit, um zu wachsen, das heißt, um zu reifen.
Ich wünsche dir Zeit, neu zu hoffen, zu lieben.
Es hat keinen Sinn, diese Zeit zu verschieben.

Ich wünsche dir Zeit, zu dir selber zu finden,
jeden Tag, jede Stunde als Glück zu empfinden.
Ich wünsche dir Zeit, auch um Schuld zu vergeben.
Ich wünsche dir: Zeit zu haben zum Leben!

---

*Dass er starb, ist noch kein Beweis dafür,
dass er gelebt hat.*

Stanislaw Jerzy Lec: Unfrisierte Gedanken

Das Ende der Bescheidenheit

Welt und Ich

Im großen, ungeheuren Ozeane
Willst du, der Tropfen, dich in dich verschließen?
So wirst du nie zur Perl zusammenschießen,
Wie dich auch Fluten schütteln und Orkane!

Nein! Öffne deine innersten Organe
Und mische dich im Leiden und Genießen
Mit allen Strömen, die vorüberfließen,
Dann dienst du dir und dienst dem höchsten Plane.

Und fürchte nicht, so in die Welt versunken,
Dich selbst und dein Ureigenes zu verlieren;
Der Weg zu dir führt eben durch das Ganze.

Erst wenn du kühn von jedem Wein getrunken,
Wirst du die Kraft im tiefsten Innern spüren,
Die jedem Sturm zu stehn vermag im Tanze!

Friedrich Hebbel

Wir haben gesehen, wie schwer, aber auch wie hoffnungsvoll es ist, das versumpfte alte Lebensterrain zu verlassen und zu unbekannten Ufern aufzubrechen. Der Psychologe und Seeleninitiator Karlfried Graf Dürckheim hält den positiven Seelenimpuls für angeboren: »Nie will der Mensch nur leben, um zu überleben. Er will als bestimmter Jemand in einer bestimmten Gestalt seiner Selbst und seiner Welt seinem Wesen gemäß leben und sich verwirklichen.«

Den Kompass dazu trage ich in meiner Seele. Es ist Zeit, hinter meiner chronischen Vergesslichkeit die Lebensunlust zu entdecken. Es ist Zeit, hinter meinem Neid auf den Erfolg der Freunde mein ungelebtes Leben zu erkennen. Es ist Zeit, hinter meinen ständigen Kopfschmerzen, meinem diffusen Magenleiden und meinen Nörgeleien zu erkennen: Ich muss etwas in meinem Leben ändern.

Noch einmal: Das Gezeter über den »allgemeinen Werteverfall« ist wirklichkeitsfremd und historisch falsch. Wie verspottete doch Karl Valentin das konservative Kulturlamento so hübsch: »Die Zukunft war früher auch besser.« Gerade als Deutsche sollten wir von den angeblichen »ewigen Werten« und den vermeintlich Werte schützenden Institutionen die Nase voll haben. Im »Tausendjährigen Reich« verkündete die unheilvolle Allianz von Hitler, katholischen Bischöfen und dem evangelischen »Reichsbischof« Müller die »Werte« der »nationalen Erneuerung« aus rassistischem Geist. Hieß es hier: »Du bist nichts, dein Volk ist alles«, so lautete die Werteparole später auf ostdeutschem Boden: »Die Partei hat immer Recht.« Vergegenwärtigt man sich die Fremdbestimmung beider Diktaturen – ohne sie inhaltlich gleichzusetzen –, so kann man erst ermessen, welche Errungenschaft die heute erreichte Individualisierung darstellt. Selbst das Recht auf Politikverdrossenheit und Nischenexistenz ist, so gesehen, ein kostbares, zu verteidigendes Rechtsgut. Oder sehnen wir uns etwa nach den Zeiten, in denen kollektiv die Hakenkreuzfahne auf dem Haus zu hissen war oder in denen die Nichtteilnahme an der 1.-Mai-Demonstration in der Betriebsformation einen Eintrag in die »Kaderakte« nach sich zog?

Wir sind »Kinder der Freiheit« (Ulrich Beck). Die alten Patentrezepte des Zusammenlebens taugen oft nicht mehr. Wir müssen sie hinterfragen, ihre Praktikabilität neu überprüfen und Experimente wagen. Das ist das Gesetz der Moderne. Welche Zerreißproben, welchen Mut, aber auch welche Befreiung diese Abbrüche, Improvisationen und Neuplanungen an der Baustelle des Lebens bedeuten, erlebe ich in den therapeutischen Begegnungen immer wieder und voller Respekt.

»Ich fühle mich nicht mehr. Ich bin verheiratet und pflege häufig flüchtige sexuelle Kontakte mit anderen Frauen. Im

Beischlaf bleibe ich innerlich unbeteiligt, aber ich kann es auch nicht lassen.« Mit diesen Worten begann Karl seine seelische Spurensuche bei mir. Karl war Mitte dreißig, Beamter, er hatte eine Frau, nennen wir sie Gloria, und zwei kleine Kinder. »Meine Frau«, meinte Karl, »ist lieb, brav und eher prüde. Wenn im Fernsehen ein leidenschaftlicher Kuss oder gar Sex zu sehen ist, verlässt sie das Zimmer. Sie liebt mich. Sie würde alles tun für unsere kleine Familie. Sie ist schön, andere Männer schauen ihr nach. Aber ich mag nicht mehr mit ihr schlafen. Ich schweige sie an. Wir sind zusammen, aber meine Gedanken sind weit weg.«

Die Anamnese ergab schwere Kindheitsschädigungen im Leben Karls. Die Eltern hatten ihn zur Oma abgeschoben. Das Familienklima war gefühlsabweisend. Der kleine Junge hatte sich wenig geliebt und damit wenig liebenswert gefühlt. Karl wurde, ohne dass es die Außenwelt merkte, zum innerlich einsamen Außenseiter. Erwachsen geworden, spürte Karl Kontakthemmungen gegenüber den Berufskollegen, Grübelzwang und Unlebendigkeit. Verzweifelt suchte er mit seinen sexuellen Kontakten aus dem Gefängnis seines Ich auszubrechen. Verzweifelt war Karl, weil dies nicht gelang und seine Schuldgefühle wuchsen.

Dann lernte Karl eine junge Frau, fast noch ein Mädchen, kennen – und stürzte in die Liebe seines Lebens. Er blühte auf. Über Nacht erlernte er die jahrzehntelang verschüttete Kunst des Weinens wieder. Karl wurde weich, empfindsam, in seinen Gefühlen mutig und sie preisgebend. Ich habe nicht oft eine solche Wiedergeburt von Körper und Seele erlebt. Hatte Karl sich bis dahin die Lebensnote »befriedigend« gegeben, so segelte er jetzt auf Sturmschwingen durch die Meere von Seligkeit, Glück und Liebesrausch. Karl erlebte seine Menschwerdung, wie sie Sabine Naegeli in einem Gedicht beschreibt:

> Unfassbar,
> was das Leben
> uns antut.
> Unfassbar,
> was das Leben
> uns schenkt.
> Mitten
> in diesem Widerspruch
> wohne ich.

Noch hatte Karl nicht den Mut, sich Gloria zu offenbaren. Er wollte die Mutter seiner Kinder, wie er sagte, »schonen«. Ob er in Wahrheit nicht sich selbst schonen wolle, fragte ich. Ob er dem Konflikt ausweichen wolle und ob nicht einzig der Konflikt *beiden* die Chance der Entwicklung böte, gab ich Karl zu bedenken.

Schließlich war es so weit. Karl und Gloria wagten es, in kurzen Abständen nacheinander, sich auf einen der denkbar härtesten, aus den USA stammenden Gruppentherapieprozess einzulassen und sich ihren tief greifenden Persönlichkeitskonflikten zu stellen. Die »brave« Gloria war nicht mehr wiederzuerkennen. Sie konnte jetzt das Geständnis Karls über seine Außenbeziehung und einsamen Wanderungen im Fleische souverän aufnehmen. Dies vermochte sie umso mehr, als sie sich inzwischen, unter dem Eindruck der therapeutischen Prozesse, erstmalig tief in einen anderen Mann verliebt hatte und diese Liebe genießen konnte. Immerhin hatte sie unter Karls emotionalen Abweisungen wie ein Hund gelitten.

Karl und Gloria wurden mündig. Sie sprachen sich aus. Zum ersten Mal in ihrer Beziehung bekannten sich beide rückhaltlos zu ihrem Ich. Sie erkannten das Schwierige und schwer Lebbare in ihrer Beziehung von Anfang an. Ohne Bitterkeit blieb Gloria bei den Kindern. Obwohl Karls junge Geliebte sich inzwischen losgesagt hatte, nahm er sich am gleichen Ort eine

Wohnung. Er kümmert sich viel um die Kinder und schätzt Gloria. Gloria erlebt beglückt die Liebe zu ihrem Freund und ihre eigene seelische Häutung. Karl hält sich offen für eine neue, tiefe Liebe.

Gloria und Karl sind »unbescheiden« geworden. Sie wollen das Leben und die Liebe ganz. Weil sie sich dabei im Wege standen, haben sie, unter hohem Leidensdruck und mit viel Verantwortung, gehandelt. Sie haben damit die Kritik des Philosophen Nietzsche (in ›Der Wille zur Macht‹) schöpferisch beantwortet: »Aus der Liebe lässt sich keine Institution machen.«

Danke, Gloria und Karl, dass ihr mir die Erlaubnis gegeben habt, über eure komplizierte Ich-Werdung zu berichten. Ihr habt damit, jeder für sich, realisiert, was die große amerikanische Familientherapeutin Virginia Satir in ihrem berühmt gewordenen ›Bekenntnis zur Selbstachtung‹ notierte: »Ich bin ich selbst. Es gibt auf der ganzen Welt keinen, der mir vollkommen gleich ist. Es gibt Menschen, die in manchem sind wie ich, aber niemand ist in allem wie ich. Deshalb ist alles, was von mir kommt, original mein; *ich* habe es gewählt ... Mir gehören meine Fantasien, meine Träume, meine Hoffnungen und meine Ängste. Mir gehören alle meine Siege und Erfolge, all mein Versagen und meine Fehler.«

Virginia Satir macht uns Mut, zu unseren Widersprüchen zu stehen. Ich bin keine Maschine, sondern ein Mensch: »Ich weiß, dass es manches an mir gibt, was mich verwirrt, und manches, was mir gar nicht bewusst ist. Aber solange ich liebevoll und freundlich mit mir selbst umgehe, kann ich mutig und voll Hoffnung darangehen, Wege durch die Wirrnis zu finden und Neues an mir selbst zu entdecken ... Wenn ich später überdenke, wie ich aussah und mich anhörte, was ich sagte und tat und wie ich gedacht und gefühlt habe, werde ich vielleicht bei manchem feststellen, dass es nicht ganz passte. Ich kann das aufgeben, was nicht passend ist, und behalten, was sich als passend erwies, und ich erfinde etwas Neues für das, was ich aufgegeben habe.«

Das scheint mir die Herausforderung für uns »Kinder der Freiheit« zu sein. Virgina Satir resümiert: »Ich kann sehen, hören, fühlen, denken, reden und handeln. Ich habe damit das Werkzeug, das mir hilft zu überlegen, anderen Menschen nahe zu sein, produktiv zu sein und die Welt mit ihren Menschen und Dingen um mich herum zu begreifen und zu ordnen. Ich gehöre mir und deshalb kann ich mich lenken und bestimmen.«

Dann geht es mir nicht wie Josef K. in Kafkas Roman ›Der Prozess‹. Vorgeladen vor den Palast, in dem sein »Fall« verhandelt werden soll, verwehrt ihm der Türhüter den Eintritt. Josef K. sitzt Monate, Jahre und Jahrzehnte vor dem Raum des »Gesetzes«. Als er nicht mehr lange zu leben hat, fragt Josef K. den Türhüter: »Alle streben doch nach dem Gesetz. Wie kommt es, dass in den vielen Jahren niemand außer mir Einlass verlangt hat?« Der Türhüter antwortet: »Hier konnte niemand sonst Einlass erhalten, denn dieser Eingang war nur für dich bestimmt.« Josef K. ist an seinem eigenen Zögern gescheitert. Er hat den Raum seines Lebens nicht betreten.

Inspiziere, liebe Leserin, lieber Leser, deine subtilen Selbstboykotte und faulen persönlichen Grundverträge, mit denen du wichtige Teile deines Selbst unterdrückt hast! Habe die Kraft, dich von deinen überholten Vorstellungen zu lösen und neues Verhalten einzuüben. Entdecke deine schlummernden Begabungen, deine unbändige Lust, deine freche Neugier, deine frei flottierende Sexualität und deine wölfische Stärke. Lass die Wolfsfrau oder den Wilden Mann leben. Lass deine eingefahrenen Muster fahren. Mache ein Ende mit der falschen Bescheidenheit.

Um endlich unbescheiden zu werden, lese ich immer wieder neu das rebellische Gedicht des großen Schweizer Lyrikers und Erzählers Conrad Ferdinand Meyer:

Fülle

Genug ist nicht genug! Gepriesen werde
Der Herbst! Kein Ast, der seiner Frucht entbehrte!
Tief beugt sich mancher allzu reich beschwerte,
Der Apfel fällt mit dumpfem Laut zur Erde.

Genug ist nicht genug! Es lacht im Laube!
Die saftge Pfirsche winkt dem durstgen Munde!
Die trunknen Wespen summen in die Runde:
»Genug ist nicht genug!« um eine Traube.

Genug ist nicht genug! Mit vollen Zügen
Schlürft Dichtergeist am Borne des Genusses,
Das Herz, auch es bedarf des Überflusses,
Genug kann nie und nimmermehr genügen!

Was einmal von dir bleiben wird, wenn du gestorben sein wirst, sind nicht deine ungelebten Träume und nicht gelebten Sehnsüchte. Es wird die Erinnerung sein an deine Augen, dein Lachen, deine Hände, deine Lebensfreude in den Herzen der Menschen, die dich liebten, so, wie du warst.

Mit deiner Unbescheidenheit, Frechheit und deiner überbordenden Genussfähigkeit trinkst du den Champagner des Lebens. Du lässt die Luft um dich herum prickeln.

Du beginnst, deine Niederlagen mit dem Stolz des Erwachsenen zu nehmen, und maulst nicht länger wie ein Kind.

Du lernst, deinen Lebensweg auf dem Heute zu bauen, statt dich in der Trauer um die Vergangenheit zu verlieren oder auf dem unsicheren Boden des Morgens dein Seelenhaus zu errichten. Halte es mit dem Wort des Dichters Samuel Beckett: »Wir fragen immer nur, ob es ein Leben nach dem Tode gibt. Wir sollten fragen: Gibt es ein Leben nach der Geburt?«

Du schmückst selbst dein Herz mit Blumen, anstatt darauf

zu warten, dass dir andere Kränze flechten. Vergiss nicht: Du bist stark, und du hast deinen einmaligen Wert.

So viele Menschen hast du im Laufe deines Lebens kennen gelernt, und sie sind dir wieder entschwunden. Gibt es keinen Menschen, der dir treu bleibt? Ja: Du selbst bist der, der dich nie verlässt und der dir immer Freund sein kann.

Du fragst nach dem Sinn deines Lebens? Du selbst bist die allein mögliche Antwort. Du fragst nach der Klärung deiner Probleme? Du selbst bist die Lösung.

Du bist oft so unvernünftig und chaotisch, klagst du. Recht so. Wie sagt Nietzsche in ›Zarathustra‹ so hinreißend schön: »Man muss noch Chaos in sich haben, um einen tanzenden Stern zu gebären.«

Sei unbescheiden! Kämpfe, wo immer du stehst, um dein Glück und darum, dass die Welt an einer winzigen Stelle durch dich menschlicher wird!

Vielleicht hältst du es mit dem angriffslustigen, mutigen Emigranten, Juden und deutschen Dichter Heinrich Heine, dessen Gedicht (aus ›Deutschland. Ein Wintermärchen‹) ich dir, liebe Leserin, lieber Leser, am Ende unseres gemeinsamen Weges als lyrischen Reiseproviant für deine nächste Lebensstrecke mitgeben möchte:

Ein neues Lied, ein besseres Lied,
O Freunde, will ich Euch dichten!
Wir wollen hier auf Erden schon
Das Himmelreich errichten.

Wir wollen auf Erden glücklich sein
Und wollen nicht mehr darben;
Verschlemmen soll nicht der faule Bauch,
Was fleißige Hände erwarben.

Es wächst hienieden Brot genug
Für alle Menschenkinder,
Auch Rosen und Myrten, Schönheit und Lust
Und Zuckererbsen nicht minder.

Ja, Zuckererbsen für jedermann,
Sobald die Schoten platzen!
Den Himmel überlassen wir
Den Engeln und den Spatzen.

Literaturhinweise

Badinter, Elisabeth: *Die Identität des Mannes*. München: Piper 1997.
Beck, Ulrich/Beck-Gernsheim, Elisabeth: *Riskante Freiheiten*. Frankfurt/Main: Suhrkamp 1994.
Benn, Gottfried: *Essays und Reden*. Frankfurt/Main: Fischer 1957.
Bloch, Ernst: *Das Prinzip Hoffnung*. Frankfurt/Main: Suhrkamp 2001.
Bly, Robert: *Der Eisenhans*. München: Droemer Knaur 1993.
Boccaccio, Giovanni: *Decamerone*. Zürich: Manesse 2001.
Brecht, Bertolt: *Geschichten vom Herrn Keuner*. Frankfurt/Main: Suhrkamp 2003.
Bühler, Charlotte: *Der menschliche Lebenslauf als psychologisches Problem*. Göttingen: Hogrefe 1959.

Deschner, Karlheinz: *Mörder machen Geschichte. Aphorismen*. Basel: Lenos 2003.
Deschner, Karlheinz: *Nur Lebendiges schwimmt gegen den Strom. Aphorismen*. Basel: Lenos 1998.
Doderer, Heimito von: *Ein Mord, den jeder begeht*. München: Deutscher Taschenbuch Verlag 1983.
Drewermann, Eugen: *Psychoanalyse und Moraltheologie*. Mainz: Matthias Grünewald 1992.

Ehrmann, Max: *Desiderata. Die Lebensregel von Baltimore*. München: Pattloch 2003.
Eichendorff, Joseph von: *Aus dem Leben eines Taugenichts*. München: Deutscher Taschenbuch Verlag 1997.
Ende, Michael: *Die unendliche Geschichte*. Stuttgart: Thienemann 1979.
Ende, Michael: *Momo*. Stuttgart: Thienemann 1973.
Erikson, Erik H.: *Identität und Lebenszyklus*. Frankfurt/Main: Suhrkamp 2003.
Erikson, Erik H.: *Kindheit und Gesellschaft*. Stuttgart: Klett-Cotta 1999.
Estès, Clarissa Pinkola: *Die Wolfsfrau*. München: Heyne 1997.

Freud, Sigmund: *Bemerkungen über die Übertragungsliebe*. In: Gesammelte Werke, Band 10. Frankfurt/Main: S. Fischer 1946.
Freud, Sigmund: *Vorlesungen zur Einführung in die Psychoanalyse*. Frankfurt/Main: Fischer 2003.
Fromm, Erich: *Der Ungehorsam als ein psychologisches und ein ethisches Problem*. München: Deutscher Taschenbuch Verlag 1993.

Gibran, Khalil: *Der Prophet*. München: Deutscher Taschenbuch Verlag 2003.
Goethe, Johann Wolfgang von: *Dichtung und Wahrheit*. Frankfurt/Main: Insel 2000.
Goethe, Johann Wolfgang von: *West-östlicher Divan*. München: Hanser 1998.
Gronemeyer, Marianne: *Das Leben als letzte Gelegenheit*. Darmstadt: Primus 1996.

Heine, Heinrich: *Buch der Lieder*. München: Deutscher Taschenbuch Verlag 1997.
Heine, Heinrich: *Deutschland. Ein Wintermärchen*. München: Deutscher Taschenbuch Verlag 1997.
Heine, Heinrich: *Die Stadt Lucca*. Ditzingen: Reclam 1998.
Held, Martin von (Hrsg.): *Ökologie der Zeit*. Stuttgart: Hirzel 2000.
Hesse, Hermann: *Siddharta*. Frankfurt/Main: Suhrkamp 2002.

Jonas, Hans: *Das Prinzip Verantwortung*. Frankfurt/Main: Suhrkamp 2003.
Jung, Mathias: *Augustinus. Das Drama von Glauben und Vernunft*. Lahnstein: emu 2003.
Jung, Mathias: *Außenbeziehung – Ende oder Neubeginn der Liebe*. Lahnstein: emu 2002.
Jung, Mathias: *Das sprachlose Paar*. München: Deutscher Taschenbuch Verlag 2003.
Jung, Mathias: *Der kleine Prinz in uns*. München: Deutscher Taschenbuch Verlag 2003.
Jung, Mathias: *LebensFluss. Hermann Hesses ›Siddharta‹*. Lahnstein: emu 2002.
Jung, Mathias: *Reine Männersache*. Lahnstein: emu 1994.
Jung, Mathias: *Zweite Lebenshälfte*. Lahnstein: emu o. J.

Kafka, Franz: *Der Prozess*. München: Deutscher Taschenbuch Verlag 1998.
Kant, Immanuel: *Was ist Aufklärung?* Ditzingen: Reclam 1986.
Kant, Immanuel: *Ideen zu einer allgemeinen Geschichte in weltbürgerlicher Absicht*. In: Werke. 12 Bände. Herausgegeben von Wilhelm Weischedel. Frankfurt/Main: Suhrkamp 2003.
Kant, Immanuel: *Der Streit der Fakultäten*. Berlin: de Gruyter 1973.
Kant, Immanuel: *Metaphysik der Sitten*. Ditzingen: Reclam 1990.
Kast, Verena: *Wir sind immer unterwegs*. München: Deutscher Taschenbuch Verlag 2000.
Keen, Sam: *Feuer im Bauch*. Bergisch Gladbach: Lübbe 2001.

Kegan, Robert: *Die Entwicklung des Selbst*. München: Kindt 1994.
Kierkegaard, Sören: *Der Begriff Angst*. Ditzingen: Reclam 1992.
Klemperer, Victor: *Curriculum Vitae*. Berlin: Aufbau 1996.
Krafft-Ebing, Richard von: *Psychopathia sexualis*. München: Matthes & Seitz 1993.

Lec, Stanislaw Jerzy: *Alle unfrisierten Gedanken*. Herausgegeben von Karl Dedecius. München: K. G. Saur 2002.
Lersch, Philipp: *Aufbau der Person*. München: Barth. 4. Auflage. 1951.

Musil, Robert: *Der Mann ohne Eigenschaften*, Reinbek: Rowohlt 2003.

Nadolny, Sten: *Die Entdeckung der Langsamkeit*. München: Piper 2003.
Nietzsche, Friedrich: *Also sprach Zarathustra*. München: Deutscher Taschenbuch Verlag 1999.
Nietzsche, Friedrich: *Der Wille zur Macht*. Stuttgart: Kröner 1996.
Nietzsche, Friedrich: *Die Unschuld des Werdens*. Stuttgart: Kröner 1986.
Nietzsche, Friedrich: *Fröhliche Wissenschaft*. Frankfurt/Main: Insel 2000.
Nietzsche, Friedrich: *Menschliches, Allzumenschliches*. München: Deutscher Taschenbuch Verlag 1999.
Nietzsche, Friedrich: *Umwertung aller Werte*. Ingolstadt: federigo 2000.
Nietzsche, Friedrich: *Zur Genealogie der Moral*. Ditzingen: Reclam 1988.
Norwood, Robin: *Wenn Frauen zu sehr lieben*. Reinbek: Rowohlt 2003.

Riemann, Fritz: *Grundformen der Angst*. München: Ernst Reinhardt 2003.

Saint-Exupéry, Antoine de: *Der kleine Prinz*. Hollfeld: Bange 2002.
Sartre, Jean-Paul: *Die Fliegen*. Reinbek: Rowohlt 2002.
Satir, Virginia: *Meine vielen Gesichter. Wer bin ich wirklich?* München: Kösel 2001.
Schellenbaum, Peter: *Die Wunde der Ungeliebten*. München: Deutscher Taschenbuch Verlag 1992.
Schopenhauer, Arthur: *Die Welt als Wille und Vorstellung*. München: Deutscher Taschenbuch Verlag 1998.
Schurz, Carl: *Ganz kurz. Lebenserinnerungen von Carl Schurz*. Erftstadt: Pier 1984.
Sheehy, Gail: *Die neuen Lebensphasen. Wie man aus jedem Alter das Beste machen kann*. München: List 1996.

Tillich, Paul: *Der Mut zum Sein*. Berlin: de Gruyter 1991.
Timm, Uwe: *Die Entdeckung der Currywurst*. München: Deutscher Taschenbuch Verlag 2003.

Von Mathias Jung sind im emu-Verlag folgende Bücher erschienen:

<u>Reihe "Aus der Sprechstunde"</u>
Mein Charakter - mein Schicksal
208 Seiten, gebunden, ISBN 3-89189-109-1
Liebesarbeit 252 S., geb., ISBN 3-89189-103-2
Geschwister 300 S., geb., 3-89189-082-6
Versöhnung 350 S., geb., 3-89189-077-X
Seele, Sucht, Sehnsucht 352 S., geb., 3-89189-076-1
Trennung als Aufbruch 300 S., geb., 3-89189-073-7
Mut zum Ich 288 S., geb., 3-89189-070-2
Das sprachlose Paar 248 S., geb., 3-89189-066-4
Lebensnachmittag 256 S., geb., 3-89189-046-X
Reine Männersache 180 S., geb., 3-89189-043-5
<u>die rote reihe - Psychologie und Lebenshilfe</u>
EiferSucht 112 S., geb., 3-89189-079-6
FreiRaum 162 S., geb., 3-89189-090-7
AußenBeziehung 210 S., geb., 3-89189-095-8
AussichtsLos 196 S., geb., 3-89189-102-4
BindungsAngst 194 S., geb., 3-89189-110-5
ÜberGewicht 213 S., geb., 3-89189-114-8

KrankSein und GesundWerden 230 S., geb., 3-89189-133-4
<u>die gelbe reihe - Märchen als Schlüssel zum Unbewussten</u>
Das hässliche Entlein 154 S., geb., 3-89189-081-8
Blaubart 184 S., geb.,3-89189-098-2
LebensFluss - Hesses Siddhartha 175 S., geb., 3-89189-100-8
Schneewittchen 194 S., geb., 3-89189-104-0
Dornröschen 153 S., geb., 3-89189-122-9
Das kalte Herz 170 S., geb., 3-89189-131-8
<u>die blaue reihe - Philosophie - Perspektiven der Menschlichkeit</u>
Sokrates - Tod, wo ist dein Stachel? 168 S., geb., 3-89189-080-X
Seneca - Wege zur inneren Freiheit 183 S., geb., 3-89189-091-5
Augustinus - Das Drama von Glauben und Vernunft
190 S., geb., 3-89189-101-6
Montaigne - Das Leben als Meisterstück
215 S., geb., 3-89189-106-7
Spinoza 221 S., geb., 3-89189-112-1
Hume 207 S., geb., 3-89189-130-X
Voltaire ca. 180 S., geb., 3-89189-156-3
<u>Mit der Künstlerin und Grafikerin Andrea Montermann</u>
Zeit für Zärtlichkeit - Vom Abenteuer der Zuneigung
120 S., 21 farbige Illustrationen, 3-89189-096-6
Der Zauber der Wandlung
Harry Potter oder Das Abenteuer der Ichwerdung
159 S., 22 farbige Illustrationen, 3-89189-111-3
Liebesrausch und Liebeskater
Lust und Last der Sexualität
110 S., 17 farbige Illustrationen, 3-89189-132-6
(Beide Bücher im Großformat 24 x 17, gebunden,
mit Schutzumschlag und Lesebändchen.)

emu Verlags- und Vertriebs-GmbH
56112 Lahnstein / Rhein
Tel. 0 26 21 - 91 70 10
www.emu-verlag.de